GÉOGRAPHIE MILITAIRE

GRANDES ALPES — SUISSE

ITALIE

TOUS DROITS RÉSERVÉS

Paris — Imprimerie de L. BAUDOIN et Ce, rue Christine, 2.

GÉOGRAPHIE MILITAIRE

II

GRANDES ALPES — SUISSE
ITALIE

PAR

le Lieutenant-Colonel NIOX

2ᵉ ÉDITION

ENTIÈREMENT REMANIÉE

avec 3 cartes.

PARIS
LIBRAIRIE MILITAIRE DE L. BAUDOIN ET Cᵉ
LIBRAIRES-ÉDITEURS
30, Rue et Passage Dauphine, 30

1885

INTRODUCTION.

Cette deuxième édition du tome II de la *Géographie militaire* a été si complètement remaniée qu'elle forme en réalité une œuvre nouvelle. On peut s'en rendre facilement compte par un simple examen de la Table des matières. Mais, loin de développer le texte primitif, nous nous sommes efforcé de le condenser et de le réduire dans toutes les parties purement descriptives; nous avons, au contraire, donné plus d'importance aux considérations d'ordre général, politiques ou militaires, et nous avons même essayé, en différenciant les caractères typographiques, de mettre le lecteur à même de reconnaître, à première vue, les pages qui n'offrent qu'un intérêt spécial de nomenclature géographique.

Nous avons supprimé les chapitres relatifs aux Alpes franco-italiennes que l'on trouvera détaillés dans le tome premier : *France*, et ceux qui se rapportaient au *Tirol* et qui ont pris place dans le tome quatrième : *Autriche-Hongrie*.

La Géographie militaire de l'Europe, formant actuellement un ensemble complet, il fallait autant que possible éviter les répétitions inutiles.

Nous nous conformerons désormais à ce principe pour

les nouvelles éditions de chacun des volumes, cherchant ainsi à cimenter les éléments d'une œuvre dont la conception et l'exécution ont été nécessairement successives ; mais nous ne prétendons pas cependant que ces éditions nouvelles soient définitives. Loin de là, une Géographie, vieille de plus d'un lustre, est surannée. Un auteur consciencieux doit sans cesse recommencer son labeur. La dernière page d'un livre n'est pas encore sortie des presses qu'il faudrait pouvoir retoucher les premières.

En effet, l'état géographique d'un pays est en transformation permanente. Les limites se modifient ; la situation économique varie. Des tunnels sont percés dans les montagnes et le mouvement commercial se déplace en conséquence. Un petit port acquiert par suite une importance exceptionnelle, tandis que de grandes places s'appauvrissent. Des perfectionnements sont apportés au système militaire du pays ; des fortifications nouvelles ont été construites, des lignes ferrées ont été ouvertes, et les conditions stratégiques des échiquiers de guerre se trouvent notablement changées.

Puis, les études se perfectionnent ; chaque jour on connaît mieux la terre, même la vieille terre du monde latin sur laquelle, depuis deux mille ans, s'accumulent les renseignements. La géologie, qui a des rapports si intimes avec la géographie, sort du domaine savant pour entrer dans le domaine populaire ; elle se vulgarise et, en se vulgarisant, elle se simplifie. Aux hypothèses hardies de quelques novateurs, se substituent des idées plus mûries, plus pratiques, et plus probables.

Il faut donc sur le métier sans cesse remettre son ouvrage ; et, pour ne point se décourager, en recommençant sans cesse cette toile de Pénélope, on peut, avec satisfaction, comparer ce qu'étaient les études géographiques en France il y a quelques années, et voir le chemin parcouru depuis. Nous y avons collaboré de notre mieux.

On remarquera, dans les chapitres sur *les Grandes Alpes*, certains changements significatifs. Nous avons rompu, dès longtemps déjà, avec le système trop absolu de la dissection d'une contrée en bassins fluviaux ; ce qui ne doit pas empêcher cependant de conserver, dans quelques cas, cette méthode pour des régions d'une grande netteté de dessin comme le bassin du Pô ou le bassin du Rhône, par exemple.

Nous avions trouvé alors une ressource précieuse pour l'analyse géographique, dans la *Théorie des soulèvements de montagne* d'Élie de Beaumont ; mais l'application trop absolue de cette méthode, comme de tout système préconçu, est également une cause d'erreurs contre lesquelles il est prudent de se mettre en garde.

Nous avons indiqué, dans l'Introduction du volume sur l'Algérie, combien la formation des montagnes de ce pays s'accordait mal avec les systèmes de l'ancienne école française. Depuis, en étudiant de nouveau certaines portions des Alpes, nous nous sommes confirmé dans cette idée qu'il fallait, dans le modelé et la sculpture des montagnes, attribuer aux agents extérieurs, surtout à l'action des eaux, un rôle bien plus considérable qu'on ne semblait l'avoir fait jusqu'à présent.

Aussi croyons-nous devoir désormais, pour éviter une systématisation dangereuse, écarter de notre langage le terme de soulèvement et lui substituer ceux de plissement et d'érosion ; il nous semble qu'il en résultera dans l'esprit une notion plus exacte de l'orogénie, parce que le terme de soulèvement implique une idée de régularité mathémathique qu'Élie de Beaumont a trop exagérée, tandis que les termes de plissement et d'érosion annoncent un certain désordre de formation, plus conforme certainement à la physionomie même des accidents de terrain qu'ils désignent.

En tout cas, ils ont l'avantage de caractériser une opinion, dérivée sans doute de celle de l'école d'Élie de Beaumont, mais en différant sur certains points.

Février 1885.

Nous avons, dans nos publications antérieures, émis ce principe qu'il fallait orthographier les noms géographiques comme ils s'orthographient dans la langue locale.

Il y a toujours fort loin du principe à son application, et le jour n'est pas proche où les Français, par égard pour la rectitude géographique, diront Roma, Torino, Venezia.

Il y aurait vraiment trop de prétention à vouloir heurter des habitudes aussi générales ; nous avons donc fait céder les principes ; mais nous demandons à rectifier le genre des rivières, ce qui ne peut présenter que des avantages sans autre inconvénient que de choquer, pendant un certain temps, quelques oreilles habituées à une autre consonnance.

Nous dirons donc le Brenta, le Piave, le Sarca, etc., puisque les Italiens ont fait de ces noms des masculins et qu'il n'y a aucune raison pour ne pas nous conformer à leurs usages. Dans cet effort de redressement, nous avons fait sans doute quelques omissions ; elles seront corrigées plus tard.

COUP D'ŒIL D'ENSEMBLE

SUR L'EUROPE.

On donne souvent pour limite orientale à l'Europe la rivière de Kara, la chaîne de l'Oural, et le cours du fleuve de même nom qui se jette dans la mer Caspienne, la mer Caspienne elle-même et la chaîne du Caucase jusqu'à la mer Noire; mais cette limite est tout à fait fictive. L'Empire russe ne fait aucune distinction entre ses possessions de l'un et de l'autre côté de cette séparation conventionnelle de l'Europe et de l'Asie.

Une ligne tracée des bouches du Niemen sur la mer Baltique aux bouches du Dniepr sur la mer Noire, longue de trois cents lieues au plus, partage l'Europe en deux régions bien distinctes[1].

A l'ouest de cette ligne, se trouvent des contrées mouvementées, fertiles, dans lesquelles vit une population dense, industrieuse; les côtes en sont largement découpées, et les eaux de l'Océan, en y pénétrant profondément, y maintiennent une égalité et une douceur

[1] O. Reclus.

de climat qui ont offert à la race humaine les meilleures conditions pour son développement. C'est l'Europe péninsulaire.

« Il n'est pas un point de cette partie de l'Europe dont la distance à la mer soit plus grande que celle de Paris à Marseille. » C'est aujourd'hui le centre de gravité de la civilisation et de la puissance intellectuelle du monde entier.

A l'est de cette ligne, s'étendent au contraire de vastes pays à peine ondulés, glacés au nord, brûlés au sud, sillonnés en tous sens par de nombreux cours d'eau, et relativement peu peuplés et peu cultivés. La partie septentrionale de cette région, soumise aux influences glaciales du nord, par suite de l'absence de toute montagne, est souvent impraticable pendant de longs mois d'un rude hiver, tandis que la partie méridionale est souvent brûlée par les vents du sud. Ces immenses territoires forment la portion européenne de l'Empire russe, dont les domaines s'étendent en Asie jusqu'à l'océan Pacifique.

C'est dans le champ clos compris entre l'océan Atlantique à l'ouest, la ligne du Niemen — Dniepr à l'est, la mer du Nord et la Baltique au nord, la Méditerranée au sud, que sont appelées à se mouvoir et à se heurter les armées européennes. Le théâtre principal des guerres européennes se trouve ainsi défini et nous allons l'étudier au double point de vue des accidents du sol et des populations qui l'habitent.

Le soulèvement des Pyrénées, à l'époque duquel surgirent les Apennins, les Alpes de Dalmatie, les Carpates, une partie du Caucase, dessina une première ébauche assez nette du continent européen; plus tard, les soulèvements des Alpes occidentales et des Alpes principales achevèrent de lui donner sa configuration actuelle.

Si l'on jette les yeux sur une carte géologique de l'Europe centrale[1], on distingue, au premier coup d'œil, plusieurs grandes régions nettement déterminées :

1° Le **Massif des Grandes Alpes** avec ses deux marges naturelles, la Plaine suisse et la Plaine bavaroise au nord, la Plaine lombarde au sud.

2° La **Péninsule italique** qui est une sorte d'appendice des Alpes.

3° L'**Allemagne du centre**, région montagneuse limitée au sud par le Danube, à l'ouest par le Rhin, à l'est par la Bohême, au nord par les plaines de la mer du Nord et de la Baltique. C'est une contrée très mouvementée dont la masse principale appartient à l'époque du trias avec des bordures de terrain jurassique et crétacé.

Des éruptions volcaniques importantes en ont compliqué la structure; elle s'appuie au nord-ouest sur un épais soulèvement schisteux, que le Rhin traverse entre Mayence et Cologne et que l'on appelle, pour cette raison,

[1] Consulter la carte géologique de Dumont.

le *Plateau du Rhin;* elle est bordée au nord par de grands dépôts houillers et de riches gisements métalliques.

4° Le **Plateau de Bohême-Moravie**, qui est en quelque sorte à l'Europe centrale ce que le massif de l'Auvergne est à la France, c'est-à-dire un noyau de terrains très anciens, émergés des eaux aux premiers âges géologiques, et autour duquel se sont successivement soudées les formations postérieures. C'est là que se trouvent, d'une part au Fichtel Berg, de l'autre dans le groupe des monts des Géants et des Sudètes, les pôles principaux de divergence des eaux de l'Allemagne.

5° Les **Plaines de la mer du Nord et de la Baltique**, large bande couverte de dépôts alluvionnaires et que n'accidente aucun relief notable.

Si le niveau de la mer Baltique et celui de la mer du Nord s'élevaient d'une centaine de mètres seulement, les eaux couvriraient toute la Hollande, l'Oldenburg, le Danemark, la majeure partie du Hanovre, et des anciennes provinces prussiennes, et, pénétrant dans les vallées supérieures des grands fleuves allemands, l'Ems, la Weser, l'Elbe et la Saale, l'Oder, la Vistule, elles échancreraient profondément leurs nouveaux rivages.

Le Harz serait une île. Les ports de cet océan seraient Münster dans la vallée de l'Ems, Minden sur la Weser, Brunswick sur l'Ocker, sous-affluent de la Weser, Halle sur la Saale, Wittemberg et Torgau sur l'Elbe, Cottbus sur la Sprée, Glogau, Breslau sur l'Oder, les villes russes de Kalisz sur la Prosna, affluent de la Warthe, et de Varsovie sur la Vistule.

Quelques mètres d'élévation de plus et le sol entier de la Russie disparaîtrait sous les flots, car, jusqu'à l'Oural, on n'y trouve aucune montagne proprement dite, et les collines de la ligne de séparation des eaux ne dépassent pas 400 mètres.

Ces limites, que nous venons d'indiquer, sont à peu près celles des terrains tertiaires récents dans le nord de l'Europe, c'est-à-dire des dépôts formés après le soulèvement de la Côte-d'Or et émergés lors des grandes secousses qui ont produit les Pyrénées et les Alpes.

6° **La Plaine hongroise**, vaste bassin circulaire comblé par des alluvions récentes. Elle est enveloppée à l'ouest par les dernières ramifications des Grandes Alpes, au nord et à l'est par les chaînes des Carpates, au sud par les Alpes de Transylvanie et par les montagnes de la Serbie et de la Bosnie.

7° **La Plaine moldo-valaque**, à laquelle il faut rattacher la Bessarabie et la Podolie. Elle est très nettement limitée par les Balkans au sud, les Alpes de Transylvanie et les Carpates à l'ouest; ces deux derniers soulèvements pénètrent comme un coin entre la Moldavie et la Valachie. Le Dniestr et le Danube sont les deux canaux par lesquels se sont vidées les eaux de ces grands bassins lacustres, en perçant la ceinture qui les maintenait à un niveau supérieur à celui de la mer

Noire. Le fond en a été rempli par les terres arrachées par les eaux aux montagnes voisines.

8° **La Péninsule des Balkans** qui se partage en deux régions bien distinctes : le versant de la mer Égée d'une part, le versant de l'Adriatique et de la mer Ionienne de l'autre.

LES FRONTIÈRES.

Il nous paraît très difficile dans une étude de géographie militaire de tenir compte tout d'abord de la frontière politique des États, surtout quand cette frontière ne se confond pas avec quelque grand accident naturel. Aussi nous examinerons successivement, comme nous l'avons fait pour la France, chacune des grandes formations géologiques, ce qui nous offre un procédé simple et normal de description, au point de vue physique et militaire ; puis, nous indiquerons comment se sont constituées les frontières militaires qui protègent la vie intérieure et individuelle de chaque peuple.

Après de longs siècles de luttes, pendant lesquelles les tribus de différentes origines ont été soumises à un mouvement incessant de flux et de reflux, tantôt pressées par les hordes nouvelles venues de l'Orient, tantôt réagissant contre les derniers envahisseurs de l'Europe, ces populations se sont définitivement attachées au sol et se sont groupées en sociétés qui se sont lentement constituées et ont grandi avec des péripéties variables. L'occident de l'Europe est devenu, comme nous l'avons dit[1], le domaine des Celtes ; des peuples de race germanique s'y sont établis à leur tour, mais les uns et les

---

[1] Voir *Notions de géologie, de climatologie et d'ethnologie*. 3ᵉ édition

autres ont été fortement impressionnés par la civilisation romaine, et la France de nos jours, gardant cette empreinte, fait partie, avec l'Italie et l'Espagne, du groupe des peuples néolatins. Le centre de l'Europe a été le patrimoine des peuples germains proprement dits; l'Orient, celui des peuples slaves.

Depuis que les sociétés, en grandissant, ont constitué des États, on s'est préoccupé de chercher quelles limites équitables, il convenait d'assigner à leurs domaines. A ce sujet, deux théories ont été développées : celle des *frontières naturelles* et celle des *nationalités*.

On a entendu par frontière naturelle un accident géographique assez important pour former obstacle : la mer, le désert, un grand fleuve, une haute montagne.

La mer seule constitue un obstacle réel.

Rien n'est, au contraire, plus incertain qu'une frontière du désert par suite de la mobilité des populations qui le parcourent. Ni la France en Afrique, ni la Russie en Asie, n'ont su trouver encore une frontière fixe.

Quant aux fleuves et aux montagnes, ils ont pu former barrières aux époques anciennes; mais, entre États civilisés, les communications sont trop multipliées pour que ces obstacles ne soient pas très aisément franchissables; puis, il est rare qu'ils dessinent une ligne suffisamment longue pour constituer une séparation entre deux grands pays.

En réalité, les rives d'un fleuve peuvent, tout au plus, servir de démarcation administrative; dans quelques parties, son lit peut avoir la valeur d'un grand fossé militaire, mais les populations de l'un et de l'autre bord sont, la plupart du temps, de même origine ; les grandes villes s'asseoient sur les deux rives ; le fleuve est une artère commerciale commune ; les riverains ont des droits égaux à sa possession ; ils en tirent les mêmes avantages et ont les mêmes intérêts à en faciliter la navigation.

Ainsi, par exemple, le Rhin, entre Bâle et Mayence, peut être pris comme frontière naturelle, mais, dans son cours supérieur en Suisse, ce n'est qu'un torrent facile à traverser, et, dans son cours inférieur en Hollande, il se partage en plusieurs bras, sans qu'il soit possible de reconnaître lequel il conviendrait le mieux de prendre comme limite.

Si le Rhin moyen, par exception, a pu être considéré comme frontière naturelle, c'est moins à cause du volume de ses eaux qu'à cause de la direction de son cours, qui était perpendiculaire à la marche des grandes migrations de peuples. Les autres fleuves de l'Allemagne, qui coulent du sud au nord, la Weser, l'Elbe, l'Oder, la Vistule ; les grands affluents du Danube, Morava, Ems, Inn, Iser, etc., ont, en effet, à certaines époques de l'histoire, joué le même rôle, parce qu'ils formaient, en quelque sorte, le front de bandière des tribus, dans leurs étapes successives de l'Orient vers l'Occident.

Au contraire, ni le Danube, ni le Rhône, quoique plus importants, n'ont jamais été considérés comme des barrières, parce que les peuples en marche en remontaient ou en descendaient les vallées parallèlement à leur lit.

La théorie des frontières naturelles a été créée pour justifier certaines ambitions, et les puissants ont toujours su les déformer selon leurs vues.

C'est ainsi qu'au lieu de chercher la frontière naturelle sur le thalweg du fleuve, on a prétendu la dessiner sur les montagnes souvent indécises qui en fermaient le bassin.

On a vu aussi des conquérants, après s'être rendus maîtres d'une partie d'un bassin fluvial, prétendre dominer également ses embouchures. C'est ainsi que Napoléon, considérant que la Hollande n'était qu'une alluvion du Rhin, l'annexa à son empire. Cette théorie serait assez volontiers reprise par l'Allemagne sous prétexte qu'elle ne peut, sans danger pour ses intérêts économiques, laisser les débouchés de son principal fleuve, aux mains d'une puissance qui pourrait devenir hostile.

L'Autriche-Hongrie prétend, de même, se rendre maîtresse des Bouches du Danube.

Toutes les violences peuvent être ainsi justifiées, et tous les droits des peuples faibles être foulés aux pieds.

Peut-on, avec plus d'avantage, se servir d'une chaîne de montagnes pour déterminer une frontière naturelle?

Lorsque, par l'élévation de leurs glaciers et l'épaisseur de leurs massifs, ces montagnes forment muraille comme les Pyrénées, la frontière naturelle semble s'im-

poser d'elle-même ; mais dès que l'on descend dans
le détail du tracé, de nombreuses difficultés surgissent.

Où tracer la ligne de démarcation, au milieu de l'inextricable enchevêtrement des vallées ? La plupart du temps, la ligne de partage des eaux ne suit pas la crête la plus élevée. Les sommets culminants sont presque toujours répartis irrégulièrement sur l'un et l'autre versant; que l'on recherche la ligne dominante, ou bien que l'on suive la ligne de partage des eaux, on obtient, dans l'un et l'autre cas, un tracé bizarrement sinueux. En outre, les populations des deux versants sont fréquemment de même race et de même langue. En effet, les Pyrénées, les Alpes elles-mêmes, ne sont pas une limite ethnographique absolue ; on parle français dans plusieurs vallées du Piémont, espagnol dans quelques-unes des vallées du versant nord des Pyrénées, et les familles basques sont restées cantonnées à cheval sur les montagnes ; aussi, lorsqu'on s'est occupé de la délimitation politique entre la France et l'Espagne, on n'a, en définitive, trouvé de frontière naturelle que sur les rochers dont la possession n'était utile à personne, et, lorsque l'on a eu à descendre sur les cols par lesquels on communique d'un versant à l'autre, il a fallu adopter pour frontière politique les bornages des paroisses ; or, les pâtres aragonais s'étaient, la plupart du temps, répandus sur le versant nord, où ils trouvaient des pâturages plus abondants, et c'est ainsi que le tracé de la frontière a été souvent avantageux à l'Espagne en lui aissant un certain nombre des vallées supérieures du versant français.

Des observations analogues peuvent se faire dans toutes les montagnes, et l'on verra donc quelle est la difficulté de réaliser dans la pratique cette conception toute théorique des frontières naturelles.

« Le groupement des peuples par **nationalités** ne donne pas un meilleur résultat; grâce à cette théorie plus dangereuse encore, dont le plus fort est toujours tenté d'abuser vis-à-vis du plus faible, on a, au nom de la philologie, de l'ethnologie, de l'histoire naturelle, méconnu les droits les plus sacrés des populations, leurs volontés, leurs convenances, et, sous prétexte d'une communauté de langue ou de race qui n'implique nullement sympathie de tendances ni d'intérêts, on a parfois rompu des liens que de longues années de vie commune avaient cimentés entre les hommes. » Bien que l'Alsace soit habitée par des populations d'origine germanique et que l'on y parle allemand, nulle province n'était plus attachée à la famille française et les violences de la conquête n'ont pu modifier ses sentiments.

Quant aux limites exactes des langues qui devraient servir à déterminer les limites des nationalités, elles sont presque toujours très délicates à tracer; elles exigent une érudition toute spéciale qui viendrait compliquer bien singulièrement les débats diplomatiques. Très souvent même, des îlots de population sont isolés au milieu de populations de races et de langues différentes. On trouve en Lombardie, en plein pays italien, des groupes de communes qui ont, pendant longtemps, conservé intactes les mœurs et la langue allemandes. De même des colonies allemandes se voient noyées au milieu des populations magyares de la Hongrie. Des slaves vivent toujours en communauté distincte dans la Saxe-Altenbourg et dans la Lusace. Comment, dans ces cas-là, appliquer la théorie des nationalités et prétendre rattacher politiquement ces peuples à la famille ethnographique à laquelle ils appartiennent?

La théorie des nationalités est donc non moins difficile à soutenir que celle des frontières naturelles.

Les limites des agglomérations d'hommes de même race et de même langue n'étant jamais très nettement arrêtées, il existe, la plupart du temps, entre deux groupes voisins, une zone intermédiaire, plus ou moins large, de population mixte, participant de l'un et de l'autre, où les langues sont mêlées, et où les sympathies flottent dans un sens ou dans l'autre suivant les circonstances. C'est cette zone qui forme ce que l'on pourrait appeler la frontière disputée. Entre l'Allemagne et la France par exemple, l'Alsace, si française de cœur, se rattache, par l'origine de ses populations, au groupe germain, c'est ce qui avait fait espérer aux conquérants de 1871 une prompte assimilation, aujourd'hui démontrée irréalisable. Au contraire, les provinces limitrophes de la Prusse rhénane et du Palatinat bavarois sont bien fermement attachées à la patrie allemande, et les projets d'annexion que la France a pu concevoir jadis, ne trouveraient aucun écho parmi elles.

Il existe de même une zone fort mal définie entre les peuples de l'Italie d'une part, ceux de la Suisse et de l'Autriche de l'autre ; entre les peuples allemands et les peuples slaves.

Dans ces conditions, n'est-ce pas encore une utopie de prétendre tracer sur la carte une frontière de nationalité ?

Quelle doctrine est-il donc possible de formuler pour déterminer, d'une manière juste et logique, les frontières qui doivent séparer les peuples, c'est-à-dire les **frontières normales** des États ?

Si l'on se reporte à l'histoire de la formation territoriale des États de l'Europe occidentale depuis le moyen âge, on voit, pendant de longues périodes, des guerres intestines et, pour ainsi dire, sans trêves, armer, les uns contre les autres, les seigneurs jaloux d'accroître leurs domaines, jusqu'au moment où quelques-uns d'entre eux, plus puissants, imposent leur autorité à un grand nombre de vassaux et préparent le travail d'agglutination qui a produit les États modernes. Mais l'idée de nationalité est toute récente. Les peuples se sont longtemps ignorés eux-mêmes ; les provinces n'étaient souvent qu'une dot que les filles portaient en apanage à tel ou tel prince.

Le développement de la civilisation, la construction des routes, la facilité toujours croissante des communications, les progrès de la culture littéraire et artistique, l'éducation philosophique, ont, peu à peu, solidarisé les intérêts et cimenté l'union des petites sociétés précédemment rivales, jalouses, ou ennemies. La communauté de langage a été un puissant instrument d'unification. Autrefois, on se battait de ville à ville, de province à province; lorsque les royaumes ont été constitués, les guerres, en devenant nationales, ont été plus rares. Puis, par une réaction naturelle, elles ont rendu plus intime l'alliance des hommes qui combattaient pour la même cause; elles ont effacé les dissentiments secondaires qui les divisaient; ce sont elles qui ont créé la notion, toute moderne, de la Patrie, et l'ont symbolisée dans le drapeau.

Ce serait une erreur de croire que ce mouvement, éminemment pacifique, du groupement des peuples soit arrêté et définitivement fixé dans la vieille Europe. En dépit des guerres récentes et de celles que l'avenir réserve peut-être, en dépit de certaines jalousies plus commerciales que politiques, on commence à sentir quelle est la solidarité des intérêts européens, par exemple lorsque la civilisation occidentale se heurte à la barbarie africaine ou à l'astuce asiatique. Les communications internationales, les traités internationaux, ont donné naissance à l'idée internationale et amené la constitution de sociétés, les unes malheureusement armées pour une lutte politique dangereuse, mais les autres, animées des sentiments les plus généreux et les plus élevés.

Il n'est déjà plus, dans l'Europe, un malheur public

qui ne soit généreusement soulagé par l'initiative spontanée des peuples voisins, et cette réciprocité d'assistance amènera tôt ou tard, on peut l'espérer, la fin des conflits mesquins et sanglants, qui éclatent de peuple à peuple, pour la satisfaction d'ambitions déraisonnables ou de rivalités puériles.

Les guerres nationales cesseront peut-être, comme ont cessé les guerres des communes et des provinces. L'idée *européenne* est éclose ; les générations qui nous suivent en verront sans doute l'épanouissement.

Grâce à l'admirable harmonie de son territoire [1], la France a été la première des nations de l'Europe à réaliser son unité politique. De nos jours, nous assistons à la formation de deux nouvelles nations : l'Allemagne et l'Italie. Leur travail d'unification avait été retardé, parce que la configuration de leur sol avait favorisé le particularisme des provinces et les divisions des princes qui les possédaient. On peut affirmer que la construction des chemins de fer et des lignes télégraphiques, en abaissant les barrières des montagnes, a singulièrement hâté le mouvement de fusion, qu'elle a fortement contribué à la centralisation des intérêts industriels et commerciaux de leurs peuples et, par conséquent, à leur unification politique.

Cependant l'état de guerre latente qui sépare les États, les oblige à prendre des précautions contre les convoitises

---

[1] Voir tome Iᵉʳ, 2ᵉ édit., page 63.

possibles de leurs voisins ; chacun cherche à arrondir son domaine, à l'étendre jusqu'aux obstacles naturels qu'il juge favorables à sa propre défense, à se procurer ce que l'on a appelé, de nos jours, avec quelque emphase, une **frontière scientifique**.

Mais la frontière scientifique de l'un ne peut être qu'une frontière inadmissible pour le voisin, et celui-ci aura toujours la pensée de la modifier de gré ou de force, dès qu'il le pourra.

En portant ses limites sur la crête des Vosges méridionales, et en prenant, en outre, un large glacis, en avant des Vosges septentrionales, l'Allemagne a cru certainement se donner une frontière scientifique. Cet exemple ne suffit-il pas pour prouver qu'une pareille frontière, imposée par la force au mépris du droit, ne saurait être qu'une frontière provisoire entre deux peuples également forts, destinés à se respecter mutuellement, mais dont l'un a été, un jour, trahi par la fortune ?

Enfin, pour rester maître chez lui, un peuple est naturellement amené à renforcer les obstacles naturels qu'il trouve sur sa frontière politique ; à défaut, il crée une série d'obstacles artificiels, qui constituent sa **frontière militaire**.

La frontière militaire et la frontière politique se confondent rarement. C'est ainsi que, depuis 1871, la frontière militaire de l'est de la France est tracée en ligne droite de Mézières à Belfort.

La frontière militaire de l'Allemagne est, au contraire, le Rhin.

L'Allemagne considère, avec raison, le Rhin comme sa véritable ligne de défense; c'est le Rhin qu'elle fortifie, et les provinces de la rive gauche ne sont, pour elle, qu'une vaste *place d'armes* offensive.

On voit combien il est difficile de donner la formule exacte qui déterminerait les frontières équitables entre les États. En se mettant à un point de vue tout théorique, on pourrait dire que les **frontières normales** sont celles qui résulteraient du libre choix des populations, auxquelles appartient le droit naturel et imprescriptible de se donner les lois sous lesquelles il leur plaît de vivre, et de s'unir entre elles selon leurs intérêts et leurs sympathies.

Resterait à trouver comment ces vœux des peuples pourraient sincèrement et pacifiquement s'exprimer, et comment concilier ce droit, qu'on leur reconnaîtrait, avec la fixité nécessaire à la vie des nations.

I

GRANDES ALPES.

Sous le nom de **Grandes Alpes** ou **Alpes principales**, on comprend les masses montagneuses qui s'étendent depuis le mont Blanc jusqu'aux environs de Vienne. C'est par elles qu'il convient de commencer l'étude générale de l'Europe.

En effet, « les Alpes forment la masse orographique principale de l'Europe; c'est de l'époque de leur formation que datent la séparation de la France et de l'Angleterre par une rupture opérée entre Brest et le cap Lizard, le partage des eaux entre l'Océan et la Méditerranée, et, sans doute aussi, l'exhaussement du sol de la Russie occidentale ». Antérieurement, la mer Noire, la mer Caspienne, le lac d'Aral, communiquaient avec la mer Baltique et celle-ci avec la mer Blanche. Les marais de Pinsk ou du Pripet, d'où sortent par une pente insensible les eaux du Dniepr au sud, du Bug et du Niemen au nord, indiquent nettement le point où la communication existait du nord au sud, de même que les lacs de la Finlande jalonnent l'ancien canal qui reliait la mer Blanche à la mer Baltique.

Les Grandes Alpes, ou Alpes principales, marquent, au sud de l'Europe, les limites au delà desquelles les races germaniques n'ont pas réussi à se fixer. C'est que les invasions n'ont trouvé pour les traverser qu'un petit nombre de défilés longs et étroits, par lesquels il leur était difficile de rester en communication avec leurs pays d'origine; alors elles ont échoué, et les établissements de la conquête n'ont été que précaires, ou bien les fractions de peuples, qui se sont établies au delà des montagnes, ont perdu leurs relations avec leurs congénères et se sont transformées sous la double influence d'un climat différent et d'une civilisation plus avancée.

Les Alpes sont une ligne de démarcation très tranchée dans les aspects et les cultures du centre et du midi de l'Europe, et cette disposition leur donne une grande importance dans l'histoire de la formation des États européens.

Les Grandes Alpes ou Alpes principales doivent leur relief à un plissement, dont l'orientation sur le méridien de Paris est est-16°-nord. C'est la dernière grande commotion géologique qui ait ébranlé le sol de l'Europe, et, par conséquent, celle qui lui a donné sa physionomie actuelle; mais, antérieurement, d'autres mouvements avaient déjà brisé et disloqué cette portion de la surface du globe. En bien des endroits, leurs actions se sont superposées; on en retrouve la trace dans les contournements des couches sédimentaires, l'amoncellement des rochers, les formations des grands massifs qui marquent, en général, les points de croisement de deux directions de plissement. Le système des Alpes les domine tous, et, sous sa puissante empreinte, disparaissent, la plupart du temps, les résultats des secousses précédentes.

Cependant certaines autres directions sont très nettement accusées. Nous citerons seulement les deux plus importantes : celle du **Rhæticon** (Vallée du lac de Zurich), orienté du sud-est au nord-ouest ;

Et celle des **Alpes carniques** (Vallée de la Drave), dont la direction rappelle celle des Pyrénées.

Lors du plissement des Alpes, les masses granitiques qui allaient former l'arête centrale ont percé les couches sédimentaires qui leur étaient superposées ; elles les ont ouvertes en gigantesque boutonnière. Il en est résulté trois crêtes principales et un certain nombre de crêtes secondaires, parallèles les unes aux autres.

La diversité des formations géologiques est très grande dans les massifs des Alpes ; cependant l'ensemble du système, si l'on ne tient pas compte des infinies variétés de détail, offre une certaine régularité. Les montagnes de l'arête principale qui, en moyenne, sont les plus hautes, ont été formées par des roches cristallines, tandis que, au nord et au sud de cette arête, les roches sont d'origine sédimentaire.

Les Alpes du nord sont en général calcaires ; celles du sud sont pour la plupart formées de sédiments argileux ou calcaires, qui ont été percés par des éjections de roches cristallisées : serpentines, porphyres, etc., et qui se sont souvent transformés, sous l'action métamorphique, en schistes et en dolomies. De là les dénominations usitées d'Alpes calcaires (Kalk-Alpen) et d'Alpes dolomitiques (Dolomit-Alpen).

Ainsi, au centre du massif, se trouve donc une arête, plus ou moins épaisse, généralement granitique ; c'est presque toujours la crête dominante ; et, parallèlement de chaque côté, des crêtes calcaires, dolomitiques ou schisteuses, ordinairement moins élevées et formées par la brisure des couches de sédiment; on les a appelées les *Alpes subordonnées;* les Italiens leur donnent le nom de *Pre-Alpi;* les Allemands, celui de *Vor Alpen;* nous leur donnerons celui d'**Avant-Chaînes.**

Telle est, dans sa forme la plus succincte, l'ossature, le squelette rocheux de ces énormes montagnes ; mais les plissements qui ont élevé les sommets de ces puissantes masses à plus de 4,000 mètres au-dessus du niveau des mers, à plus de 10,000 mètres au-dessus du fond des océans, ne se sont pas produits sans d'effroyables bouleversements dans les couches géologiques. De sorte, qu'au premier abord, elles présentent le tableau d'un immense désordre chaotique, et ce n'est qu'après de minutieuses études analytiques, qu'on arrive à en dresser la synthèse.

Ici, ce sont des terrains repliés sur eux-mêmes, à angles si aigus qu'on s'étonne que des couches rocheuses aient jamais pu avoir une telle malléabilité. On en a des exemples remarquables dans la Windgälle, près d'Altdorf, et dans les murailles de l'Axenfels, sur les bords du lac des Quatre-Cantons.

Couches plissées puis érodées dans le Massif du Mont Blanc

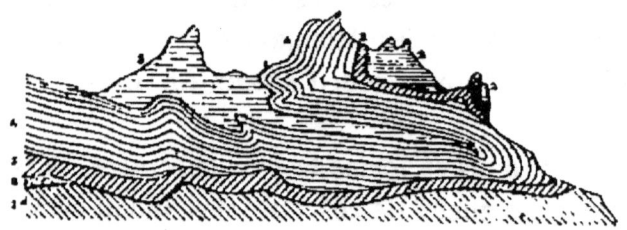

Reploiement de la Windgälle, près d'Altdorf.
(d'après A. Heim.)

Plissements de couches dans la muraille de l'Axenfels, au-dessus de Brunnen (Lac des Quatre Cantons)

A voir ces contournements excessifs, on a peine à concevoir qu'ils puissent être le résultat d'une action lente et insensible, poursuivie pendant des millions et des millions d'années, ainsi que le suppose l'école géologique de Lyell, et l'on trouve plus rationnelle l'hypothèse d'Élie de Beaumont, admettant des convulsions brusques, des cataclysmes qui auraient, à diverses époques, soulevé ou plissé les terrains et changé les formes des continents.

Dans tous les cas, il faut attribuer une importance considérable à l'action des eaux.

A une époque géologique ancienne, les Alpes ont été vraisemblablement enfouies sous d'énormes amas de glaces, comparables à ceux que l'on voit actuellement dans les régions polaires; elles formaient une île immense émergeant d'une mer glacée. Par suite d'une cause ignorée, peut-être par une modification dans la direction de l'axe de rotation de la terre, ce qui a déplacé les latitudes, ces glaces ont presque totalement fondu, et les fleuves gigantesques qu'elles ont alimentés pendant des milliers d'années, ont raviné les crêtes, sculpté les falaises, entraîné des masses énormes de roches qu'ils ont brisées, façonnées en galets, ou broyées en limon; ils les ont déposées ensuite pour combler le fond des mers voisines ou pour limiter leurs rivages. La plupart des collines, qui forment la ceinture des lacs de l'un et de l'autre versant des Alpes, sont ainsi formées de limons et de cailloux roulés, grandes moraines de glaciers disparus. Le Rigi, lui-même, dont la base

couvre 40 kilomètres carrés, et dont le sommet s'élève
à 1800 mètres, est, en majeure partie, formé d'un amas
de cailloux.

Aujourd'hui, cette action des eaux est singulièrement
amoindrie ; cependant la violence des grands torrents
de montagne est toujours impressionnante ; on les voit
former d'immenses cônes de déjection qui envahissent
les vallées ; des pans de montagnes, minés par les eaux,
s'écroulent parfois dans la plaine ; les cimes dressent
toujours leurs aiguilles de plus en plus dépouillées
d'arbres et de gazon, mais les vallées s'élargissent ; le
colmatage naturel rétrécit les lits des rivières ; en définitive, la zone féconde s'agrandit lentement aux dépens
des sommets inhospitaliers.

Sur l'un et l'autre versant des Grandes Alpes, s'étendent donc, d'abord de larges glacis, puis de grandes
plaines peu inclinées et très fertiles, particulièrement
sur le versant méridional, parce qu'il reçoit une plus
grande quantité de chaleur solaire et, par la fonte des
neiges annuelles, une plu grande quantité d'eau.

De nombreux lacs, restes amoindris des grandes
nappes d'autrefois, mais toujours utiles régulateurs du
mouvement des eaux, se sont formés à la limite inférieure des montagnes, et rendent moins terribles les
ravages des grandes crues.

Ce sont sur le versant nord : le lac Léman, les lacs
de Brienz et de Thun, le lac des Quatre-Cantons, le Wal-
lensée et le lac de Zurich, le lac de Constance.

Puis, sur le versant danubien, les petits lacs du Tirol bavarois, et ceux si pittoresques des Alpes de Salzburg.

Sur le versant méridional : le lac Majeur, le lac Lugano, le lac de Côme, le lac d'Iseo, le lac de Garde.

Leurs rives présentent certainement les sites les plus enchanteurs de l'Europe. Elles attirent du Nord, les familles qui viennent chercher un climat plus doux; du Midi, celles qui fuient les chaleurs énervantes de l'été. Des sociétés diverses de langue et de mœurs y entrent en contact, se pénètrent mutuellement, apprennent à se connaître, et cèdent chacune quelques-uns de leurs préjugés. Cette action est restreinte encore, il est vrai, à une minorité riche, mais elle n'en est pas moins appréciable, parce que cette minorité a une influence prédominante sur les idées de chaque pays; d'ailleurs, le nombre des voyageurs s'accroît d'année en année avec la facilité et le bon marché des transports.

Les Alpes, qui ont été pendant longtemps une barrière de séparation entre les peuples, deviennent ainsi un instrument singulier de rapprochement entre eux.

Le glacis septentrional des Grandes Alpes s'étend jusqu'aux pieds du Jura, et, par Jura, il faut entendre, non seulement le Jura franco-suisse, mais encore le Jura allemand, que l'on appelle souvent les Rauhe Alpen.

Cette ride montagneuse dominait, à une époque géologique antérieure, les rivages nord d'une grande mer intérieure, qui s'est asséchée, en vidant ses eaux par trois brèches :

Celle du Rhône, à Genève ;
Celle du Rhin, à Waldshut ;
Celle du Danube, à Dürrenstein.

Le fond de cette ancienne mer forme la **Plaine suisse** et la **Plaine bavaroise**.

Le lit de l'Aar, dont la direction se prolonge par la Wutach, affluent de droite du Rhin, et par le Danube supérieur, est la cunette d'écoulement du glacis des Alpes suisses. Il longe la muraille du Jura.

Des glaciers de la partie centrale des Alpes, c'est-à-dire des masses de l'Œtzthal, sont sortis, vers le nord, de formidables torrents : l'ancien Isar et l'ancien Inn, qui ont couvert d'un immense dépôt détritique le sol de la Bavière, et ont rejeté le Danube au nord, en commandant son coude à Ratisbonne. Munich occupe à peu près le centre de cette large nappe de déjections.

« La lente destruction des hautes montagnes a servi à former le sol de toute une moitié de la Bavière ; sur une épaisseur inconnue, toute la Plaine bavaroise consiste en blocs, en cailloux roulés, en sables, en argiles qui proviennent des Alpes.

« La plaine ne commence pas immédiatement au pied des Alpes ; des collines, de longues croupes, des buttes isolées, des amas de blocs, le tout entremêlé de torrents, de lacs, de marais, forment une région intermédiaire entre la plaine et la montagne. Ces hauteurs inégales

Plaine suisse et Plaine bavaroise.

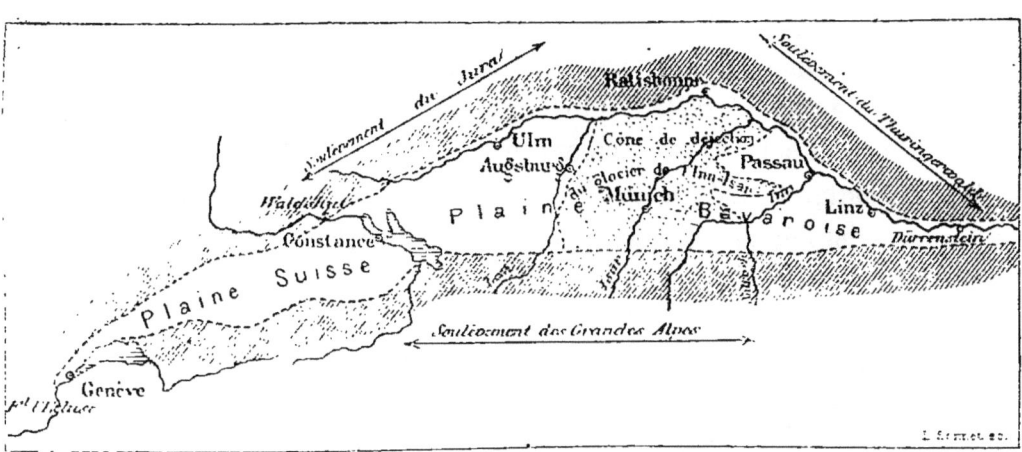

qui font de certaines parties de la contrée un véritable labyrinthe ouvert seulement par un petit nombre de chemins, sont les restes des moraines. Plus au nord, des blocs erratiques se voient disposés en alignements réguliers, et on les exploite pour la construction des maisons et les empierrements des routes.

« Lorsque l'on considère la Plaine bavaroise, depuis l'Iller jusqu'à l'Inn, on voit, par la forme en éventail des rivières qui la traversent, que c'est un immense cône de déjection, dont la courbe du Danube dessine la base. »

Le glacis méridional des Alpes est plus court ; les montagnes s'arrêtent plus brusquement sur la plaine. Leur cunette d'écoulement est le Pô. La plaine qu'il égoutte, formée d'un diluvium alpin dont on ne peut sonder l'épaisseur, est d'une fertilité proverbiale.

Dans l'étude des Alpes, comme dans celle de tous les grands massifs montagneux, il y a deux principaux systèmes de vallées qu'il faut tout d'abord considérer : ce sont les *sillons longitudinaux* et les *coupures transversales*.

Les sillons longitudinaux sont les creux formés, suivant l'axe du plissement, entre les rides montagneuses. Ils sont généralement profonds, mais ouvrent des routes relativement faciles, parallèlement aux crêtes.

Les coupures transversales sont des fractures perpendiculaires à l'axe du plissement, plus ou moins approfondies par les anciens glaciers et par les torrents. Elles ont, au point de vue géographique, une importance capitale, parce que ce sont elles qui ouvrent les communications entre les deux versants, et mettent en relation des pays ordinairement très différents par leur climat et leurs populations.

Dans les Alpes, c'est par ces coupures que communiquent l'Allemagne et l'Italie, les peuples germains et les peuples latins; c'est par elles que s'échangent les produits du sol et ceux de l'intelligence humaine, éclos les uns sous les brumes du nord de l'Europe, les autres sous le beau ciel méditerranéen.

Les sillons longitudinaux et les coupures transversales, se combinant perpendiculairement entre eux, partagent les montagnes en massifs, plus ou moins réguliers, mais ayant, dans leur ensemble, la forme de pyramides rectangulaires tronquées.

Ce sont ces vallées de communication qui délimitent les massifs, et offrent, par conséquent, un procédé logique de classification, tandis que les sommets des montagnes ne peuvent être que des points de repère pour les voyageurs.

Le plissement des Grandes Alpes est très nettement marqué par un grand sillon longitudinal, formé d'éléments à peu près parallèles et sensiblement dans le prolongement les uns des autres.

Ce sillon sépare l'arête centrale des premières Avant-

Chaînes du Nord. Il est indiqué, depuis Martigny, au pied du massif du mont Blanc, par la vallée du Rhône,
    le col de la Furka,
    les torrents supérieurs, qui forment la Reuss à Andermatt,
    le col de l'Oberalp,
    la vallée supérieure du Rhin, jusqu'à Coire.

En aval de Coire, un plissement oblique a croisé celui des Alpes ; il est marqué par les hautes crêtes, presque infranchissables, du Rhætikon et des Churfisten ; mais, au delà, on retrouve la continuation du pli précédent : dans la vallée de l'Ill, affluent du Rhin,
    le col de l'Arlberg,
    la vallée supérieure de l'Inn,
    le col de Gerloos,
    les vallées supérieures de la Salzach, de l'Enns, de Salza, affluent de l'Enns, et de la Traisen, qui se prolongent les unes les autres et ne sont séparées que par des seuils peu élevés.

Sur le versant sud de l'arête centrale, le sillon longitudinal est moins nettement tracé, mais on remarquera cependant le parallélisme des directions de Domo d'Ossola à Bellinzona :
    de Chiavenna, col de la Maloïa, Engadine ;
    de la haute vallée de l'Adda (Valteline), col du Stelvio, vallée supérieure de l'Adige ;
    du Rienz, col de Toblach, Pusterthal.

A moitié distance du mont Blanc et de Vienne, les Alpes ont été brisées par une profonde coupure, le col du Brenner (1367ᵐ)[1], qui a été, dans l'antiquité et pendant tout le moyen âge, la principale voie de communication entre le nord et le midi de l'Europe.

C'est le passage le plus bas des Grandes Alpes. Les Barbares suivaient cette route, et y conduisaient leurs chariots. Radagaise l'a franchi en 406 avec les Suèves et les Vandales.

Une voie romaine y avait été tracée ; plus tard ce fut la principale route d'échange entre les deux métropoles commerçantes de l'Allemagne et de l'Italie, Augsburg et Venise. Les Germains avaient poussé leurs colonies au delà du Brenner sur le versant italien, et les habitants des hautes vallées de l'Adige sont de race germanique.

C'est donc par là que sont surtout entrés en contact les hommes du Nord et ceux du Midi ; ainsi s'explique encore l'importance religieuse acquise par Trente, qui fut fréquemment choisie comme lieu de rendez-vous des évêques de l'Allemagne et de l'Italie, et où se tinrent plusieurs fois les grandes assises de la chrétienté.

C'est par le Brenner que fut construit le premier chemin de fer transalpin, et le col est si facile qu'il n'a pas été nécessaire de percer un grand tunnel pour franchir le faîte.

---

[1] Le Brenner portait autrefois le nom de *Pirenœus* qui s'identifie avec celui des Pyrénées et qui s'appliquait à toute cime élevée (Houzeau, *Histoire du sol de l'Europe*).

Cette importante communication appartient aujourd'hui à l'Autriche, qui en a maîtrisé l'accès par la construction de la forteresse de Franzensfeste, au point de jonction de la vallée de l'Adige et du Pusterthal.

Le Brenner partage ainsi les Alpes en deux parties, d'ailleurs très différentes d'aspect : à l'est, les Alpes suisses ; à l'ouest, les Alpes autrichiennes. La route Munich, Innsbrück, Trente, Vérone, servira de ligne de séparation pour la description suivante[1].

---

[1] Nous avions précédemment choisi (1re édition) comme ligne de démarcation entre les deux parties des Grandes Alpes, le col de Reschen (Reschen-Scheideck (1465m), qui passe près du point de jonction des frontières suisse, italienne, et autrichienne. Bien que très remarquable, cette coupure est moins caractéristique que celle du Brenner, qui est le prolongement direct de la vallée de l'Adige.

GRANDES ALPES OCCIDENTALES.

ou

ALPES SUISSES[1].

Le massif du mont Blanc (4,810ᵐ) marque le croisement des directions de plissement des Grandes Alpes et des Alpes occidentales. C'est le sommet le plus élevé de l'Europe.

Le massif est circonscrit : à l'ouest par la vallée de Chamonix (Arve), le col de Balme (2,200ᵐ) qui le fait communiquer avec Martigny sur le Rhône, et le col du Bonhomme (2,483ᵐ) qui le met en relation avec Saint-Maurice (Isère);

A l'est par le val Ferret, le col Ferret (2,492ᵐ), et la vallée de la Dranse qui aboutit à Martigny.

Au nord, on passe de Martigny à Aoste par le col du **Grand Saint-Bernard** (2,472ᵐ), qui n'est pas entièrement carrossable.

Au sud, on passe de Saint-Maurice à Aoste par la belle chaussée du **Petit Saint-Bernard** (2,186ᵐ).

Les glaciers du mont Blanc sont d'une magnifique beauté; leur masse énorme ne donne cependant naissance à aucun fleuve; il n'en sort que des torrents, l'Arve, la Dranse, la Dora. Assez facilement abordables, ils sont visités, chaque année, par un nombre considérable d'alpinistes; tous les passages en sont connus et tous les sommets en ont été gravis et mesurés [2].

---

[1] Les altitudes sont données d'après la carte de Suisse de Dufour. Il faut se reporter également aux excellentes cartes des Alpes de Mayr.

[2] Si intéressante que soit leur description, elle ne saurait trouver place dans une géographie militaire.

Nous nous bornerons d'ailleurs pour la description des Alpes à une simple esquisse d'ensemble, et nous n'insisterons que sur les questions qui offrent un intérêt économique ou militaire.

Les Alpes ont été divisées par les anciens géographes d'une manière assez arbitraire, et en prenant les sommets importants comme bornes de démarcation. Nous avons déjà fait observer que les seules divisions logiques étaient celles données par les vallées, mais les anciens noms sont trop connus pour qu'on n'en tienne pas compte.

Ainsi, depuis le Grand Saint-Bernard jusqu'au col du Brenner, l'arête centrale se subdivise, en Alpes pennines, Alpes lépontiennes, et Alpes rhétiques.

Alpes pennines[1]. — Appelées aussi *Alpes du Valais*, elles sont comprises entre le col du Grand Saint-Bernard (2,472m) et le col de **Nufenen** (2440m) qui fait communiquer les sources du Rhône et celles du Tessin. Ce sont de hautes et épaisses montagnes, couvertes de magnifiques glaciers, dominées par les sommets du **Combin** (4,317m), du mont **Rose** (4,612m), et du mont **Cervin** ou Matterhorn (4,482m). Zermatt (1620m), au pied du mont Rose, est le centre des hautes vallées de ces Alpes. Elles ne sont traversées que par des sentiers rarement fréquentés, mais le Premier Consul y fit ouvrir, à grands frais, de 1801 à 1803, la superbe route stratégique du Simplon (8m de large) qui, dans ses projets, devait permettre aux armées françaises de tourner les obstacles que le Piémont pourrait créer aux débouchés des Alpes occidentales. La route du Simplon est aujourd'hui presque totalement comprise sur le territoire du canton suisse du Valais. D'anciennes batteries construites près de Gondo, sur le territoire suisse, en défendaient l'accès du côté de l'Italie. Elles sont en ruines.

Le col du Grand-Saint-Bernard, par lequel s'effectua le célèbre passage de l'armée française en 1800, n'est pas entièrement praticable pour les voitures et, cependant, c'est une des voies les plus fréquentées depuis la plus haute antiquité, il était traversé par une voie romaine.

---

[1] *Pen*, racine celtique = Sommet

Alpes lépontiennes. — Du col de Nufenen au col de Splugen ; elles peuvent se subdiviser en trois groupes

Le massif du **Saint-Gothard** entre le col de Nufenen et le col de la Greina.

Les **Alpes du Tessin**, au sud du précédent, entre le Tessin et le Toce.

Le massif de l'**Adula** entre le col de la Greina et le col de Splugen.

Le massif du **Saint-Gothard** est le nœud orographique le plus important de l'Europe. C'est là que prennent naissance ses principaux fleuves; le Rhin et le Rhône en descendent directement; le Pô en reçoit les eaux par son affluent le Tessin, et, à peu de distance, se trouvent les sources de l'Inn, affluent du Danube.

Le massif du Saint-Gothard est traversé par la chaussée du **Saint-Gothard** (2114^m) (5^m de large) d'Hospenthal sur la Reuss à Airolo sur le Tessin, par le chemin carrossable de Dissentis à Olivone et par la route du col du **Lukmanier** (1917^m) entre Rhin et Tessin.

Il est circonscrit par la vallée du Rhône, le col carrossable de la **Furka** (2,436^m), les hautes vallées des torrents qui forment la Reuss à Andermatt, le col carrossable de l'**Oberalp** (2,052^m), la vallée du Rhin antérieur, le col de la Greina (2,360^m) entre Rhin et Tessin.

Le massif des **Alpes du Tessin** est circonscrit par les vallées du Tessin et du Toce. Les sources de ces deux rivières communiquent par le col de **San Giacomo** (2,308^m). Il est limité naturellement au sud par la route de Domo d'Ossola (Toce) à Locarno (lac Majeur) et Bellinzona (Tessin), qui suit un couloir longitudinal, parallèle à l'arête.

Le massif de l'**Adula** est un des plus compactes des Alpes Son point culminant est à 3,268 mètres. Il est circonscrit par le col de la Greina, les vallées du Rhin antérieur et du Rhin postérieur, et le col de Splugen. Au sud, il se prolonge par un âpre contrefort qui court entre le val Misocco (bassin du Tessin) et le Liro (affl. du lac de Côme).

Il est traversé par la route carrossable de San Bernardino (2,063ᵐ), entre Splügen (Hinterrhein) et Bellinzona (Tessin) en suivant le val Misocco.

La route carrossable de Splügen (2,117ᵐ) conduit de Splügen à Chiavenna dans la vallée de la Maira. L'étroitesse des gorges sur le versant suisse lui a fait donner le nom de *Via Mala*.

Elle fut suivie au mois de décembre 1800 par Macdonald, et les difficultés de cette opération, faite au cœur de l'hiver, surpassèrent certainement celles de la traversée du Grand Saint-Bernard, effectuée quelques mois avant par l'armée du Premier Consul.

Alpes rhétiques. — Elles sont comprises entre la route de Splügen et le col du Brenner.

Elles sont divisées longitudinalement en deux masses par la vallée de l'Inn ou Engadine.

La branche septentrionale, appelée aussi **Alpes des Grisons**, se subdivise en massif de l'**Albula**, entre le col de Splügen et le col de la Fluela; et massif du **Silvretta**, entre le col de la Fluela et l'Albrechtsstrasse (col de l'Arlberg).

Le plissement des Grandes Alpes est croisé au massif du Silvretta par un autre plissement, qui forme l'arête presque infranchissable du **Rhætikon**. Cette arête, que le Rhin coupe en aval de Sargans, se prolonge, sur sa rive gauche, dans les crêtes des **Churfisten**.

La branche méridionale des Alpes rhétiques comprend le massif du **Bernina**, un groupe de montagnes moins importantes que l'on désigne sous le nom de groupe de l'**Umbrail**, et les massifs de l'**Œtzthal**.

Le massif de l'Albula (point culminant 3,257ᵐ) est traversé

par la route du col de Juliers (2,200ᵐ) entre Tiefenkasten (Albula) et Silvaplana (Inn) et par celle de l'**Albula** (2,225ᵐ). qui aboutit à Ponte dans l'Engadine. De la route du col de Juliers se détache, à droite, le sentier du col de **Septimer** (2.223ᵐ), qui conduit directement dans le val Bregaglia.

Le massif du **Silvretta** (point culminant 3,266ᵐ), qui fait suite au précédent, et la chaîne du **Rhætikon**, sont limités au nord par le sillon longitudinal dans lequel passent la route et le chemin de fer de l'**Arlberg** (1779ᵐ).
Le Rhætikon, excessivement âpre et difficile, n'est traversé par aucun chemin et forme la limite politique entre le Vorarlberg (Autriche) et le canton des Grisons.
La route du col de la **Fluela** (2,405ᵐ) est une des plus importantes de cette partie des Alpes. Elle met l'Engadine en relations, d'une part avec Tiefenkasten et Coire, de l'autre, vers le nord, avec le col de Laret, le Prattigau, et Mayenfeld.

Le groupe du **Bernina** (Piz de Bernina, 4,052ᵐ) constitue un épais massif très nettement circonscrit au nord par l'Engadine, le col de la **Maloïa**, et le val Bregaglia, à l'est par la Maira (affl. de l'Adda, route de Splugen), au sud par la Valteline, à l'ouest par le val Poschiavo dans lequel descend la route carrossable du col du **Bernina** (2,334ᵐ).

Le groupe, que l'on désigne sous le nom de groupe de l'**Umbrail**, est moins compact; il est sillonné de vallées plus longues, et circonscrit par la vallée de l'Inn, la coupure de Reschen, la route du Stelvio (Stilfser Joch), l'Adda, et la route du Bernina.
Il est traversé de l'est à l'ouest par plusieurs routes.
La route du Stelvio, ouverte par l'Autriche de 1820 à 1823, dans un intérêt stratégique, pour avoir une communication directe dans la Valteline, passe au point de séparation des frontières de l'Italie, de la Suisse, et de l'Autriche, à une altitude de 2,797 mètres, c'est-à-dire au-dessus de la limite des neiges

perpétuelles; c'est le passage carrossable le plus élevé de l'Europe; mais depuis que l'Autriche ne possède plus le Milanais, cette route n'est plus entretenue.

Les **Alpes de l'Œtzthal** enveloppent, comme leur nom l'indique, la vallée de l'Œtz, affluent de l'Inn. Elles sont comprises entre la coupure de Reschen à l'ouest, et celle du Brenner à l'est. Au sud et au sud-ouest, elles sont enveloppées par la Vintschgau ou vallée supérieure de l'Adige, et au nord par la vallée de l'Inn.

La crête principale de ce massif dessine un immense cercle dont la concavité est tournée vers le nord et auquel se rattachent les autres crêtes. Un grand nombre de sommets dépassent 3,000 mètres. Le point culminant, le **Wildspitze**, est à 3,633 mètres. A l'est, le groupe de **Stubay**, qui est creusé par la vallée du même nom, en est une des parties les plus épaisses. Le massif de l'Œtzthal renferme plus de deux cents glaciers et n'est traversé que par de fort mauvais sentiers. Le plus important est celui du Timblsjoch (2,386ᵐ) qui remonte l'Œtzthal et descend à Meran sur l'Adige par le Passeier. Des observations faites sur les glaciers de cette région ont montré qu'ils sont dans une période d'accroissement lent mais continu.

Avant-chaînes septentrionales des Alpes suisses.

La première Avant-chaîne est presque aussi élevée et aussi considérable que l'arête centrale. Elle se subdivise en Alpes bernoises ou Oberland, Alpes d'Uri, et massif du Tödi.

Elle est limitée au nord par le sillon longitudinal marqué par les vallées de Saane et de la Simmen, les lacs de Thun et de Brienz, la route du Brunig, le lac des Quatre-Cantons, et la vallée de Pragel jusqu'à Glaris.

Les rides suivantes s'abaissent en étages moins élevés jusqu'à la Plaine suisse. La zone montagneuse est très nettement limitée par le chemin de fer, Lausanne, Fribourg, Berne, Lucerne, Zurich, Romanshorn. Elle se subdivise naturellement, de l'ouest à l'est, en Alpes de Fribourg, Alpes de l'Emmenthal, Alpes de Schwyz, Alpes d'Appenzell.

Leurs sommets sont au-dessous de 2,400 mètres.

Le Rhône, à Martigny, quitte le grand sillon longitudinal du pied de l'arête centrale, et verse ses eaux dans le lac Léman par une étroite coupure transversale ouverte dans l'Avant-chaîne du nord, entre la Dent du Midi (r. g.) (3,158^m) et la Dent de Morcles (r. d.) (2,826^m). Cette brèche limite l'Oberland à l'ouest. Il est limité à l'est par le col de Grimsel (2,204^m) et la haute vallée de l'Aar.

L'Oberland est un énorme massif infranchissable, couvert de glaciers, dominé par les cimes gigantesques de la **Jungfrau** (4,167^m) et du **Finster-Aar-Horn** (4,275^m).

Un chemin muletier, qui conduit de Louèche (Valais) à Thun, le traverse au col de la **Gemmi** entre la vallée de la Dala, affl. du Rhône, et celle de la Kander, affl. de la Simmen.

Le col de Grimsel est un fort mauvais passage ; cependant, malgré les difficultés que présentent ces hautes régions, des troupes les ont parfois parcourues, et un combat a été livré, au col de Grimsel même, par le général Gudin, le 14 août 1799.

Les glaciers de l'Oberland sont les plus remarquables des Alpes. Les principaux d'entre eux sont ceux de la Furka et du Grimsel qui donnent naissance au Rhône, et surtout le glacier d'Aletsch, le plus étendu de l'Europe, dont la superficie est de plus de 100 kilomètres carrés et qui a 7 kilomètres de long. Il descend de la Jungfrau et du Finster-Aar-Horn et débouche dans le Valais, en amont de Brieg.

Le versant nord de ces montagnes est creusé par les vallées de Lauterbrunnen et de Grindelwald si célèbres par leurs beautés pittoresques. Leurs eaux se réunissent dans la Luschine qui les verse dans le lac de Brienz.

Entre le lac et la vallée de Grindelwald se dresse la masse du **Faulhorn** (2,683^m), littéralement *pic pourri*, composée de schistes calcaires, noirs, désagrégés.

Les Alpes d'Uri sont comprises entre le col de Grimsel, la Reuss, et le lac des Quatre-Cantons. Le point culminant est au **Galenstock** (3,596^m), tête du glacier du Rhône.

Le massif du **Tödi** (cime à 3,623^m) est compris entre la Reuss et le Rhin (de Coire à Sargans). Ces montagnes âpres et difficiles sont coupées par le sentier de Panix, entre Glaris et Ilanz, qui fut suivi, en 1799, par les débris de l'armée russe de Souvarov.

Nous avons dit, plus haut, que le plissement des Grandes Alpes avait été croisé obliquement à Sargans par une ride d'une grande altitude, Rhætikon — Churfisten. L'alignement de cette ride est donné par la vallée de la Landquart, affl. de dr. du Rhin, par le Wallensee, le lac de Zurich, et la Limmat.

Avant que la brèche de Sargans eût été ouverte, les eaux du Rhin, au lieu de s'écouler au nord, dans le lac de Constance, se versaient à l'ouest dans le Wallensee, et il n'y a, entre sa vallée et les rives du lac, qu'un seuil de moraines, de quelques mètres seulement.

La plus grande altitude de la muraille des **Churfisten** est de 2,207 mètres.

Entre les Churfisten, le lac de Constance, et le Rhin, s'étalent les ramifications confuses des Avant-chaînes auxquelles on donne le nom général d'**Alpes d'Appenzell et de Saint-Gall**.

Entre le Rhin et l'Inn inférieur (Unter-Innthal), séparées de l'arête centrale par le sillon de l'Arlberg et l'Inn (Ober-Innthal), les Avant-chaînes comprennent les Alpes du **Vorarlberg** et les **Kalk-Alpen**, ou Alpes calcaires.

Les **Alpes du Vorarlberg** sont comprises entre le Rhin à l'ouest, le Lech et la coupure du Fern-Pass à l'est. Elles se prolongent vers le nord sous le nom d'Alpes d'Allgau.
Le centre du Vorarlberg est marqué par le Widderstein dont les eaux descendent en divergeant.

Les **Alpes calcaires du nord** sont comprises entre le Lech et l'Inn. Elles sont traversées du nord au sud par plusieurs routes : celle de Lermoos ou du Fern-Pass, la route de Munich à Innsbrück par Mittenwald et Scharnitz, et celle de Munich à Innsbrück par l'Achenthal.
Entre Wörgl et Neubeurn, l'Inn perce le rempart des Avant-chaînes au défilé, ou *Klause*, de Küfstein. Une route et un chemin de fer suivent sa vallée. Ils sont barrés à la frontière austro-bavaroise par les fortifications de Kufstein.
On retrouve dans ces Alpes les caractères ordinaires des soulèvements calcaires, c'est-à-dire des escarpements rapides, des brèches étroites par lesquelles s'écoulent les eaux, des cavernes et des pertes d'eaux. Le nom de *Klause*, fréquemment répété, a la même signification que celui de *cluse* ou de *clus* dans le Jura et dans la Provence.

Avant-chaînes méridionales des Alpes suisses.

Les Avant-chaînes du sud, comme nous l'avons dit, ne sont pas séparées de l'arête centrale par un sillon aussi nettement ouvert que celui du nord; « les masses qui s'appuient sur le versant du midi ne forment d'abord que des contreforts inégaux et tourmentés », surtout dans la partie qui correspond aux Alpes pennines; mais, à partir du débouché du Simplon,

On reconnaît cependant plus de régularité dans la direction des terrains. De Domo d'Ossola à Locarno et à Bellinzona, de Bellinzona à Chiavenna se manifeste une tranchée que prolonge le sillon de l'Engadine et qui est suivie par des chemins en partie charretiers.

Le chemin de Bellinzona à Gravedone, sur le lac de Côme, prolonge la direction du sillon de la Valteline dont l'orientation est exactement de l'ouest à l'est; mais, à partir de Tirano dans la haute Valteline, la coupure, que suit la route du Stelvio, est de nouveau sensiblement parallèle à l'axe principal du plissement des Grandes Alpes.

On peut ainsi considérer la coupure jalonnée par Domo d'Ossola, Bellinzona, Gravedone, Tirano, et le col du Stelvio, comme indiquant la séparation naturelle entre les massifs de l'axe central des Alpes et ceux des Avant-chaînes du sud.

On appelle : **Alpes de Lugano** le groupe de montagnes comprises entre le lac Majeur et le lac de Côme;

Alpes du Bergamasque ou de la **Valteline**, celles qui sont circonscrites à l'ouest par le lac de Côme, au nord par la Valteline et la route du col de l'Aprica (entre Adda et Oglio), à l'est par l'Oglio. Elles forment une véritable *sierra* d'une hauteur moyenne de 2,800 mètres, échancrée par des cols fort élevés, et portant quelques petits glaciers sur leurs versants nord. Le point culminant de ce dernier groupe est le mont Redorta (2,924^m). Il se prolonge au sud en contreforts allongés qui enceignent les vallées du Brembo (val Brembana), du Serio (val Seriana), de l'Oglio (val Camonica).

Toutes ces vallées ont été autrefois remplies par les glaciers des Alpes qui, en se retirant, ont laissé d'immenses moraines terminales et latérales. Les collines, qui dessinent sur la plaine lombarde le dernier échelon des montagnes, ne sont formées que de terrains de transport; ce sont aussi des moraines qui enveloppent les lacs du pied des Alpes, dont les eaux occupent les creux produits par des affouillements anciens ; mais un incessant travail de colmatage en élève le fond et en comble peu à peu les bassins.

A l'est de la vallée de l'Adda, est un massif compact qui forme le groupe le plus important des Alpes du Tirol :

C'est l'**Ortler**, circonscrit au nord et à l'est par la vallée de l'Adige, au sud par le val di Sole (vallée du Noce), et le col du Tonale ; il se rattache au nord-ouest au pic de l'Umbrail par un seuil très élevé que franchit la route du Stelvio.

Intermédiaire entre le massif du Bernina et celui de l'OEtzthal, aussi remarquable que ceux-ci par ses sommets et ses glaciers, il fait partie des Avant-chaînes du sud. « C'est une masse dolomitique superbe, aux cassures brusques, aux pentes coupées de parois verticales, aux longs couloirs remplis de glaces. » Sa cime s'élève à 3,756 mètres, dominant ainsi de 900 mètres la route du Stelvio qui passe à son pied.

Au sud de l'Ortler, dont il est séparé par le val di Sole (vallée du Noce), et limité à l'est par la route du Tonale (1804m) et le val Camonica (vallée de l'Oglio), s'élève le massif de l'**Adamello** (3,425m) qui porte encore quelques glaciers.

A l'est de l'Adamello, le massif de **Bocca di Brenta** (3,053m) s'étale jusqu'à l'Adige.

Ces deux groupes de montagnes sont limités au sud par la vallée des Judicarien ou Giudicarie.

Plus au sud, les massifs sont moins élevés, ils portent les noms de groupe du mont **Tenera** (2,073m) entre les Judicarien au nord, la vallée du Sarca à l'est, le val di Ledro au sud ;

Groupe de **Bondon** dominé par le mont Cornetto ou Orto d'Abramo (2,098m) entre Sarca et Adige.

Plus au sud encore, entre le lac de Garde et l'Adige est l'arête escarpée du **Monte-Baldo**, et, sur la rive droite du lac, des masses confuses, accidentées, portant différents noms, et que l'on peut appeler d'une manière générale les **Alpes du Chiese**.

On désigne aussi l'ensemble des massifs au sud du val di Sole sous le nom de **Judicarien-Alpen**.

GRANDES ALPES ORIENTALES
ou
ALPES AUTRICHIENNES.

Nous avons choisi la route du Brenner comme ligne de séparation entre la partie occidentale et la partie orientale des Alpes.

A l'est de cette coupure, l'arête principale est formée de massifs compacts, élevés, circonscrits par de profondes tranchées. On avait autrefois désigné l'ensemble de ces montagnes sous le nom général d'**Alpes noriques** et d'**Alpes styriennes**, mais il est nécessaire d'analyser plus exactement les différents groupes qui les composent.

On reconnaît trois massifs fort distincts : ceux du *Zillerthal*, des *Hohe Tauern*, et des *Kleine Tauern*; ils se prolongent jusqu'au Danube par le *Hochschwab* et le *Wienerwald*.

Les Alpes du Zillerthal sont comprises entre la route du Brenner à l'ouest, et la coupure du Birnlücke à l'est.

Ce massif, formé de roches primitives, est très remarquable par la beauté de ses montagnes et de ses vallées. L'arête principale orientée du sud-ouest au nord-est, de Sterzing sur l'Eisak jusqu'au Birnlücke, prolonge l'alignement des crêtes des Alpes de l'OEtzthal.

Le Birnlücke (2,644ᵐ) ouvre une communication pour piétons entre l'Ahrenthal (tributaire de l'Adige) et le Krimlerthal (tributaire de la Salza). Un grand nombre de sommets des Alpes du Zillerthal dépassent 3,000 mètres. Le point culminant, le Thurnerkamp, est à 3,370 mètres.

Le massif suivant est celui des **Hôhe Tauern**[1]. Il est naturellement limité à l'ouest par le Birnlücke; à l'est, par la route des Rastadt-Tauern.

Il est très compact et très épais, surtout dans la partie occidentale, où se trouvent de grands glaciers et les sommets élevés du Dreiherrnspitze (pic des Trois-Seigneurs, 3,372^m), du Gross Venediger (3,534^m), du Gross Glockner (3,650^m).

Le massif des Hôhe Tauern est déchiré par de nombreuses vallées dans le sens tranversal. La plus importante et la plus connue est celle de Gastein où se trouvent des stations thermales, souvent fréquentées par les souverains de l'Allemagne et historiquement célèbres par plusieurs conventions qui furent conclues pendant leur séjour à ces eaux; mais les passages d'un versant à l'autre sont rares.

Les **Kleine Tauern**, ou Tauern Kette, prolongent, à l'est, le massif et les crêtes des Hôhe Tauern. Ces montagnes, qui ont une altitude moyenne de 2,000 mètres seulement, sont formées de deux chaînes, l'une au nord, l'autre au sud de la Mur. Ces dernières portent également le nom d'**Alpes de Karinthie et de Styrie**.

La chaîne du nord, composée de roches cristallisées comme arête principale des Alpes, n'a plus ses grandes altitudes ni ses superbes glaciers. Elle est limitée au sud par le sillon longitudinal dans lequel coulent, au-devant l'une de l'autre, la Murz qui descend du Semmering, et la Mur qui vient de l'Arlscharte. Ces deux rivières se réunissent à Brück, et se dirigent ensuite vers le sud, en coupant perpendiculairement la chaîne du sud.

---

[1] Les anciens donnaient le nom de *Tauern* (montagnes sacrées) aux passages de cette partie des Alpes qui étaient placés sous la protection de divinités particulières (Houzeau. *Histoire du sol de l'Europe*).

Au nord, les Kleine Tauern sont très nettement limitées par un sillon longitudinal dans lequel coulent, en sens opposé, l'Enns, qui vient du col de Wagrein à l'ouest, et son affluent la Salza, qui vient de l'est.

La chaîne du sud, également formée de roches cristallines, de granites, de gneiss, de schistes, est fragmentée par de nombreuses et larges brèches et traversée, comme nous venons de le dire, par la Mur entre Brück et Gráz.

D'autres systèmes de plissement que celui des Alpes ont impressionné cette région.

Ainsi, dans le Lavanthal, entre Mur et Drave, les crêtes sont orientées du nord au sud, tandis que la vallée de la Drave est parallèle au système du Tatra.

Le plissement des monts de Bohême (système du Thuringerwald, ouest-33°-sud), qui est coupé par le Danube au défilé de Durrenstein, se prolonge sur la rive droite du fleuve, et, c'est en le rencontrant, que celui des Alpes a été, pour ainsi dire, rebroussé, de sorte que la vallée de la Salza, affl. de l'Enns, et celle de la Murz sont inclinées à contre-pente, c'est-à-dire de l'est à l'ouest.

A la rencontre des deux rides se trouve le **Schneeberg**; le système du Thuringerwald se manifeste encore au delà, dans le **Wechsel**, près d'Aspang sur la Leitha.

Les passages de ces montagnes sont fort nombreux; nous les résumerons dans un tableau d'ensemble après avoir parlé des Avant-chaînes.

A l'est du Semmering, le pays reste encore très accidenté; des collines, notamment les collines de la Leitha, prolongent, sous différents noms, la direction des Alpes. On en retrouve même la trace au delà du Danube et de Presburg dans les petites Carpates.

Avant-chaînes septentrionales des Alpes autrichiennes.

Depuis Feldkirch jusqu'à Vienne, les Grandes Alpes sont bornées, au nord, de six à huit chaînes parallèles, de hauteurs décroissantes, coupées par les cours d'eau qui se jettent dans le Danube. Ces montagnes sont formées principalement de terrains calcaires et portent le nom général de **Kalk-Alpen**. Nous avons déjà parlé de la partie qui est à l'ouest de l'Inn.

Nous nous bornerons à donner ici une nomenclature sommaire des massifs à l'est de l'Inn [1].

Ce sont les **Alpes de Salzburg**, entre les coupures transversales de l'Inn, de la Salzach, de la Traun, et de l'Enns. Dans la portion occidentale, elles semblent n'être qu'un « marchepied » des Höhe Tauern ; mais, à l'est de la Salzach, leurs crêtes s'élèvent et dépassent celles de l'arête centrale, c'est-à-dire des Kleine Tauern.

Tels sont, entre la Salzach et l'Enns, les **Tænnen Gebirge** (2,335^m), le **Dachstein** (2,882^m) qui domine un vaste plateau pierreux. La vallée de la Traun et deux lacs, qui s'y épanouissent, les séparent des **Todtes Gebirge** (montagnes de la mort), tristes déserts de rochers chaotiques.

La haute vallée de la Traun est ce que l'on appelle le **Salzkammergut**, région lacustre, remarquable, qui, sur une superficie de 1650 kilomètres, ne contient pas moins de 35 lacs. Ischl en est le centre.

Le chemin de fer de Salzburg à Lembach limite au nord ce pays pittoresque. Entre cette ligne ferrée au sud et celle de Braunau à Wels au nord, entre l'Inn à l'ouest et la Traun à l'est, le massif moyen du **Hausrück** forme l'Avant-chaîne la plus éloignée des Alpes vers le Danube.

---

[1] Voir pour les détails : *Géographie militaire*, tome IV, *Autriche-Hongrie*.

A l'est de l'Enns, s'étagent jusqu'au Danube de nombreux rameaux parallèles, les **Voralpe**, le **Dürnstein**, l'**Ætscher** entre l'Enns et la Traisen, les **Traisen Gebirge**, et le **Wiener-Wald** (760ᵐ) qui s'abaisse vers le Danube en pentes boisées, séparées par de gracieux vallons.

Avant-chaines méridionales des Alpes autrichiennes.

Les Avant-chaines méridionales des Alpes du Tirol et de l'Autriche sont exactement limitées à l'est par le tracé du chemin de fer de Vienne à Fiume par Brück, Grâz (Mur), Marburg (Drave), Cilli (Saan, affl. de la Save), Steinbruck et Agram (Save), Karlstadt (Kulpa).

Cette voie ferrrée longe à peu près le pied des montagnes; plus à l'est, on ne trouve plus que quelques promontoires de collines sans grande importance, notamment aux sources de la Raab et de la Leitha, et entre la Drave et la Save.

Cette ligne, qui est une démarcation géologique entre les pays de soulèvement de l'Autriche et les plaines basses alluvionnaires de la Hongrie, marque également la séparation entre deux races : les Allemands et les Magyars. Lorsque l'invasion magyare venant de l'Orient se répandit dans les plaines basses du Danube, les anciens habitants du pays se retirèrent dans les montagnes et ils purent s'y maintenir, tandis que le flot des barbares s'écoulait à leurs pieds. C'est également à la limite des Alpes que les invasions turques vinrent échouer; la bataille de Saint-Gothard, qui sauva la chrétienté du joug de l'islamisme, fut livrée sur les derniers contreforts de ces montagnes.

Nous avons considéré la vallée de l'Adige comme la séparation naturelle entre la partie occidentale et la partie orientale des Alpes. A l'est de l'Adige, les montagnes ont été désignées autrefois sous le nom général d'**Alpes cadoriques** et d'**Alpes carniques** :

Les Alpes cadoriques, appelées de préférence : **Alpes dolomitiques (Dolomit Alpen)** sont comprises entre la vallée de l'Adige à l'ouest, et la Piave (strada d'Allemagna) à l'est.

Leurs sommets ruiniformes, aux grandes parois blanches teintes de rose, ont un aspect merveilleux. Au centre de ce massif se trouve le sommet de la **Marmolade** (3,360ᵐ) aux pieds duquel l'Avisio prend sa source et où passe la route charretière de Trente à Cortina d'Ampezzo. Cette communication a une certaine valeur pour la défense de ces montagnes, parce qu'elle est tout entière sur le territoire autrichien.

Au sud des Alpes dolomitiques, et séparés par la route de Trente à Feltre (Val Sugana), les monts des **Sette Communi** forment un étage inférieur ; ils sont précédés eux-mêmes des petits massifs des **monts Lessini**.

Les **Alpes carniques** sont constituées par plusieurs arêtes parallèles, entre la Drave et son affluent, le Gail. Leur système de plissement est oblique sur celui des Alpes principales. Elles se développent au sud en contreforts confus autour des vallées tributaires du Tagliamento. Le mont **Paralba**, aux sources de la Piave (2,665ᵐ), en est une des cimes notables. On peut les limiter : à l'est, à la route de Malborghet ; au sud, au Tagliamento ; à l'ouest, à la Piave.

Au sud du Tagliamento, les **Alpes vénitiennes** forment symétriquement aux Alpes dolomitiques la première Avant-chaîne entre la Piave et le Tagliamento.

Le mont **Cridola** (2,485ᵐ), à l'est et au-dessus de Pieve di Cadore, et le mont **Premaggiore** (2,380ᵐ), en sont les cimes principales. Leur extrémité occidentale qui s'avance dans le coude de la Piave en aval de Bellune, est traversée par la strada d'Allemagna au défilé de Serravalle qui est un ancien lit de la Piave.

A partir de Tarvis, on donne aux montagnes de la rive droite de la Save le nom d'**Alpes juliennes**. Leur direction est celle du système des Pyrénées. Ce sont d'âpres montagnes calcaires aux plateaux pierreux et dénudés.

Les **Alpes de Terglou** (des trois têtes) (2,856^m), forment la dernière masse des montagnes alpestres.

Au sud du Terglou, les altitudes diminuent rapidement; on peut désigner sous le nom de montagnes d'Idria, du nom de la petite ville qui en occupe le centre et de la rivière qui en recueille les eaux, l'ensemble des hauts plateaux calcaires et des chaînes dénudées qui sont compris entre l'Isonzo, la Save et l'Adriatique, et qui se prolongent vers le sud-est pour se raccorder aux chaînes du littoral dalmate.

Plus près de la côte est le **Karst**.
Le plateau qui porte le nom de Karst, en italien Carso, dont la racine celtique signifie « pays des pierres », ne sert de base qu'à des rochers, à de petites chaînes de collines ou à quelques cimes isolées [1].

Entre la Save et la Kulpa, l'extrémité des plateaux du Karst est coupée perpendiculairement par l'arête des **Uskoken Gebirge**.

Entre la Save et la Drave, les Alpes carniques se prolongent sous le nom de **Karavanken** (*monts des Carvates ou des Croates*), d'**Alpes du Saanthal**, et de **Bachern Gebirge** qui sont des collines moyennes entre la Saane et la Drave.

Le chemin de fer de Marburg à Steinbruck limite à l'est ces Avant-chaînes des Grandes Alpes.

---

[1] Voir *Géographie militaire*, tome IV

ROUTES DES GRANDES ALPES.

1° Alpes suisses.

(A l'ouest du Brenner)

Il est assez facile de classer les routes des Alpes si, au lieu d'une nomenclature aride de cols, on recherche les grandes directions des sillons longitudinaux et des coupures transversales. Celles-ci sont, comme nous l'avons dit, les plus intéressantes, parce qu'elles mettent en relations les deux versants : l'Allemagne et l'Italie, Bâle et Milan.

Routes transversales entre la Suisse et l'Italie.
1. — La principale ligne de communication est le **chemin de fer du Saint-Gothard**. Tracé dans la vallée de la Reuss, il traverse le massif du Saint-Gothard par un grand tunnel de près de 15,000 mètres, percé entre Göschenen (Reuss) et Airolo (Tessin).

Trois projets principaux avaient été étudiés :

Par le Simplon, les lignes italiennes se seraient raccordées aux lignes françaises par Genève;

Par le Splugen, les lignes italiennes se seraient raccordées aux lignes autrichiennes de l'Arlberg;

Par le Saint-Gothard, les lignes italiennes se raccordent aux lignes allemandes à Bâle ou à Schaffouse.

Ce dernier projet, plus favorable aux intérêts commerciaux de la Suisse, de l'Italie, et surtout de l'Allemagne, a été préféré malgré les grandes difficultés que présentaient, non seulement l'ouverture du tunnel lui-même, mais encore la construction des rampes d'accès et des tunnels secondaires. Cette ligne met en relations directes l'Allemagne et l'Italie au détriment des intérêts français [1].

On peut prévoir aussi que, dans certaines circonstances, le chemin de fer du Saint-Gothard établirait une relation stratégique, de même qu'il facilite les relations politiques et commerciales entre les deux pays.

D'ailleurs, le projet de percement du Simplon n'est pas abandonné et la ligne du Valais est actuellement terminée jusqu'à Brieg.

A l'ouest du Saint-Gothard deux routes :

2. — Du **Simplon** (2,010m), de Brieg (Rhône) à Domo d'Ossola (Toce) et Milan ;

3. — Du **Grand Saint-Bernard** (2,472m), de Martigny (Rhône) à Aoste (Dora Baltea) et Turin ; en partie muletière.

A l'est du Saint-Gothard, deux routes principales :

4. — Du **Splügen** (2,117m), de Coire (Rhin) à Chiavenna (Maïra) et Milan ;

5. — De l'**Albula** (2,313m), prolongée par la route du Bernina (2,334m) et l'Aprica ; de Coire (Rhin) par Samaden (Inn), Tirano (Adda), Edolo (Oglio), à Brescia.

Outre ces grandes lignes, trois passages secondaires, mais carrossables :

6. — Du **Lukmanier** (1917m), entre Rhin et Tessin ;

7. — Du **San Bernardino** (2,063m), entre Rhin et Tessin ;

8. — De **Juliers** (2,287m) entre Rhin et Inn.

---

[1] Le tunnel traverse, pendant quelques centaines de mètres, au dessous de la vallée d'Anderm tt, c'est-à-dire dans le prolongement du sillon longitudinal Rhône-Rhin, des terrains meubles de la nature des moraines et qui semblent avoir comblé une fracture des rochers. Dans ce passage, des poussées considérables se produisent dans tous les sens et ont nécessité la construction de voûtes d'une puissance toute particulière.

Une communication directe est ouverte entre la Suisse et le Tirol par Sargans, le col de la **Fluela** (2,405ᵐ), Sus (Inn), l'Ofenpass (2,155ᵐ), Glürns (Etsch),

ou par Sus, Nauders, le col de **Reschen** (1465ᵐ) et Glurns,

Routes longitudinales.
1. — De Lucerne par le col du **Brünig** (1004ᵐ), Brienz, Thun, Lausanne.
2. — De Coire par l'**Oberalp** (2,052ᵐ), Andermatt, la **Furka** (2,436ᵐ), Martigny.
3. — Et la route de l'**Engadine** qui remonte la vallée de l'Inn et descend en Italie par la **Maloïa** (1811ᵐ).

Nous négligerons les autres passages, fort nombreux et plus ou moins mauvais ; on les trouvera dans les *Guides* de voyageurs, mais leur nomenclature ne ferait que compliquer, sans utilité, un exposé géographique d'ensemble.

L'étude d'une carte de détail est d'ailleurs suffisante, et de beaucoup préférable à toute description écrite.

2° Alpes autrichiennes[1].

(A l'est du Brenner.)

Routes transversales, entre l'Autriche et l'Italie.

1. — La route de **Reschen** (1465m) de Landeck (Inn) à Botzen.

2. — La route du **Brenner** (1367m), dont nous avons déjà longuement parlé, prolonge :

la route d'Augsburg par Füssen, Reute, Lermoos et le Fern Pass ;

celle d'Augsburg par Schöngau, Partenkirchen, Mittenwald (voie romaine) ;

celle de Munich par Mittenwald, Scharnitz ;

celle de Munich par l'Achenthal ;

celle de Munich par la vallée de l'Inn ; celle-ci doublée d'un chemin de fer.

3. — La route des **Radstadt Tauern** prolonge la route de Salzburg, et conduit à Spital, Villach, le col de **Malborghet** à Udine, ou par Villach et le col de **Predil** à Trieste.

4. — La route des **Rottenmann Tauern** prolonge la route de Linz et le chemin de fer de la vallée de l'Enns ; elle se prolonge elle-même par Neumarkt sur Klagenfurth, Krainburg, et Laibach, ou par le Lavanthal sur Krainburg. Elle se relie à la précédente de Klagenfurth à Villach.

Routes longitudinales. — Elles sont ouvertes :

1. — Au nord de l'arête centrale, par le **Semmering** et le sillon Salza, Enns, Inn, **Arlberg**. C'est une superbe communication directe depuis Vienne jusqu'à Bâle ;

2. — Au sud de l'arête centrale, par le **Pusterthal** ; c'est une communication directe entre Vienne et le Tirol.

---

[1] Pour les détails, voir *Géographie militaire*, tome IV, *Autriche-Hongrie*

Chemins de fer. — Les chemins de fer autrichiens des Alpes ont tous une grande importance.

Trois lignes descendent sur le versant italien des Alpes.

1. — La principale est celle du **Brenner**, qui a été, jusqu'au percement du Gothard, la seule ligne de jonction entre l'Allemagne occidentale et l'Italie.

2. — La ligne du **Semmering**, prolongée par le col de la Ponteba, est non moins intéressante ; elle relie Vienne et Venise.

3. — La troisième ligne se détache de la précédente à Brück et conduit, en contournant les Alpes, à Trieste et à Fiume.

Dans le sens longitudinal, il y a aussi **trois lignes** ferrées :

1. — La ligne de Vienne à Innsbrück par le sillon du nord, prolongée par la ligne de l'**Arlberg**, ouverte en 1884.

Elle met en relation directe Vienne avec les lignes suisses, et, par conséquent, la France et l'Autriche sans passer sur le territoire allemand. Cette ligne est appelée à devenir une des grandes artères commerciales entre l'Occident et l'Orient.

2. — La ligne de la **Drave** ou du **Pusterthal**, c'est la ligne de jonction entre la Hongrie et le Tirol.

3. — La ligne de la **Save**, c'est la ligne de jonction entre la Croatie et le pays vénitien. Elle croise les lignes transversales, citées plus haut, à Laybach et à Tarvis.

II

SUISSE.

Les eaux du versant nord de la portion occidentale des Grandes Alpes se réunissent pour la plupart dans le Rhin, dont le bassin supérieur jusqu'à Bâle comprend la majeure partie du territoire de la Confédération helvétique. La vallée supérieure du Rhône jusqu'à Genève, la vallée supérieure de l'Inn (ou Engadine) jusqu'à Finstermünz, et une portion de la vallée supérieure du Tessin, font également partie du territoire de la Confédération.

Vallée supérieure du Rhône. — Le Rhône sort des glaciers du Grimsel et de la Furka; sa vallée supérieure jusqu'au lac de Genève est un étroit et profond corridor, le Valais, resserré entre l'Oberland bernois au nord et les Alpes du Valais au sud; elle communique avec les sources de la Reuss par le col de la Furka, avec celles de l'Aar par le col de Grimsel, avec celles du Tessin par le col de Nufenen; les routes du **Simplon** et du **Grand Saint-Bernard** viennent y déboucher.

Les localités notables du Valais sont :

Brieg, point de départ de la route du Simplon ; Louèche, d'où se détache le chemin muletier de la Gemmi, qui remonte la Dala, et par lequel on franchit les Alpes bernoises ; Sion, capitale du Valais ; Martigny, où tombe (r. g.) la **Dranse Valaisane** dont la vallée est remontée par la route du Grand Saint-Bernard. C'est là également que viennent aboutir les deux chemins de Chamonix par le col de Balme et de Chamonix par le col de la Tête-Noire.

A Martigny, le Rhône, qui coulait de l'est à l'ouest, change brusquement de direction vers le nord ; il reçoit (r. g.) à Vernayaz le **Trient**, remarquable par la beauté de ses gorges.

Le Rhône traverse à Saint-Maurice le rempart calcaire des avant-chaînes du nord entre la Dent de Morcles (r. d.) et la Dent du Midi (r. g.).

Cette brèche est défendue par des fortifications en bon état ; mais, comme tous les anciens ouvrages de barrage construits dans les vallées, elles sont, par suite de l'augmentation de la portée de l'artillerie, dominées par les hauteurs voisines et difficilement défendables.

Autrefois, le lac de Genève, ou lac **Léman**, s'étendait jusqu'à Saint-Maurice ; les alluvions en ont successivement comblé une grande partie. Long de 72 kilomètres, le lac a une largeur variable de 4 à 12 kilomètres. Sur la rive nord qui appartient à la Suisse : Montreux, Vevey, Lausanne, Morges, Rolle, Nyon ; sur la rive sud qui appartient à la France : Saint-Gingolph, Meillerie, Évian, Thonon. A l'extrémité sud-ouest, au point où le Rhône sort du lac, Genève est une position stratégique importante à l'entrée de la Savoie, du Jura méridional, et de la Plaine suisse.

Dans le lac de Genève tombe, entre Lausanne et Morges, la **Venoge**, qui est réunie par un canal à l'Orbe, tributaire du lac de Neufchâtel. Sa vallée marque la communication qui existait autrefois entre ces lacs.

Sur la rive méridionale du lac tombe la Dranse, dont le bassin appartient à la Savoie.

Vallée supérieure de l'Inn ou Engadine. — L'Inn (de ses sources à Finstermünz, frontière autrichienne).

L'Inn sort de la Maloia, sa haute vallée, qui porte le nom d'Engadine jusqu'à Finstermünz, est à une altitude fort grande, de sorte que l'on a peu à s'élever pour atteindre les cols qui permettent de communiquer avec les vallées voisines. Ainsi, Sils est à 1727 mètres et le col de la Maloia à 1811 mètres. La descente de la Maloia vers la vallée de la Maira est au contraire très rapide ; l'altitude de Casaccia, au pied du col, est de 1404 mètres seulement.

Sur l'Inn : Silvaplana débouché de la route de Juliers (r. g.) ;

Samaden, débouché de la route du Bernina (r. d.) ;

Ponte, débouché de la route de l'Albula (r. g.) ;

Zernetz, débouché de la route du val Tauffers (r. d.) ;

Sus, débouché de la route de la Fluela (r. g.) ;

Martinsbruck, débouché de la route de Nauders et du col de Reschen (r. d.) ;

Finstermünz, frontière autrichienne, au pied des hauteurs sur lesquelles sont construits les forts de Ferdinandsfeste.

Bassin supérieur du Rhin. — Le Rhin est formé de la réunion d'un grand nombre de torrents qui tous portent le nom de Rhin et qui descendent des massifs du Saint-Gothard et de l'Adula. Les plus notables sont le Vorder-Rhein et l'Hinter-Rhein qui se réunissent à Reichenau.

Le Vorder-Rhein descend du col de l'Oberalp et coule dans le sillon longitudinal du nord des Grandes Alpes. A Dissentis, il reçoit (r. d.) le **Mittel-Rhein** dont la vallée conduit au col de Luckmanier. A Ilanz, vient aboutir (r. g.) le sentier de Panix par lequel on traverse le Tödiberg.

L'Hinter-Rhein descend du groupe de l'Adula. A Hinter-rhein vient aboutir (r. d.) la route du San Bernardino ; à Splügen aboutit (r. d.) la route du col de même nom, à Tusis, il reçoit (r. d.) l'Albula.

L'Albula est le cours d'eau le plus important de cette région des Alpes. Directement, ou par ses affluents, elle ouvre les routes qui conduisent dans l'Engadine. Elle descend du col de l'Albula qui conduit à Ponte sur l'Inn ; elle reçoit (r. d.) le **Landwasser** qui ouvre deux routes : l'une par le col de la Fluela, vers Sus sur l'Inn ; l'autre par le col du Laret, qui conduit dans la vallée de la Landquart et rejoint le Rhin à Mayenfeld. A Tiefenkasten, aboutit sur l'Albula (r. g.), la vallée d'Oberhalbstein par laquelle on va, d'une part, au col de Juliers et de là à Silvaplana et aux bains de Saint-Maurice dans l'Engadine ; de l'autre par le sentier du col de Septimer dans la vallée italienne de la Maira.

Près de Coire (Chur) (*Curia Rhætiorum*), chef-lieu des Grisons, situé à quelque distance du Rhin (r. d.), le fleuve change de direction vers le nord. En amont de Mayenfeld, il reçoit (r. d.) la **Landquart** qui descend du Silvretta, et dont la vallée, appelée la **Prättigau**, communique par une bonne route avec celle de la Fluela, indiquée ci-dessus. La vallée dans laquelle coule la Landquart est oblique à la direction générale des Alpes ; elle est produite par le soulèvement du Rhætikon, et prolonge celle dans laquelle se trouvent les eaux du lac de Wallenstadt. C'est le passage de la route directe de Bâle à Trente par Zurich, Sargans, Glurns, et Botzen.

Cette route, qui suit la vallée du Rhin, de Sargans à Mayenfeld, est commandée (r. d.) par les fortifications de Luziensteig, position d'une valeur exceptionnelle qui maîtrise la vallée supérieure du Rhin.

En aval de Sargans, à Trubbach, le Rhin perce la digue que lui opposait autrefois la réunion du Rhætikon (r. d.), et des Churfisten (r. g.), et qui l'obligeait à écouler ses eaux par la trouée de Sargans, dans le Wallensee. Le seuil de séparation entre sa vallée actuelle et celle du lac n'a que 4 à 5 kilomètres de large sur 5 mètres de relief. Les habitants se sont opposés à l'ouverture d'un canal de jonction de crainte des inondations du Rhin et n'ont pas permis de construire le chemin de fer en tranchée.

Le Rhin forme, à partir de ce point, la frontière entre la Suisse, d'une part, la principauté de Lichtenstein et le Vorarlberg de l'autre. Il passe près de Vaduz, chef-lieu de la principauté et coule, dès lors, dans une vallée plus large.

Il reçoit (r. d.) l'Ill qui vient du Silvretta et dont un affl. de dr., l'Alfens, ouvre l'importante route, dite **Albrechtsstrasse**, qui conduit dans le Tirol par le Klosterthal et le col d'Arlberg. L'Ill passe à Bludenz et à Feldkirch. Sa vallée supérieure, appelée **Montavon**, est remontée par un chemin muletier qui conduit à Landeck sur l'Inn, par le Paznauner-Thal (vallée de la Trisanna).

Dans la vallée du Rhin, à quelques kilomètres (r. g.), se trouve Altstädten, point de départ de plusieurs routes qui traversent les Alpes de Saint-Gall. Le fleuve se rapproche pendant quelque temps des hauteurs de la rive gauche; sa rive droite est marécageuse. Il passe à Rheineck et, quelques kilomètres plus loin, tombe dans le lac de Constance.

Le lac de Constance (Boden See) a 60 kilomètres de longueur entre Bregenz et Ludwigshafen. Sa plus grande largeur entre Arbon (r. g.) et Langenarden (r. d.) est de 14 kilomètres environ. Alt. 398 mètres; profondeur max. 278 mètres. Cinq États différents ont des têtes de lignes ferrées sur ses rives : l'Autriche à Bregenz, la Bavière à Lindau, le Wurtemberg à Friedrichshafen, le grand-duché de Bade à Constance sur la rive gauche du lac; enfin, la Suisse, qui possède toute cette rive à l'exception de Constance, a un chemin de fer qui la longe et plusieurs têtes de lignes, à Constance, à Romanshorn en face de Friedrichshafen, et à Rorschach.

L'extrémité nord-ouest du lac s'appelle **Uberlinger See**, du nom de la petite ville d'Uberlingen (r. g.).

A Constance, le Rhin a 150 mètres environ (pont du chemin de fer); il tombe à peu de distance dans le lac de Zell ou **Unter See**; il est navigable jusqu'à Schaffouse, passe à Radolfzell, extrémité de l'Unter See et à Singen. Radolfzell est le point de jonction de la ligne ferrée d'Ulm par Stockach et

Mösskirch, par la trouée sud du Danube, direction suivie en 1796 et en 1800 par les armées françaises.

De Singen part la ligne ferrée de Tuttlingen. Cette ville est située au pied d'un piton isolé, le *Hohentwiel* (691ᵐ) qui portait autrefois une importante forteresse, célèbre par sa défense dans la guerre de Trente ans. Elle fut détruite en 1800 par le général Vandamme. Cette position, déjà occupée autrefois par les Romains, commande la route la plus courte entre le Rhin (Stein) et le haut Danube (Immindingen) par Engen. Plus au nord, sur les deux côtés de la voie ferrée, se trouvent plusieurs autres croupes volcaniques : le *Hohenkrähen* (643ᵐ) et le *Hohenhofen* (870ᵐ) à l'ouest, et d'autres analogues au pied de l'*Hohgans* à l'est.

Sur le Rhin, Stein, Schaffouse, et Eglisau, sur la rive droite, sont les villes principales de trois enclaves appartenant à la Suisse.

Schaffouse a une importance militaire très grande, surtout au point de vue offensif; c'est le nœud des principales routes qui tournent la Forêt-Noire et le haut Danube. Schaffouse a un ancien fort, le fort d'Unnoth, qui doit à ses murs épais et à quelques abris blindés d'être susceptible d'une certaine résistance.

En donnant Schaffouse à la Suisse, les traités de 1815 ont eu pour but de neutraliser ce débouché important pour une offensive française contre l'Allemagne, de sorte que, même en franchissant le Rhin au-dessous de Bâle, une armée française qui aurait contourné l'extrémité sud de la Forêt-Noire se verrait privée des meilleures routes et du chemin de fer de la rive droite.

En aval de Schaffouse, se trouve une chute du Rhin haute de 30 mètres environ, sur 100 mètres de large. Au-dessous

— 63 —

d'Eglisau jusqu'aux environs de Bâle, le Rhin forme la limite politique de la Suisse. C'est une bonne ligne défensive, grâce à ses écueils et à ses rapides qui gênent l'établissement des ponts[1].

Les points les plus notables du Rhin sont :

Waldshut, Laufenburg (le Rhin forme des rapides, en allemand : *Laufen*), Säckingen (r. d.), Rheinfelden (r. g.). Ces villes que l'on désigne sous le nom de villes forestières, ont des ponts de bois et sont des points de passage d'une certaine importance stratégique.

Entre Waldshut et Säckingen, le Rhin est serré de très près par les hauteurs de la rive droite. La route et le chemin de fer sont tracés à flanc de coteau ; c'est un long défilé facile à défendre, difficile à tourner.

[1] **Ponts du Rhin de Constance à Bâle.**

Constance.............	Pont pour le chemin de fer, pierre et bois.
Stein.................	Pont de bois, pont de chemin de fer plus en aval.
Diessenhofen.........	Pont de bois.
Schaffouse...........	Deux ponts.
Laufen...............	Pont de chemin de fer, au-dessus de la chute du Rhin (passage pour les piétons seulement).
Rheinau..............	Pont de bois.
Flaach...............	Pont de fer.
Eglisau..............	Pont de bois, passage favorable de la rive droite sur la rive gauche.
Kaiserstuhl..........	Pont de bois.
Rheinheim............	Pont de bois.
Waldshut-Coblenz.....	Deux ponts dont un pont de fer pour la voie ferrée.
Laufenburg...........	Pont de bois.
Säckingen............	Pont de bois.
Rheinfelden..........	Pont de bois.
Bâle.................	Trois ponts et un pont de fer pour la voie ferrée.

Bâle est situé sur la rive gauche, avec faubourg sur la rive droite. Le pont de Bâle était autrefois commandé par le canon d'Huningue; son importance est moins grande aujourd'hui que les Allemands ont construit un pont à Huningue même, pour relier les lignes ferrées des deux rives du Rhin.

Le pont d'Huningue n'a qu'une importance secondaire au point de vue militaire, parce que la ligne badoise de la rive droite du Rhin qu'il dessert, traverse des enclaves neutralisées du territoire suisse, et ne pourrait, sans doute, servir à la concentration des troupes. Il ne serait possible d'éviter l'enclave de Bâle qu'en perçant dans le Dinkelsberg un tunnel dont la dépense ne serait sans doute pas en rapport avec les avantages. D'ailleurs, une bonne route conduit, sur le territoire allemand, de Rheinfelden à Huningue par Lörrach. Il n'y a qu'une étape ordinaire.

Le pont d'Huningue a au contraire un grand intérêt économique, parce qu'il permet à la compagnie badoise de la rive droite de se passer du pont de Bâle et d'être maîtresse de ses tarifs.

On pourrait assez facilement organiser une défense de Bâle sur les deux rives du Rhin.

Affluents de gauche du Rhin. — Le Rhin reçoit sur sa rive gauche :

La **Thur**; elle sort des Alpes d'Appenzell près de Wildhaus; sa vallée supérieure, appelée Toggenburg, est suivie par une bonne route qui franchit la crête au Wildhaus-Sattel et descend dans la vallée du Rhin à Gams. Un chemin de fer la remonte jusqu'à Ebnat. Les villes principales de la vallée sont Lichtensteig, Wyl, Bischofzell, Weinfelden. Sur un affluent, à quelque distance à gauche, Frauenfeld. A Bischofzell, la Thur reçoit (r. d) la **Sitter** qui passe à Appenzell et à 2 kilomètres de Saint-Gall. Saint-Gall est le centre d'un important groupe industriel de filatures de coton, répandues sur les deux rives du Rhin et dans le Vorarlberg.

La **Toss** passe à peu de distance de Winterthur (r. d.), point stratégique où convergent de nombreuses routes et six lignes ferrées venant de Waldshut, Zurich, Bregenz ou Coire, Romanshorn, Stein ou Constance, et Schaffouse. Winterthur est dans une position topographique qui en rend la défense fort difficile.

La **Glatt** reçoit les eaux du lac de Greifen.

Ces trois rivières, la Thur principalement, forment des lignes successives de défense parallèlement au Rhin. La Glatt, dont les bords sont en partie marécageux, forme fossé en avant des hauteurs de la rive droite de la Limmat.

L'affluent le plus considérable du Rhin est l'**Aar**.

Les torrents dont la réunion forme l'Aar descendent des grands glaciers du Finster-Aar-Horn. Le col de Grimsel fait communiquer leurs vallées avec la vallée supérieure du Rhône, la route du col de Susten, met en relations les vallées supérieures de l'Aar et de la Reuss. A Meyringen, point de départ de ce chemin, la vallée s'élargit.

L'Aar se perd dans les lacs de Brienz et de Thun, entre lesquels est situé Interlaken.

A l'extrémité orientale du lac de Brienz, la petite ville du même nom est le point de départ de la route de Lucerne par le col du Brünig et Sarnen.

Dans le lac de Thun tombe (r. g.) la **Simmen**, dont la vallée inférieure est suivie par la route de Thun à Montreux par le col de Jaman ; son affluent de droite, la **Kander**, conduit au

4.

col de la Gemmi ; le chemin, qui est carrossable jusqu'à Kandersteg, aboutit aux bains de Louèche.

Thun est située au point de convergence des sentiers de l'Oberland. L'Aar y devient navigable, 75 mètres de large sur 2 ou 3 mètres de profondeur. C'est déjà un obstacle de valeur. Elle passe à Berne, capitale fédérale.

A Oltigen, l'Aar reçoit (r. g.) la Saane ou Sarine dont la vallée communique avec le lac de Genève par le col de la Dent de Jaman et qui passe à Fribourg. A droite, près de Laupen, la Saane reçoit la **Sense**, qui forme une position défensive que l'armée suisse occupa en 1798 pour couvrir Berne; cette position ne put être enlevée de front par le général Brune, mais elle fut tournée par les ailes.

Sur l'Aar, Aarberg, nœud de routes, anciennes fortifications; marais et terrain difficile; à quelque distance en aval, tombe (r. g.) la Zihl, qui sert de déversoir aux lacs de Bienne et de Neufchâtel. Dans le lac de Neufchâtel se verse l'**Orbe**, qui ouvre la route de Pontarlier par Jougne.

Sur les bords du lac sont situées les villes historiques de Yverdun, Granson, Neufchâtel[1], où arrive l'importante route de Pontarlier par les Verrières.

Le lac de Neufchâtel reçoit (r. d.) la **Broye**, qui descend des collines du Jorat, passe à Payerne et traverse le lac de Morat (Murten See); il se déverse lui-même dans le lac de Bienne par la Zihl.

---

[1] Neufchâtel était le chef-lieu d'une principauté qui appartenait au roi de Prusse et qui forma, pendant quelque temps, l'apanage du maréchal Berthier. En 1815, elle fut rendue à la Prusse, mais comprise en même temps dans la Confédération neutre des cantons suisses. En 1848, la principauté rompit les liens qui l'attachaient à son prince et se donna une constitution républicaine. Le roi de Prusse se contenta de protester; mais une contre-révolution, tentée en 1856, ayant été violemment comprimée, il menaça la Suisse d'une intervention armée. La médiation de l'empereur Napoléon III apaisa le différend et, par une convention du 26 mai 1857, le roi de Prusse renonça formellement à faire valoir ses droits princiers.

Sur l'Aar, Soleure, pont de chemin de fer, position stratégique au débouché des routes du Jura, dans un endroit où le cours de l'Aar est resserré par les hauteurs des deux rives.

En aval de Soleure, l'Aar reçoit (r. d.) la **Grosse-Emme** qui passe près de Langnau.

Sur l'Aar, Aarburg, arsenal fédéral avec vieux remparts taillés dans le roc et abris casematés; Olten, embranchement du chemin de fer de Bâle par le tunnel d'Hauenstein; Aarau, ville de 6,000 âmes, offrant de nombreuses ressources, magasins, arsenal, fonderie de canons, vastes casernes, hôpitaux; en aval, l'Aar reçoit (r. d.) la **Suhr** qui lui amène les eaux du lac de Sempach et qui passe à Sursée. On a indiqué cette petite ville comme l'emplacement à choisir pour l'établissement d'une grande place forte centrale.

Brugg, en amont et près du confluent de la Reuss et de la Limmat, à l'embranchement du chemin de fer de Zurich et d'une ligne directe sur Bâle, est une importante position stratégique. Au-dessus et en amont de Brugg, se trouve sur la rive droite de l'Aar l'ancien château des Habsburg. L'Aar finit dans le Rhin à Coblenz, en face de Waldshut (r. d.).

La **Reuss**, qui tombe dans l'Aar en aval de Brugg, descend du massif du Saint-Gothard; sa vallée fort étroite est longée par une route. *C'est la seule route carrossable que l'on trouve pour pénétrer dans la Plaine suisse depuis le lac Léman jusqu'à Sargans sur le Rhin.* La Reuss communique avec le Rhône par le col de la Furka, avec le Rhin par l'Oberalp; les vallées supérieures des torrents qui la forment, prolongent ainsi, entre le Rhône et le Rhin, le grand couloir longitudinal du versant nord des Alpes; ils se réunissent dans une belle vallée en forme de cuvette, ancien bassin lacustre, dans lequel se trouvent les villages d'Hospenthal et d'Andermatt. A peu de distance d'Andermatt, la Reuss sort de ce bassin par une gorge étroite et profonde, ouverte dans le granit. Elle forme une chute remarquable, au-dessous de laquelle a été construit le Pont-du-Diable. La route, qui longe la rivière, franchit cet étroit défilé, par un tunnel de 60 mètres environ, connu sous le nom de Trou d'Uri.

La Reuss coule dans une vallée sauvage, bordée sur sa rive droite par les glaciers et les roches pittoresques de la Winagalle, à gauche par le massif du Titlis. A Göschenen, se trouve l'entrée du grand tunnel du Saint-Gothard; en amont d'Amstäg, se détache (r. g.) le chemin de Susten; à quelques kilomètres en aval d'Altdorf, la Reuss se perd à Fluelen dans le beau lac des Quatre-Cantons (Uri, Schwyz, Unterwalden, Lucerne); elle en sort à Lucerne.

La Reuss reçoit :

Le Schachen, qui tombe à Altdorf (r. d.) et ouvre la route de Glaris par le Klausen-Pass.

La Muotta, qui se jette dans le lac des Quatre-Cantons (r. d.), laisse, à droite, Schwyz, et ouvre la route de Glaris par le Klœnthal.

Les eaux du lac de Sarnen tombent (r. g.) dans le lac des Quatre-Cantons, et celles du lac de Zug, plus en aval, dans la Reuss (r. d.). La route de Lucerne à Brienz remonte la vallée du lac de Sarnen et passe au col du Brunig (1004^m).

La Limmat descend du Todiberg, sous le nom de Linth; elle passe à Glaris et tombe à l'extrémité occidentale du Wallensee. Entre le Wallensee et le lac de Zurich, la Linth est canalisée.

Le lac de Zurich est traversé en face de Rapperschwyl par un grand pont de 1600 mètres; ses eaux s'écoulent par la Limmat; Zurich, au pied des hauteurs de l'Albis (r. g.), est une position militaire fort importante, face à l'Allemagne, et qui fut défendue, en 1799, par Masséna.

La Limmat passe à Dietikon, Baden; elle finit dans l'Aar, à peu de distance au-dessous de la Reuss.

Un peu en amont de Bâle, le Rhin reçoit encore la Birse, dans la vallée de laquelle est tracé le chemin de fer de Montbéliard à Bâle par Delémont et Laufen.

FRONTIÈRES DE LA SUISSE.

Frontière franco-suisse[1]. — Depuis la trouée de Belfort jusqu'au défilé du Rhône en aval de Genève, la France confine à la Suisse.

A partir du Ballon d'Alsace, la frontière est tracée sur la ligne de partage des eaux entre les affluents de l'Ill et ceux du Doubs; elle rejoint la frontière suisse à l'est de Delle, coupe le Doubs en laissant à la Suisse le coude de Sainte-Ursanne, et longe ensuite le cours de cette rivière jusqu'auprès de Morteau. Elle suit quelque temps la crête principale du Jura, puis coupe la vallée supérieure de l'Orbe, qu'elle laisse à la France en enclavant la route de la vallée des Dappes[2] et le pays de Gex; elle contourne au sud le territoire de Genève et donne à la France une partie des rives méridionales du lac Léman jusqu'au défilé de Saint-Gingolph; elle est ensuite tracée jusqu'au mont Blanc, sur une étroite arête qui sépare les affluents du Rhône de ceux du lac Léman.

---

[1] Pour la description du Jura, se reporter au tome I (*France*).
[2] La vallée des Dappes fut cédée à la France en 1802 en échange d'autres territoires. Les traités de 1815 l'avaient rendue à la Suisse, mais la France ne cessa de réclamer contre cette clause qui lui enlevait la libre disposition de la route des Rousses à Gex. Cette question fut réglée de nouveau par une convention du 8 décembre 1862; la Suisse abandonna ses droits sur la route et sur la partie occidentale de la vallée, qui d'ailleurs n'est pas habitée. La France lui donna de son côté quelques terrains sur les pentes du Noirmont et s'engagea à ne point construire de fortifications sur le territoire rétrocédé.

Frontière italo-suisse. — A partir du mont Dolent, dans le massif du mont Blanc, la frontière politique, entre l'Italie et la Suisse, suit la crête des Alpes pennines jusqu'à la route du Simplon; elle laisse à la Suisse une partie du val Vedro jusqu'à Gondo, où quelques ouvrages, aujourd'hui abandonnés, avaient été construits sur le territoire suisse, pour la défense de la route du Simplon; puis, elle reprend la crête jusqu'au col de San Giacomo, entre les sources du Tessin et celles du Toce; elle englobe alors un certain nombre de vallées italiennes, qui forment le canton du Tessin. La partie supérieure du lac Majeur, la presque totalité du lac de Lugano, appartiennent à la Suisse. Le contrefort difficile, qui sépare le val Misocco (route du Bernardino) de la vallée de la Maïra (route du Splügen), sert alors de démarcation jusqu'au col même du Splügen.

Les vallées supérieures de la Maïra (val Bregaglia, route de la Maloïa) et du Poschiavino (route du Bernina) appartiennent à la Suisse. L'Italie, de son côté, possède le val de Livigno, qui débouche dans l'Engadine. Enfin le Stelvio forme la frontière commune entre l'Italie, la Suisse, et le Tirol autrichien.

Toutes les routes d'Italie viennent déboucher dans le sillon longitudinal Rhône—Reuss—Rhin, et, pour en sortir, il n'existe que trois portes praticables aux voitures :

A l'ouest, par le Rhône, sur le lac de Genève;

Au nord, par la Reuss, sur le lac des Quatre-Cantons;

A l'est, par le Rhin, Coire et Sargans, sur le lac de Zurich.

Frontière austro-suisse. — La frontière austro-suisse est tracée à partir du Stelvio, vers le nord, en laissant à la Suisse le Munster-Thal (partie supérieure du val Tauffers); elle atteint l'Inn à Martinsbrück et le suit jusqu'à Finstermünz. Cette dernière gorge est défendue par les vieilles fortifications autrichiennes de Ferdinandsfeste.

Le tracé remonte ensuite jusqu'au Gribel-Kopf (3,020^m) qui appartient au massif du Silvretta; il suit les crêtes de ce massif jusqu'au Silvretta même (3,415^m), puis l'arête du Rhætikon jusqu'au Rhin, près de Luziensteig.

L'enclave formée par la principauté de Liechtenstein sépare le Vorarlberg du Rhin; le fleuve forme ensuite la limite jusqu'au lac de Constance.

Frontière allemande-suisse. — Du côté de l'Allemagne, la frontière est tracée d'une manière générale par les rives du lac de Constance et le cours du Rhin. Cependant la ville de Constance, (r. g. du lac) appartient au duché de Bade, et, sur la rive droite du Rhin, des enclaves, appartenant à la Suisse, entourent les villes de Stein, Schaffouse, Eglisau, et Bâle.

La Confédération helvétique comprend 22 cantons :

		Chef-lieu.	Langue.	Religion.	Habitants.
Zurich		Zurich	Allem..	Protest.	343,825
Berne		Berne.	All.-Fr..	Pr.-Cat.	528,044
Lucerne		Lucerne	Allem...	Cathol.	138,937
Uri		Altdorf.	id	id.	23,688
Schwyz		Schwyz.	id.	id...	50,923
Unterwalden	Obw.	Sarnen.	id..	id...	15,256
	Nidw.	Stanz.	id.	id...	11,872
Glaris		Glaris	id..	Protest.	34,031
Zug		Zug	id...	Cathol.	22,757
Fribourg		Fribourg...	Fr.-All..	id...	115,384
Soleure		Soleure.	Allem....	id...	79,843
Bâle	Ville	Bâle	id..	Protest.	63,810
	Campagne	Liestal...	id..	id...	58,911
Schaffouse		Schaffouse	id..	id...	38,096
Appenzell[1].	Rhodes ex.	Herisau-Trogen	id..	id...	51,088
	— int.	Appenzell.	id...	Cathol..	12,794
Saint-Gall		Saint-Gall.	id...	Pr.-Cat.	208,057
Grisons[2]		Coire..	All.-Fr.	Pr.-Cat.	93,044
Argovie		Aarau...	Allem..	id...	197,534
Thurgovie		Frauenfeld	id...	id...	98,724
Tessin		Locarno..	Italien...	Cathol.	129,116
Vaud		Lausanne.	Français..	Protest.	234,063
Valais		Sion.	F.-A.-I...	Cathol.	99,443
Neufchâtel		Neufchâtel.	Français..	Protest.	102,040
Genève		Genève..	id...	Pr.-Cat.	99,151

(Recensement de 1880). Total 2,820,365

[1] Le canton d'Appenzell est entièrement enclavé dans celui de Saint-Gall. Les guerres de religion de 1597 l'ont divisé en deux demi-cantons les *Rhodes intérieures* (160 k. q.) exclusivement catholiques et habités par une population de pâtres (11,900 h.); les *Rhodes extérieures* (230 k. q.) en majorité protestants (2,300 cath. sur 48,000 hab.).

[2] Les Grisons forment un canton de la Suisse depuis 1803. C'est un des plus grands. Il comprend 1/6 du pays. Ce canton était composé, jusqu'en 1848, de 26 petites républiques presque indépendantes, qu'on appelait *Juridictions*. La nouvelle constitution a supprimé ces privilèges locaux. Les 3/5 de la population sont protestants, les 2/3 de race romande, le reste de race germanique.

Berne est le siège du gouvernement fédéral.

Les affaires de la Confédération sont réglées par deux assemblées et un conseil exécutif.

Les deux assemblées sont : le *Conseil national* composé de 145 députés élus directement par le peuple pour trois ans, à raison d'un par 20,000 habitants, et le *Conseil des Etats* composé des représentants des cantons à raison de deux par canton et d'un par demi-canton, c'est-à-dire de 44 membres.

Ces deux conseils réunis en *Assemblée fédérale* élisent pour sept ans le *Tribunal fédéral* et pour trois ans le *Conseil fédéral*, composé de sept membres et qui représente l'autorité exécutive. Le président du Conseil élu pour un an est président de la Confédération.

Les cantons se gouvernent librement ; leurs institutions sont fort diverses et un simple pacte fédéral conclu en 1848, revisé en 1874, les relie les uns aux autres.

On compte en Suisse :

    69 p. 100 d'Allemands,
    24 p. 100 de Français,
    5,4 p. 100 d'Italiens,
    1,6 p. 100 de Romans et divers.

Au point de vue des religions, on compte 3/5 de calvinistes et 2/5 de catholiques.

D'après un recensement de 1880, la population de la Suisse est de 2,820,363 habitants.

La limite entre la langue française et la langue allemande est à peu près indiquée par une ligne qui serait tracée du mont Rose au Ballon d'Alsace.

L'italien se parle sur le versant méridional, le roman ou *Churwælsch*, qui est un latin corrompu, se parle dans quelques parties de l'Engadine et dans la vallée supérieure du Rhin. Il se divise en deux dialectes : le *Ladin* dans l'Engadine, le *Roman* dans l'Oberland grison.

Le français, l'italien et l'allemand sont également considérés comme langues officielles.

CONSIDÉRATIONS STRATÉGIQUES.

Placée au centre de l'Europe, entre la France, l'Allemagne, l'Autriche, et l'Italie, commandant les grands passages stratégiques qui donnent accès dans ces États, l'importance militaire de la Suisse est considérable, et, en quelque sorte, exceptionnelle.

En 1815, les grandes puissances, préoccupées surtout de se garantir contre une agression de la France, jugèrent avantageux pour elles de former, sous la garantie du droit public européen, la Suisse en État neutre, suffisamment fort pour faire respecter sa neutralité. On enlevait ainsi à la France la possibilité de prendre sans obstacle, au début d'une guerre, une position menaçante sur le flanc de l'Italie par le Simplon, sur le flanc de l'Allemagne par les villes forestières et la trouée du Danube. Cette neutralité devait, il est vrai, nous profiter également dans une certaine mesure, et, maintenant que l'Allemagne et l'Italie unifiées sont devenues de puissants États militaires, elle gêne, à notre grand avantage, des combinaisons stratégiques, qu'une alliance entre ces deux pays rendrait fort dangereuse pour nous.

La construction du chemin de fer du Saint-Gothard, entrepris sous l'influence de l'Allemagne, aura pour résultat de rapprocher les distances, d'ouvrir au commerce allemand une voie plus directe vers Brindisi et l'Orient, au détriment du trafic français, de mettre l'Italie en rapport avec l'Allemagne sans qu'elle soit obligée d'emprunter les lignes françaises ou autrichiennes, et de favoriser, dans certaines éventualités, les rapports militaires de ces deux puissances unies contre la France; mais la neutralité de la Suisse est autre chose qu'un article de traité qu'un caprice pourrait effacer. Elle est appuyée sur le patriotisme et la fierté d'un peuple énergique, et serait défendue, au besoin, par une très bonne armée de 200,000 hommes. Ce serait une erreur grave de ne pas en tenir compte dans les combinaisons stratégiques à discuter.

Armée suisse.

La loi du 13 novembre 1874 a organisé l'armée fédérale. Jusqu'à cette époque, chaque canton avait conservé son indépendance au point de vue militaire. Actuellement, il leur est interdit d'entretenir plus de 300 soldats de profession pour leur service intérieur.

L'armée se divise en deux parties : l'élite, ou troupes de première ligne; la landwehr, ou troupes de réserve.

Sur un budget qui s'équilibre par 43 millions environ de recettes et de dépenses, les dépenses militaires s'élèvent à 15 millions 1/2.

Le service personnel est obligatoire de 20 à 44 ans, dont 12 ans dans l'élite et 12 ans dans la landwehr; pour la cavalerie, 10 ans dans l'élite, 15 ans dans la landwehr.

Certaines catégories de fonctionnaires et employés sont dispensées et payent une taxe variant de 6 à 50 francs.

Le total de cette taxe s'est élevé à 675,000 francs en 1878.

En 1883, l'effectif réel de l'élite était de 114,917 hommes.
Celui de la landwehr.. 90,259 —
Total..... 205,176 hommes.

On évalue le déchet toujours considérable à cause de l'émigration à 10 p. 100 environ. Il reste donc environ 190,000 hommes disponibles au moment d'une mobilisation, chiffre considérable par rapport à une population de 2,800,000 habitants environ.

L'armée suisse est une armée de milice, mais très solide, bien qu'un très petit nombre seulement d'officiers et de sous-officiers soient conservés d'une manière permanente sous les drapeaux, en qualité d'instructeurs.

Elle comprend des troupes *fédérales* et des troupes *cantonales*.

Les premières sont à la charge de la Confédération. Ce sont, outre les états-majors, les guides, le train, les colonnes de parc, les artificiers, les bataillons du génie, les troupes sanitaires et les troupes d'administration.

Les troupes cantonales sont à la charge des cantons auxquels appartient le droit de nomination des officiers de leurs troupes. Les autres sont nommés par le Conseil fédéral.

Le recrutement des officiers offre de grandes difficultés. Les élèves de l'école polytechnique de Zurich reçoivent le grade de premier lieutenant, s'ils satisfont à certaines conditions.

L'instruction des troupes est donnée pendant des périodes de rassemblement fixées par la loi, appelées *Écoles* et *Cours de répétition*. La durée des écoles de recrues varie de 15 à 60 jours d'après les armes. Les hommes de l'élite sont appelés tous les deux ans pour un cours de répétition de 16 jours, pendant lesquels ont lieu des manœuvres de bataillons, régiments, brigades ou division.

En outre, il y a de fréquents exercices facultatifs de tir.

L'armée est administrée par le *département militaire fédéral*; elle est commandée, en temps de guerre, par un général nommé par l'Assemblée fédérale.

Formations organiques[1].

Élite (Auszug).

Infanterie..	96 bataillons .... 32 compagnies de tirailleurs	83,522 hommes.
Cavalerie..	24 escadrons de dragons. 12 compagnies de guides.	2,929 —
Artillerie, environ 285 canons.	48 batteries de campagne. 2 batteries de montagne. 10 compagnies de position 8 bataillons de train.... 16 colonnes de parc..... 2 compagnies d'artificiers	17,343 —
Génie........	8 bataillons.........	5,660 —
Troupes de santé		4,309 —
Troupes d'administration		1,051 —
État-major, etc................		103 —
	Total..............	114,917 hommes.

Landwehr.

Infanterie..	96 bataillons .... 32 comp. de tirailleurs...	75,425 hommes.
Cavalerie..	24 escadrons de dragons. 12 compagnies de guides.	2,396 —
Artillerie..	8 batteries de campagne. 15 comp. de position.... 8 bataillons de train.... 8 colonnes de parc..... 2 comp. d'artificiers....	8,630 —
Génie........	8 bataillons.........	2,206 —
Troupes de santé		1,332 —
Troupes d'administration		220 —
État-major, etc................		50 —
	Total.........	90,259 hommes.

[1] Effectifs au 31 décembre 1883.

3 bataillons forment 1 régiment d'infanterie.
2 régiments forment 1 brigade.
3 escadrons de dragons forment 1 régiment de cavalerie.
2 batteries d'artillerie forment un régiment d'artillerie.
2 brigades d'infanterie avec les services accessoires constituent la division (12,500 hommes, 2,400 chevaux, 36 canons, 400 voitures).

L'armée est répartie en 8 divisions. Le territoire est partagé en 8 arrondissements et divisions correspondants.

Le régiment est commandé par un lieutenant-colonel ou major;
la brigade par un colonel-brigadier;
la division par un colonel-divisionnaire.

Les hommes de la landwehr sont appelés à compléter, en temps de guerre, les cadres des troupes de l'élite, lorsqu'il en est besoin. Ils sont répartis en bataillons et brigades correspondants à ceux de l'élite.

———

La Suisse, comme on l'a vu plus haut, comprend deux parties fort différentes au point de vue de la géographie militaire : une zone montagneuse, où se trouvent les sommets les plus élevés de l'Europe, et où les plus grands fleuves ont leur source, et une zone relativement basse et peu accidentée, qui est la Plaine suisse.

La ligne de séparation entre les deux régions est marquée par le chemin de fer Lausanne, Fribourg, Berne, Lucerne, Zurich, Romanshorn.

Sous le nom de **Plaine suisse**, on entend la zone de terrain limitée au nord et à l'ouest par le Jura, au sud et au sud-est par le pied des Grandes Alpes, et qui s'étend du lac de Genève au lac de Constance.

La Plaine suisse est bien peuplée ; le réseau des chemins de fer et des routes est très serré ; ce n'est pas une région absolument plate, mais un pays de collines, où les armées peuvent se mouvoir facilement et trouver des ressources pour leur subsistance. Pour dominer la Suisse, il faut d'abord s'en rendre maître, car la possession des Grandes Alpes n'assurerait nullement celle de la Plaine. Les montagnes sont pauvres ; des troupes nombreuses ne sauraient y vivre ; l'absence de routes entraverait les charrois ; elles ne se prêtent qu'aux opérations de la petite guerre et doivent être considérées seulement comme pays de jonction entre la Suisse et la Lombardie.

La Suisse, livrée à ses propres forces, serait sans doute impuissante à défendre pendant longtemps l'accès de son territoire aux armées de ses puissants voisins ; mais il est à supposer qu'elle serait appuyée au moins par l'un d'entre eux.

Les ouvrages de fortification actuellement existants en Suisse ne seraient pas en état de résister à la nouvelle artillerie ; de plus, on les a négligés depuis longtemps, et ils sont pour la plupart faciles à tourner. Ce sont : la tête de pont d'Aarberg, les fortifications de Saint-Maurice destinées à barrer le Valais, les batteries de Gondo sur la route du Simplon, aujourd'hui ruinées, les ouvrages de Bellinzona, et le fort de Luziensteig, qui est le point capital de la défense à l'est.

Ces ouvrages ont été entrepris en 1831, alors que des inquiétudes s'étaient manifestées au sujet de la possibilité d'une guerre européenne; quelques-uns ont été conservés et augmentés peu à peu. L'arsenal fédéral est à Aarburg, dont les vieux remparts sont taillés dans le roc.

Deux hypothèses principales sont à considérer. La neutralité suisse étant menacée par l'Allemagne et par l'Italie, la France prête son appui à la Suisse pour la faire respecter et couvrir sa propre frontière; ou bien l'armée suisse, soutenue par les armées allemandes et italiennes, veut interdire l'accès du pays à une armée française.

Dans le premier cas, l'offensive allemande se prononcera sur toute la ligne du Rhin, depuis le lac de Constance jusqu'à Bâle. Quant à l'armée italienne, elle ne pourrait déboucher que par le Simplon, le Saint-Gothard, ou, ce qui serait fort difficile, en faisant un long détour par la vallée du Rhin et la trouée de Sargans, où la conduiraient les routes du Splugen et de l'Engadine.

Le débouché du Simplon serait facile à barrer dans le Valais, celui du Saint-Gothard dans la haute Reuss, ceux du Splügen et de l'Engadine dans la vallée supérieure du Rhin. Le danger serait peu menaçant, vu la difficulté qu'éprouverait l'ennemi à déployer ses troupes.

De son côté, l'armée allemande n'aurait aucun intérêt à forcer le Rhin entre Bâle et l'embouchure de l'Aar, puisque, étant maîtresse des deux rives du fleuve en aval de Bâle, elle peut le passer librement sur son propre territoire, et prendre le Jura à revers; d'ailleurs, la présence d'une armée française à Belfort paralyserait sa manœuvre en menaçant ses lignes de communication. C'est donc seulement sur la section du Rhin comprise entre Constance et l'Aar qu'il peut lui être avantageux de franchir le fleuve. Outre le Rhin, les lignes successives de la Thur et de la Töss offrent des positions utilisables pour s'opposer aux progrès de l'ennemi, dont le premier objectif serait naturellement le nœud important des chemins de fer de Winterthur. Pour ne pas se laisser tourner par son aile gauche, l'armée défensive doit surveiller les passages du Jura, appuyer sa gauche sur la position de Brugg, de manière à protéger le nœud des chemins de fer du centre du pays. Suivant les circonstances, elle peut étendre sa droite jusqu'à Winterthur et Frauenfeld, ou bien la concentrer sur les positions de Zurich et de la montagne de l'Albis, sur la rive gauche de la Limmat, positions faciles à défendre avec un effectif restreint.

Si, de la défensive elle prétend passer à l'offensive, elle peut aborder le Rhin vers Schaffouse, en tournant la Forêt-Noire, et pénétrer en Allemagne par la *trouée du Danube*, c'est-à-dire par Engen et Stokach, comme le fit Moreau en 1800.

La campagne de 1799 présente un exemple d'opérations dans une situation analogue à celle que nous examinons.

A cette époque, Masséna qui n'avait pas réussi à enlever la position de Feldkirch (mars 1799) s'était replié derrière la

Thur. L'archiduc Charles se présentait entre Bâle et Schaffouse et passait le Rhin à Stein ; Hotze s'avançait par Feldkirch (22 mai), Rheineck et Saint-Gall. Masséna voulut empêcher la jonction de l'archiduc avec Hotze ; il battit l'ennemi à Frauenfeld, mais, se sentant trop faible, il se retira sur la Limmat et prit position en avant de Zurich (10 juin) où se livra une bataille disputée pendant trois jours ; puis, il passa sur la rive gauche où il s'établit sur les hauteurs de l'Albis ; il resta trois mois sur la défensive.

Pendant ce temps, Lecourbe qui avait d'abord occupé les Grisons et qui avait pénétré dans l'Engadine jusqu'à Martinsbruck, s'était vu obligé de rétrograder jusqu'au Saint-Gothard. Il avait été poussé par le corps russe de Bellegarde qui l'avait obligé à se replier par la vallée de la Reuss ; mais, à la suite d'une série de combats et de marches qui sont restés comme un modèle de la guerre de montagnes, il réoccupa le Saint-Gothard ; Bellegarde était descendu en Italie.

Masséna avait 60,000 hommes. Lecourbe avec 12,000 hommes gardait le Saint-Gothard, la Reuss et la haute Linth ; Soult avec 15,000 hommes était posté entre les lacs de Wallenstadt et de Zurich ; Masséna avec 30,000 hommes occupait la position Brugg—Zurich. L'archiduc Charles avait quitté la Suisse pour prendre le commandement d'une armée qui se formait en Allemagne. Korsakov resté sur la Limmat se préparait à l'offensive lorsque Masséna le prévint. Laissant un rideau de troupes pour masquer son mouvement, il alla passer la Limmat plus en aval, à Dietikon (25 septembre), et attaqua par les deux rives. Korsakov perdit cavalerie, artillerie, et bagages, et, se faisant jour à travers l'armée française, ne ramena que 14,000 hommes sur le Rhin.

Soult, de son côté, passa la Linth et battit Hotze qui fut tué.

A ce moment, Souvarov, maître de la Lombardie, voulait franchir le Saint-Gothard pour donner la main à Korsakov par la vallée de la Reuss ; il réussit à forcer le passage (24 septembre) ; cependant Lecourbe, restant accroché aux flancs des montagnes, ne cessa de harceler les Russes qui défilaient, dans la vallée de la Reuss, par l'affreuse route du Trou d'Uri.

Arrivé à Altdorf, Souvarov, au lieu de la flottille autrichienne qui devait faciliter sa jonction avec Korsakov, trouva l'armée victorieuse de Masséna ; il essaya alors de marcher sur Glaris par la vallée de la Muotta ; la route lui fut barrée par la division Molitor sur laquelle il se rua en désespéré, il parvint à la percer et arriva jusqu'à Glaris ; mais il ne put forcer le passage de la Linth et rétrograda par la vallée d'Enghi. Il s'engagea alors dans les difficiles montagnes du Tödiberg par le mauvais sentier de Panix qui débouche à Ilanz dans la vallée du Rhin. On était au commencement d'octobre. La première neige tomba le 6 octobre, lorsque l'avant-garde était sur le point d'atteindre Ilanz ; le reste de la colonne ne put y arriver que le 10. La neige n'étant pas encore durcie, la marche fut extraordinairement pénible ; un grand nombre d'hommes périrent de misère et de froid. Outre 1600 prisonniers dans cette marche de trois semaines, c'est-à-dire du 21 septembre au 10 octobre, l'armée de Souvarov perdit presque tous ses chevaux, tous ses bagages, tous ses canons, et le tiers de son effectif. Furieux de ce désastre qu'il attribuait au manque de coopération des généraux autrichiens, Souvarov refusa de rentrer en campagne et, malgré les sollicitations de l'archiduc Charles, il se retira en Bavière.

Bien que les routes des montagnes soient améliorées, on voit, par cet exemple, la difficulté qu'éprouveraient certainement des troupes italiennes à traverser les Alpes pour donner la main aux troupes allemandes, tant que celles-ci n'auraient pas dégagé les débouchés sur le versant opposé.

Une offensive, venant par le sud, n'a donc chance de réussir que dans le cas de succès déjà obtenus par l'armée alliée qui attaquerait par le nord.

Si l'armée franco-suisse, que nous supposons dans la

position Olten—Brugg—Zurich, n'a pu s'y maintenir, l'invasion, remontant la Plaine suisse, prendra naturellement pour objectifs Soleure, Berne, Lausanne; les chemins de fer Brugg—Soleure—Neufchâtel, et Zurich — Lucerne — Berne — Fribourg—Lausanne, ainsi que plusieurs autres lignes intermédiaires, faciliteront ses progrès. L'ennemi se présenterait ainsi simultanément sur toute la frontière française, et serait dès lors à même d'opérer sa jonction avec une armée italienne qui aurait franchi le Simplon et descendrait par le Valais.

En 1814, l'armée de Bohême passa le Rhin à Bâle et aux villes forestières, sa droite tourna Belfort et marcha sur Nancy; son centre franchit le Jura par Neufchâtel; le général Bubna, avec l'aile gauche, marcha sur Genève qui n'était défendue par aucun ouvrage de fortification; il en fit sa base d'opérations. Napoléon avait, dès 1813, recommandé de fortifier cette place à laquelle il attachait beaucoup de valeur, mais ses ordres n'avaient pas été exécutés. Le fort l'Écluse, qui défendait le défilé du Rhône, ne consistait alors qu'en une caserne sans valeur; il se rendit à la première sommation (15 janvier), et, quelques jours après, les colonnes ennemies se présentaient devant Lyon sur les hauteurs de la Croix-Rousse.

La ville ne fut sauvée que par l'arrivée opportune des renforts amenés par Augereau.

L'Empereur ordonna au maréchal Augereau de marcher sur Genève avec tout ce qui pourrait le suivre, de reprendre la ville et de se porter sur les communications de l'ennemi par le versant est du Jura. Il se promettait un grand résultat de cette diversion; mais Augereau agit mollement, perdit du temps, voulut d'abord assurer sa gauche en dégageant la Bresse et le Bugey; ses troupes, appuyées par les volontaires nombreux que fournit la population belliqueuse de la Bresse, livrèrent quelques combats heureux, mais qui ne pouvaient avoir aucune influence utile sur l'issue finale de la campagne. L'ennemi, s'étant renforcé dans le bassin de la Saône, descendit par les deux rives. Augereau essaya de couvrir Lyon en livrant bataille sur la côte de Limonest, au nord de la ville; puis il se retira sur le Rhône et sur l'Isère.

On a souvent insisté sur la grande importance stratégique de la position de Genève. Il est certain que si l'Italie et l'Allemagne opéraient de concert contre la France, c'est par Genève que leurs armées pourraient coordonner leurs mouvements et la possession de cette grande ville leur serait fort utile. Cependant Genève n'ouvre pas l'entrée de la France. Les obstacles du Jura et des Alpes conservent toute leur valeur malgré la perte de cette ville. D'autre part, si la France veut prendre l'offensive en Suisse, il lui est si facile de tourner Genève par le nord ou par les rives méridionales du lac, que l'on ne voit pas quel rôle utile pourraient jouer, pour la défense de la Suisse, des fortifications élevées à Genève.

En un mot, cette place peut être utile à la France, mais elle ne saurait ni la gêner sérieusement dans l'offensive, ni lui nuire dans la défensive.

Dans la deuxième hypothèse que nous avons posée, celle où l'armée suisse voudrait interdire l'accès du pays à une armée française, il lui serait difficile de défendre les débouchés mêmes des passages du Jura. Ceux-ci sont trop nombreux pour qu'il soit possible de les garder tous, d'autant plus que l'armée française étant à même de prendre position, dès le début des hostilités, sur la rive nord du lac de Genève, ils seraient tournés par Lausanne. Il en serait de même de la ligne de la Venoge à laquelle certains écrivains militaires suisses attachent une importance certainement exagérée. Cette ligne, longue de 45 kilomètres environ, est formée par la petite rivière de la Venoge, par l'Orbe inférieure et par le canal qui fait communiquer ces rivières. Elle est longée par le chemin de fer d'Yverdon à Lausanne.

La Sarine et l'Aar se présentent donc comme les premières lignes de défense, et Berne comme le point de concentration le plus favorable pour l'armée défensive qui se trouvera ainsi à portée, suivant les événements, soit de marcher par sa gauche vers Fribourg, soit de s'étendre, par sa droite, dans la direction de Soleure.

La Sarine fut défendue en 1798 contre les troupes françaises du général Brune, qui marchaient sur Berne.

Quant à l'Aar, c'est une très bonne ligne de défense. Les routes de l'intérieur se réunissent sur la rivière dans des villes importantes et dont la position topographique favorise la défense. Un passage de vive force serait une opération difficile. La vallée est praticable, sillonnée de nombreuses routes ; des hauteurs voisines on a un commandement favorable sur un pays très découvert.

En amont d'Aarberg, la rivière change brusquement de direction à angle droit; de là, deux parties distinctes à considérer : 1° de Thun à Aarberg ; 2° d'Aarberg à son embouchure.

La première ligne, longue de 40 kilomètres environ,

appuie sa gauche aux montagnes, sa droite aux marais d'Aarberg et au lac de Bienne.

Dans la deuxième partie de son cours, l'Aar longe de très près le pied du Jura. La position de Soleure est très importante au point de vue stratégique; elle est également forte au point de vue tactique. En y plaçant le gros de ses forces, la défense est à même de surveiller les débouchés du Jura et de se porter sur le point menacé.

Si l'armée défensive ne peut tenir sur l'Aar, elle reculera en continuant à appuyer sa droite au Jura, sa gauche aux Alpes; la ligne Lucerne—Aarburg lui offrira une première position d'arrêt; la ligne Zurich—Brugg une seconde, où elle pourra attendre les secours des forces allemandes.

Ainsi ressort l'importance de cette dernière position au point de vue de la défense de la Suisse contre une attaque de la France, aussi bien que contre une attaque de l'Allemagne. Là ne serait point toutefois le réduit de la défense, si des armées d'invasion se proposaient de soumettre le pays, et non pas seulement de s'ouvrir un passage, soit pour porter la guerre sur la rive droite du Rhin, soit pour entrer en France. Dans ce cas, la résistance nationale des Suisses se prolongerait plus avantageusement dans les massifs montagneux des Avant-chaînes des Alpes.

« C'est, dit le général Dufour, dans ce vaste camp retranché, que les Alpes, l'Aar, et la Limmat, forment au centre de la Suisse, et dont les villes de Berne, Soleure, et Zurich, peuvent être considérées comme les trois portes principales, que notre sort se déciderait, si nous avions à résister à une grande invasion [1] ».

Sur sa portion de frontière commune avec l'Autriche, la position stratégique de la Suisse est également bonne. Par l'occupation de Luziensteig et par celle de Rheineck près du débouché du Rhin, dans le lac de Constance, on commande les deux voies ferrées qui traversent la frontière autrichienne.

Le reste de l'armée suisse suffirait amplement à défendre les quelques routes qui, entre ces deux positions, s'élèvent en serpentant dans les gorges des Alpes d'Appenzell; mais il faut garder également les rives du lac de Constance.

La navigation y est très active; l'ennemi pourrait réunir des transports relativement nombreux et tourner par un débarquement les défenses de Rheineck.

La largeur du Rhin de Mayenfeld à Rheineck est de 200 à 300 mètres, lorsque les eaux sont à leur hauteur normale, et sa profondeur varie entre $2^m,50$ et 7 mètres.

Lors des basses eaux, on trouve, entre Luziensteig et Benderen, quelques gués très difficiles, que les travaux de régularisation du fleuve feront disparaître.

---

[1] *Étude sur la frontière du sud-est*, par le colonel Borcon. Paris, 1870.

En général, la rive gauche commande la rive droite ; cependant l'inverse se produit à Benderen et à Koblach. Dans la partie voisine du lac de Constance la plaine de la rive droite est marécageuse.

De toutes ces conditions, il résulte que l'offensive de la part de la Suisse ne serait pas moins difficile que de la part de l'Autriche, et que le fleuve avec les hautes montagnes qui bordent sa vallée constitue un obstacle stratégique sérieux.

Pour arriver sur le Rhin, l'offensive autrichienne dispose de trois routes :

Celle d'Innsbrück à Feldkirch par Landeck et l'Arlberg ; c'est la meilleure, quoique fort pénible, et la plus directe ; elle est doublée par un chemin de fer ;

Celle de Landeck par l'Engadine, Sus, le col de la Fluela, et le Prättigau sur Luziensteig ;

Celle de Glürns par le Tauffersthal et le Münsterthal, l'Ofen-Pass ou le Buffalora-Pass, Zernetz, d'où l'on peut remonter l'Inn jusqu'à la route de l'Albula, ou le descendre jusqu'à celle de la Fluela.

Des colonnes légères pourraient en outre utiliser le chemin qui remonte la vallée du Lech, carrossable jusqu'à Ellbogen, puis ensuite muletier jusqu'à Au dans le Bregenzer-Wald, et le chemin de Landeck par le Paznauner-Thal (vallée de la Trisanna) qui redescend par la vallée de l'Ill sur Bludenz et Feldkirch.

Les chemins de communication entre les diverses directions que nous venons d'indiquer ne sont la plupart du temps que des sentiers de piétons, et cependant l'histoire montre que de très fortes colonnes ont manœuvré dans ce pays; à plus forte raison les opérations de partisans hardis et familiarisés avec les passages seraient-elles à craindre.

La construction des nouveaux forts sur la frontière française a été l'occasion, en 1880, d'une polémique fort ardente dans la presse suisse. Les précautions défensives prises par la France ont été appréciées par certains écrivains militaires, trop visiblement influencés par leurs sympathies germaniques, comme une menace pour la neutralité, voire même pour l'indépendance de la Suisse.

Cette opinion a d'ailleurs été justement combattue, en Suisse même, par des officiers d'une grande autorité. En fortifiant les passages du Jura, la France, ont-ils dit, se prémunit contre le retour d'éventualités semblables à celles de 1814, et, par là même, détourne l'Allemagne de velléités possibles d'attaquer cette frontière. Loin de menacer la neutralité suisse, ces fortifications la garantissent.

Cependant, si l'on juge nécessaire en Suisse d'améliorer les conditions défensives du pays et de créer des points d'appui aux troupes d'opérations, il faut regarder autant du côté de la frontière allemande que du côté de la frontière française, et peut-être aussi du côté de l'Autriche et de l'Italie. Or, le développement des frontières est tel que si l'on se proposait d'en défendre efficacement les passages, toutes les ressources financières du pays seraient absorbées et toute son armée ne suffirait pas à la garde des forteresses.

C'est pour cette raison que l'on avait conseillé la création d'une seule place centrale destinée à protéger les magasins, les arsenaux, en un mot les richesses militaires du pays, comme répondant de la manière la plus avantageuse aux nécessités de la défense et à la modicité des ressources du pays.

Quant à l'emplacement à choisir pour la construction de cette forteresse, on avait proposé Sursée, aux environs du lac de Sempach, à égale distance des frontières du nord et de l'ouest, et à la sortie d'un des principaux débouchés des Alpes. En effet, dans cette position adossée aux montagnes, l'armée suisse ne craindrait pas d'être enveloppée par un ennemi supérieur en nombre, et, s'il lui est impossible de défendre sa neutralité et d'intercepter la ligne Waldshut—Soleure—Neufchâtel, ligne naturelle des opérations des armées allemandes ou françaises marchant l'une sur l'autre, elle pourrait au moins prendre sur leur flanc une position menaçante, exactement comme l'armée belge à Anvers, sur le flanc de la ligne Namur—Maubeuge.

Cette idée a été patronnée par des hommes d'une grande compétence, qui ont cité, comme exemple, l'organisation défensive de la Belgique. Aucune suite n'a d'ailleurs été donnée jusqu'à présent aux propositions mises en avant. L'effervescence, quelque peu factice, causée par la construction des forts français est tombée d'elle-même, et les alarmes, nullement justifiées, de certains esprits inquiets, paraissent s'être calmées.

Des observateurs impartiaux ont toutefois appelé l'attention des Suisses sur les conséquences dangereuses que pourrait avoir, de leur part, une attitude trop méfiante vis-à-vis de la France, et leur ont fait remarquer que s'ils construisent des fortifications, ils doivent les élever sur leurs deux frontières du nord et de l'ouest, sous peine de commettre une double et grave erreur politique et militaire.

L'armée suisse est d'ailleurs toujours exercée avec soin et tenue sur un bon pied d'instruction. On doit rappeler qu'en 1870, dès le 16 juillet, l'ordre de mobilisation fut donné à 5 divisions, et le 19, c'est-à-dire le jour même de la déclaration de guerre, on avait déjà concentré 37,000 hommes, 3,500 chevaux et 66 canons. Dès le 16, le pont de Bâle était gardé par des forces respectables.

Au point de vue économique, la situation géographique de la Suisse est non moins importante qu'au point de vue militaire. C'est le pays de jonction entre la France et l'Autriche, entre l'Allemagne et l'Italie; mais c'est, en outre, le passage des lignes les plus courtes qui mettent l'Angleterre, la Hollande et l'Allemagne occidentale en relation avec le canal de Suez; les chemins de fer de la Suisse sont, en réalité, une section de la route anglaise des Indes.

Cette route, qui cherche les tracés les plus courts et les plus rapides, passait, il y a quelques années, d'Alexandrie à Marseille, et traversait la France.

Le percement du Mont-Cenis et l'achèvement des chemins de fer de l'Italie méridionale ont modifié sa direction; mais elle traversait encore la France depuis Modane jusqu'à Calais.

Le percement du Saint-Gothard a enlevé une partie de ce transit à la ligne du Mont-Cenis, et, la France ayant perdu l'Alsace, la ligne de communication tracée par Bâle, Sarrebourg, Metz, Luxembourg, Bruxelles et Ostende, ne passe plus par son territoire.

De grands efforts sont faits pour ramener le transit sur les lignes françaises par des abaissements de tarifs qui compensent l'augmentation de distance et l'infériorité de vitesse, en passant par Reims, Langres, Belfort.

Si le tunnel de la Manche s'effectuait, le transit par la France reprendrait toute sa supériorité. On pourrait, d'autre part, retrouver des conditions meilleures en perçant les Vosges sous le Ballon d'Alsace, et le Jura de Delémont à Lucerne; la ligne se tracerait alors par Lille, Mézières, Nancy, et Épinal; mais elle continuerait à être tributaire du Saint-Gothard.

On a proposé alors, pour faire concurrence au tunnel *allemand* du Gothard, de percer dans les Grandes Alpes un tunnel *français*. Deux projets, soutenus par des intérêts rivaux, sont en présence.

Les uns proposent de percer le Simplon. Ce serait prolonger la ligne Pontarlier—Lausanne—Brieg sur Domo-d'Ossola et Milan; mais le tunnel serait international entre la Suisse et l'Italie, et la section Pontarlier—Brieg serait formée par des lignes suisses.

Le deuxième projet consiste à percer le **mont Blanc**. Le tunnel serait international entre la France et l'Italie; mais cette ligne serait impuissante à rivaliser avec le Gothard. Elle ne raccourcirait aucune distance et absorberait une partie du transit du Mont-Cenis.

D'ailleurs cette question perdra notablement de son importance lorsque seront achevés les chemins de fer turcs et que le port de Salonique sera relié au réseau européen. La route des Indes ne passera plus par Brindisi et la Suisse, mais par Salonique et l'Autriche.

Nous résumons dans le tableau ci-après quelques-unes des données relatives aux divers projets de percement pour en permettre la comparaison.

De ces chiffres, il résulterait que, par le percement du Simplon, on réaliserait pour tous les parcours français une diminution notable comparativement à la direction du Saint-Gothard, et même que la distance de Calais à Plaisance serait inférieure à celle d'Ostende à Plaisance.

D'autre part, les défenseurs du mont Blanc réduisent, dans leurs calculs, cette distance à 1188 kilomètres au lieu de 1341 kilomètres, et l'avantage serait alors au tunnel du mont Blanc.

Ce n'est donc qu'avec une extrême réserve qu'il faut accepter les conclusions dans un sens ou dans l'autre.

TABLEAU COMPARATIF DES DISTANCES

D'après les calculs de M. Vautier, ingénieur des ponts et chaussées.

ITINÉRAIRES.	VIA MONT-CENIS. Altitude : 1,338 m. Tunnel : 12,233 m.		VIA SIMPLON. Altitude : 729 m. Tunnel : 18,500 m.		VIA SAINT-GOTHARD. Altitude : 1,152 m. Tunnel : 14,912 m.		VIA MONT-BLANC. Altit : 1073 ou 1,147 m. Tunnel 14,800 ou 11,500 m.	
	Réelle.	Virtuelle.	Réelle.	Virtuelle.	Réelle.	Virtuelle.	Réelle.	Virtuelle.
Ostende-Plaisance..	—	—	—	—	1,458	1,559	—	—
Calais-Plaisance..	1,304	1,423	1,207	1,322	1,421	1,372	1,341	1,446
Boulogne-Plaisance	1,264	1,380	1,164	1,279	1,248	1,353	1,298	1,403
Paris-Plaisance..	989	1,108	908	1,023	996	1,131	1,026	1,131
Paris-Milan.......	951	1,066	850	965	927	1,062	988	1,093

On entend par distance réelle la distance mesurée horizontalement, et par distance virtuelle, cette distance majorée d'après un coefficient de convention, tenant compte des pentes. Les distances sont données en kilomètres.

L'achèvement récent du tunnel de l'**Arlberg** intéresse sérieusement aussi les intérêts mutuels de la France et de l'Autriche-Hongrie, en mettant les deux pays en relation directe et rapide, sans traverser le territoire allemand. Lorsque la ligne ferrée de Salonique sera devenue la direction la plus rapide vers Suez, c'est par l'Arlberg que la France communiquera avec ce nouvel emporium du commerce de l'Orient.

On a beaucoup exagéré l'importance militaire du chemin de fer du Saint-Gothard. Au point de vue des transports de troupes, il rendrait de médiocres services. On ne saurait y faire circuler que des demi-trains ; or on emploie ordinairement 100 trains pour un corps d'armée. Il en faudrait donc 200, et, si l'on tient compte du matériel spécial de traction, de la vitesse réduite par suite des pentes et des courbes, de l'absence de quais de débarquement et de voies de dégagement, on doit considérer un rendement de 10 trains par jour, comme une moyenne difficile à atteindre. Il faudrait donc 20 jours pour transporter de Bellinzona à Lucerne, ou réciproquement, un corps de 30,000 hommes avec son matériel.

ITALIE

La péninsule italienne[1] est une des contrées les plus nettement délimitées par la nature. Les Alpes qui l'enceignent au nord, des promontoires ligures à la péninsule montueuse de l'Istrie, s'élèvent en muraille continue, sans autre brèche que des cols situés dans la zone des forêts de pins, des pâturages ou des neiges. Elle est remarquable aussi par le charme de son climat, la beauté de son ciel, et la richesse de ses campagnes.

Grâce au rempart des Alpes qui la protège et aux mers qui l'entourent, l'Italie a donc une personnalité géographique bien distincte, et, comme l'a dit Napoléon, bien que le sud de l'Italie soit, par sa situation, séparé du nord, l'Italie est une seule nation. L'unité de langage, de mœurs, de littérature, devait un jour réunir ses habitants sous un seul gouvernement.

Des plaines de la Lombardie aux côtes de Sicile, tous

---

[1] Nous analysons d'après la *Géographie universelle* de Reclus ce remarquable coup d'œil d'ensemble sur l'Italie.

les paysages ont des traits de ressemblance et sont baignés de la même lumière ; mais que d'oppositions charmantes et de variété pittoresque dans cette grande unité ! La chaîne des Apennins qui se soude à l'extrémité méridionale des Alpes françaises est l'agent principal de tous ces contrastes. D'abord, elle longe la mer comme un énorme mur s'appuyant de distance en distance sur des puissants contreforts ; puis elle se développe en un vaste croissant à travers la péninsule italienne, tantôt s'amincissant en arête, tantôt s'élargissant en massif, s'étalant en plateau ou se ramifiant en chaînons et en promontoires. Les vallées fluviales et les plaines la découpent dans tous les sens ; des bassins lacustres encore remplis d'eau ou déjà comblés par les alluvions, s'étendent à la base de ses rochers ; des cônes volcaniques se dressant au-dessus des campagnes, contrastent par la régularité de leur forme avec les escarpements inégaux de l'Apennin. La mer, invitée et repoussée tour à tour par les sinuosités du relief péninsulaire, découpe le littoral en une série de baies qui se succèdent avec une sorte de rythme ; presque toutes se développent en arcs de cercle réguliers d'un cap à l'autre cap. Au nord de la presqu'île, elles n'échancrent que faiblement les terres ; au sud, elles s'avancent au loin dans les campagnes et s'arrondissent en véritables golfes.

Cependant l'Italie,

. . . . . il bel paese
Che Apennin parte e il mar circonda e Alpe,

séparée du reste de l'Europe par l'énorme barrière des

Alpes, et, à première vue, si bien délimitée par la nature, n'a pas de frontières naturelles.

A l'ouest, le rempart montagneux étant assez abrupt, la frontière a pu être tracée généralement sur la ligne de partage des eaux, excepté dans les Alpes maritimes, où elle laisse à l'Italie les têtes des vallées du versant français.

Au nord, au contraire, les vallées supérieures de la plupart des cours d'eau tributaires du Pô et de l'Adriatique ne lui appartiennent pas. Le canton suisse du Tessin et le Tirol autrichien avancent en pointe dans la Lombardie; au nord-est, l'Autriche est restée maîtresse de tous les débouchés des montagnes.

L'Italie unifiée ne cesse de réclamer ce qu'elle prétend être ses frontières naturelles. Si ce vœu pouvait être réalisé, on aurait quelque peine à tracer ces limites.

Du côté de la France, elle revendiquerait Nice; mais c'est à la Turbie, à l'est de Nice, que, depuis l'antiquité, a été placée la séparation entre la Gaule et l'Italie, et, d'ailleurs, le fossé de la Roya serait une limite bien plus normale que la ligne de faîte tortueuse d'un chaînon côtier des Alpes.

Au nord, le canton du Tessin est fort attaché à ses confédérés suisses.

Dans le Tirol, la difficulté serait plus grande encore. Le haut Tirol est de race et de langue germaniques, très intimement lié, depuis des siècles, à la famille des Hapsbourg.

Le Trentin, ou bas Tirol, est de langue italienne; ses sympathies l'attireraient peut-être vers l'Italie, mais ses intérêts sont différents.

Dans tous les cas, le partage du Tirol, suivant la langue, serait singulièrement difficile, et, d'année en année, la limite varierait, parce que les Italiens gagnent du terrain vers le nord de l'Adige, de même qu'ils épanchent sur le versant français des Alpes, sur les côtes françaises de la Méditerranée, en Algérie et en Tunisie, le trop-plein d'une population que l'Italie ne peut nourrir.

En admettant que cette question ne soit traitée qu'au point de vue exclusivement géographique, où serait placée la borne de démarcation dans le Pusterthal, vallée longitudinale, où l'on ne saurait distinguer un versant italien d'un versant allemand, bien que, d'un côté, les eaux coulent vers l'Adige par le Rienz, et, de l'autre, vers la Drave?

Enfin, au nord-est, aucune limite précise n'est définissable; Trieste, l'objectif des ardentes réclamations des comités de l'*Italia irredenta*, s'est, depuis le XIV° siècle (1352), donnée librement à l'Autriche pour échapper à la tyrannie de Venise, et sa population actuelle, formée des mélanges de vingt nationalités diverses, n'a qu'une affinité fort discutable avec l'Italie.

En fait, l'Italie n'a pas et ne saurait avoir de frontières naturelles; ses limites continentales seront, comme pour tous les États d'ailleurs, des lignes de convention que le sort des guerres fera plus ou moins varier; mais actuellement que les forces de la nation italienne sont de nouveau concentrées, la position géographique de l'Italie l'appelle à jouer, dans l'avenir du monde, un rôle particulièrement important.

En effet, la péninsule italique partage le bassin méditerranéen en deux bassins dont elle commande les communications. Elle est sur la grande route du commerce maritime entre le Levant et l'Europe occidentale, tandis que, par sa frontière terrestre, elle participe à la vie sociale de la France, de l'Allemagne, de l'Autriche, et son épée est devenue assez lourde pour qu'on en tienne sérieusement compte dans la balance militaire des forces de ces États.

D'autre part, le grand développement de ses frontières maritimes et terrestres (5,400 kilomètres environ pour les premières, et plus de 1000 kilomètres pour les secondes) rend l'Italie particulièrement vulnérable. Livrée à ses seules forces, elle ne saurait sans doute résister aux attaques de l'un de ses puissants voisins.

Les Alpes n'ont jamais arrêté une invasion; la défense y est trop divisée et l'avantage reste la plupart du temps à l'attaque. A toutes les époques, les Alpes ont été traversées : par les Cimbres et les Teutons, par les Gaulois, par les armées d'Annibal.

Dans les temps modernes, on peut dire que toutes les guerres ont été marquées par une entrée des Français ou des Autrichiens en Italie.

L'Italie se partage naturellement en trois régions fort distinctes :

L'**Italie du Nord** ou Italie supérieure[1], entre les Alpes et les Apennins, limitée au sud par une ligne tirée de Spezia sur la Méditerranée, à Rimini sur l'Adriatique ;

L'**Italie centrale**, limitée au sud par une ligne tirée des bouches du Garigliano à celles du Sangro ;

L'**Italie méridionale**, jusqu'aux extrémités des terres d'Otrante et de la Calabre.

Cette division naturelle était déjà admise par les Romains ; l'Italie du Nord formait la Gaule cisalpine habitée par des peuples de race gauloise ; le centre était l'Italie proprement dite, qui comprenait l'Étrurie et le Latium ; le sud enfin et la Sicile étaient connus sous le nom de Grande-Grèce, parce qu'ils avaient été peuplés par des colonies grecques. Jusqu'à nos jours, les divisions politiques de l'Italie ont correspondu assez exactement à ces divisions naturelles. Au nord, le Piémont, la Lombardie et la Vénétie ; au centre, le grand-duché de Toscane et les États de l'Église ; au sud, le royaume des Deux-Siciles.

---

[1] Les Italiens disent aussi : *Alta Italia*, haute Italie ; c'est cependant la partie de l'Italie dont l'altitude est la plus basse ; c'est pourquoi nous préférons l'expression d'Italie supérieure, qui est employée par l'état-major italien.

Les circonstances politiques qui ont amené l'unification de l'Italie n'ont pas fait disparaître les divergences considérables qui existent entre les populations de ces régions, si différentes les unes des autres. La grande longueur de l'Italie, disproportionnée avec sa largeur, est une des causes inhérentes de sa faiblesse; elle explique les morcellements dont ce pays a été jusqu'à présent l'objet. L'Italie n'a pas de centre de gravité. Son unification n'est devenue possible que du jour où l'emploi de la vapeur, diminuant les distances par les voies de terre comme par les voies maritimes, a permis le rapprochement et facilité la fusion entre les populations qui l'habitent.

L'Italie péninsulaire comprend la portion centrale et la portion méridionale de l'Italie; elle est longue et étroite, presque entièrement montagneuse; fertile seulement dans quelques conques favorisées, mais, le plus généralement, âpre et stérile; dépourvue de rivières; manquant encore de communications faciles; habitée par une population très arriérée.

L'Italie supérieure, ou Italie continentale, est, au contraire, un pays riche, abondamment arrosé par les rivières qui descendent de son superbe amphithéâtre de montagnes. Son sol est le plus fertile de l'Europe; sa population est le tiers de la population totale de l'Italie Elle confine aux trois grands bassins du Rhône, du Rhin, et du Danube; elle est donc destinée à jouer un rôle prépondérant, au point de vue politique et militaire, sur l'Italie entière.

Cependant l'Italie unifiée n'a pas cherché sa capitale dans une des belles villes de ses provinces du nord; c'est que toutes n'eussent été qu'une capitale provinciale.

Rome s'imposait par la magie de son nom, par la grandeur de ses souvenirs; seule elle symbolisait l'unité italienne. C'est aujourd'hui encore, pour l'Italie comme pour le reste du monde, la ville par excellence : *Urbs Roma.*

ITALIE SUPÉRIEURE.

Au point de vue militaire, comme au point de vue économique, l'Italie du Nord ou Italie supérieure comprend deux régions fort tranchées :

Au nord-ouest, le **Piémont** et l'ensemble de la frontière française entre les Alpes occidentales et l'Adda ; au nord-est, la **Lombardie** et la **Vénétie**, c'est-à-dire l'ensemble de la frontière autrichienne de l'Adda aux Alpes orientales. On peut faire abstraction de la frontière suisse.

Les Alpes ne présentent, avons-nous dit, aucune crête maîtresse continue qui puisse être indiquée comme frontière naturelle. Les peuples ne se disputent pas leurs régions élevées, où ne se trouvent que des glaciers et des rochers stériles ; mais ils entrent en contact et en lutte dans les vallées qui en séparent les massifs. Les habitants des vallées supérieures des montagnes ont toujours une tendance à descendre vers les plaines plus riches, tandis que les gens des plaines ont moins d'intérêt, et plus de peine, à remonter les vallées ; c'est pourquoi, de nos jours encore, les frontières de la Suisse et de l'Autriche sont tracées sur les versants italiens et dessinent deux coins qui pénètrent profondément sur les terres italiennes par la vallée du Tessin et par celle de l'Adige.

PIÉMONT.

(FRONTIÈRE FRANÇAISE.)

L'ancien royaume de Piémont, dont les limites étaient marquées, à l'est, par le Tessin sur la rive gauche, et, à peu près, par la Staffora sur la rive droite du Pô, constitue le théâtre de guerre de la frontière française. Son réduit serait Plaisance, au point de convergence des routes d'offensive, depuis la route du Petit Saint-Bernard jusqu'à celle de la Scoffera, qui part de Gênes; mais la place principale de concentration et de ravitaillement serait plutôt Alexandrie, où viennent aboutir cinq lignes ferrées.

Turin, l'ancienne capitale, est trop près des Alpes, et, pour ainsi dire, sur la ligne même de déploiement des forces italiennes, qui se formeraient naturellement leur droite à Ivrée, leur gauche à Coni, en poussant leurs avant-gardes dans chacune des vallées alpines, où elles trouveraient l'appui de quelques forts de barrage.

La frontière franco-italienne[1] suit à peu près la ligne de partage des eaux des Alpes, depuis le mont Dolent, dans le massif du mont Blanc, jusqu'aux sources de la Tinée; à partir de ce point, la frontière, déterminée par

---

[1] Pour les détails de la frontière franco-italienne, voir. *Géographie militaire — France*, dernière édition

le traité de cession à la France du comté de Nice et de la Savoie, laisse à l'Italie les sources supérieures des torrents qui viennent tomber sur la rive gauche de la Tinée, et les sources de la Vesubie, affluent du Var. Les cols, très difficiles d'ailleurs, de cette partie des Alpes, sont donc aux mains de l'Italie; le tracé de la frontière laisse également à l'Italie les sources et la partie inférieure de la Roya; il donne à la France le cours moyen de cette rivière et la position de Saorge.

En général, du côté de l'Italie, le versant est rapide; du côté de la France, les pentes sont plus douces, mais les vallées sont plus enchevêtrées et divergentes. La plupart des cols sont compris dans de petits plateaux d'où sortent les rivières du versant italien, et y forment, en quelque sorte, des places d'armes naturelles; comme la frontière suit ordinairement la ligne de partage des eaux, elle laisse ces plateaux à l'Italie, ce qui assure à cette puissance un certain avantage tactique et lui permet de concentrer sur la frontière même les troupes destinées à la défendre. Le plateau du Mont-Cenis, en particulier, est dans ces conditions; une grande route et deux chemins muletiers viennent y aboutir.

Au point de vue de la physionomie générale des montagnes et de leur viabilité, l'ancienne division des Alpes franco-italiennes en Alpes graies[1], Alpes cottiennes, Alpes maritimes et Alpes liguriennes, est très logique.

[1] *Graies*, d'une racine celtique qui signifie rochers abrupts.

Les Alpes graies, depuis le Grand Saint-Bernard jusqu'au col du Mont-Cenis, sont très difficiles; on y trouve peu de passages; une seule route, celle du Petit Saint-Bernard, les traverse à l'altitude de 2,192 mètres. Elles ont de gigantesques glaciers qui couvrent les massifs principaux du mont Blanc, du Grand Paradis, et de la Vanoise; aucune vallée ne les pénètre profondément; aucune grande rivière n'en descend.

Les Alpes cottiennes[1], depuis le col du Mont-Cenis jusqu'à la route de l'Argentière, sont au contraire percées d'un nombre considérable de chemins, qui correspondent d'une part aux torrents tributaires de la Durance, d'autre part aux affluents du Pô.

Ici, point de massifs épais. Une seule cime remarquable, le Viso (3,845^m), mais des crêtes échancrées, des vallées qui se ramifient en nombreuses ravines. On passe partout, et c'est par là, en effet, que sont établies les communications ordinaires entre la France et l'Italie; c'est là qu'a été trouvé le seuil le plus favorable pour la percée du premier chemin de fer transalpin (tunnel à 1338^m), et à quelques lieues plus au sud le col de l'Échelle (1790^m) offre la dépression la plus basse de la chaîne; si une méfiance réciproque n'y faisait obstacle, une deuxième voie ferrée serait cer-

---

[1] *Cottius*, qui a donné son nom aux Alpes cottiennes, était un préfet des Allobroges qui, au temps d'Auguste, était chargé de la surveillance et de l'entretien des passages des Alpes occidentales. C'est dans les Alpes cottiennes que se trouvent le plus grand nombre de passages.

tainement ouverte, et relativement à peu de frais, pour mettre Turin en relation avec Marseille ¹.

C'est par là que sont passés les Gaulois, les Carthaginois, les armées de César, celles de Charlemagne, de Charles VIII, de François Ier, de Louis XIII. Il n'y avait pourtant pas de chemins carrossables, et, en 1515 déjà, François Ier conduisait, par les cols de l'Argentière et d'Agnello, son armée qui traînait 72 canons.

Actuellement, les routes superbes du Mont-Cenis, du Mont-Genèvre, de l'Argentière, sont praticables en tout temps; elles sont barrées par des fortifications italiennes; mais bien d'autres chemins muletiers, peu connus, pourraient être également suivis.

Le véritable obstacle des Alpes ne se trouve donc pas sur la crête frontière, mais bien sur la rive droite de la Durance, dans l'épais massif de l'Oisans.

Les Alpes maritimes, depuis la route de l'Argentière jusqu'à celle de Tende (1873 mètres), sont des montagnes sauvages, arrachées, ravinées par les eaux, sans glaciers, mais difficiles et sans ressources. La crête et les têtes des vallées du versant français appartiennent à l'Italie, qui ne saurait en tirer grand avantage, car les chemins qui descendent dans la Tinée n'ont aucun dégagement, et sont barrés par des *clus* si étroits que le passage a dû être ouvert dans le roc.

[1] La construction de ce chemin de fer avait été autrefois décidée. De nouvelles demandes ont été présentées aux Chambres françaises et italiennes en 1880.

Les chaînons secondaires entre Vésubie et Var, entre Var et Verdon, ont d'ailleurs la même âpreté que la chaîne frontière.

Les Alpes liguriennes ont encore le caractère des hautes montagnes; le col de Cadibone ou d'Altare, qui en marque la limite à l'est, n'a que 500 mètres d'altitude. C'est le point le plus bas de la crête qui borde la côte du golfe de Gênes, et on l'a considéré souvent comme le point de soudure entre les Alpes et les Apennins.

Ce massif se compose de deux arêtes parallèles, entre lesquelles est comprise la haute vallée du Tanaro.

La plus rapprochée de la mer a pour bornes extrêmes : à l'ouest, le mont **Saccarello** et le mont **Fronte** (2146 ^{m}), situés aux sources de la Roya, de la Taggia, de l'Arrosia, et du Tanarello; à l'est, le mont **Settepani** (1392 ^{m}), aux sources de la Bormida. Ses contreforts serrent la côte de très près; le pied en est longé par la voie ferrée et par la célèbre route de la Corniche.

Elle est traversée par plusieurs routes qui mettent en relation les ports de la côte avec le haut Tanaro. Ce sont : la route du col de **Nava**, entre Oneglia et Ormea (Tanaro): elle traverse la vallée de l'Arrosia à Pieve;

La route du col de **San Bernardo**, entre Albenga et Garessio (Tanaro);

La route de l'Osteria de **Melagno**, entre Finale et Millesimo par les sources de la Bormida ;

La route du col de **Cadibone** ou d'Altare, entre Savone, Carcare (Bormida orientale), Millesimo (Bormida occidentale) et Ceva (Tanaro).

On a construit récemment des ouvrages de fortification aux cols de Nava, de San Bernardo, et d'Altare.

La deuxième arête, que l'on peut désigner sous le nom de chaîne du mont **Gioje**, un de ses sommets principaux situé aux sources du Tanaro, borde la rive gauche du Tanaro et donne naissance, sur son versant nord, à une série de cours d'eau tributaires de cette rivière, dont les principaux sont la Corsaglia, l'Ellero et le Pesio, qui coulent du sud au nord et ouvrent dans ce sens de nombreuses communications, tandis que les hauteurs qui encaissent leurs vallées offrent de bonnes positions défensives perpendiculairement à la route de Savone à Mondovi.

Un des torrents supérieurs du Tanaro, le Tanarello, ouvre une importante communication avec la haute Roya par la vallée de Briga qui aboutit à San Dalmazzo.

Aux Alpes liguriennes se rattachent l'Apennin ligurien et les collines du Montferrat.

L'Apennin ligurien s'étend depuis le col de Cadibone jusqu'à la route de Parme à Spezia par le col de la Cisa. (On pourrait le limiter à la route de Plaisance à Gênes par le col de la Scoffera.)

Les collines du Montferrat prolongent les montagnes de Ligurie au nord de Dego et de Mondovi et s'épanouissent jusqu'au Pô entre Alexandrie, Casal et Turin.

L'Apennin ligurien, dans la partie comprise entre les chemins de fer d'Alexandrie à Savone et d'Alexandrie à Gênes, ne se compose que de montagnes basses, très creusées par les rivières tributaires de la Bormida qui ouvrent de nombreuses communications entre la plaine d'Alexandrie et la rivière de Gênes. Le point le plus important est au mont **Ermetta** au nord de Savone. Les principales routes sont celles d'Albissola à Acqui par le col des **Gioie** et Sassello ;

de Voltri à Alexandrie par le col **di Masone**, Campofreddo et Ovada ;

de Gênes à Alexandrie par la vallée de la Polcevera, le col de la **Bocchetta** (altitude, 750^m), la vallée du Lemo, Gavi. et Novi.

de Gênes à Alexandrie par le col de Giovi; elle se détache de la précédente à Puntodecimo, suit la haute vallée de la Scrivia, le défilé de Serravalle et débouche en plaine à Novi. (Route et chemin de fer altitude de la route, 480ᵐ; altitude du tunnel, 370ᵐ; longueur, 3,251ᵐ).

Toutes ces routes manquent de bonnes communications transversales entre elles.

A l'est de la Scrivia, l'Apennin s'épanouit en montagnes confuses, composées de crêtes étroites divergentes, dont les nœuds principaux sont le mont **Antola** (1700ᵐ) près des sources de la Trebbia et de la Staflora, et le mont **Penna** (1670ᵐ) près des sources du Ceno et du Taro. Ces montagnes sont très difficiles, offrent peu de ressources et les routes y sont rares. Elles forment, entre la plaine d'Alexandrie et Plaisance, un obstacle pour ainsi dire infranchissable.

Les vallées toujours étroites se transforment souvent en précipices et n'ouvrent aucun chemin. L'imperméabilité du sol et la grande déclivité des pentes activent l'écoulement des eaux de pluie, et, comme leur faible altitude ne comporte pas l'existence de glaciers, ces montagnes sont privées d'eau et l'on ne saurait y maintenir longtemps une troupe nombreuse. Elles ne laissent entre elles et le Pô qu'un étroit défilé par lequel passent la route et le chemin de fer d'Alexandrie à Plaisance, et qu'il serait facile de barrer à Stradella.

La route de Gênes à Plaisance par le col de la **Scoffera**, Torriglia, Montebruno, et Bobbio, a donc une extrême importance, puisque c'est la seule communication par laquelle on puisse établir une liaison entre Plaisance et la rivière de Gênes. Bobbio est le centre stratégique de cette épaisse masse couvrante. Du col de la Scoffera on commande les sources de la Scrivia, de la Trebbia, du Bisagno, et du Lavagno.

Une route récente réunit Bobbio à Varzi sur la Staflora par le col du mont **Penice**.

Plus à l'est, on trouve une route charretière de Chiavari par le col des **Cent-Croix** à Borgotaro, et de là par Bardi, où existait un ancien fort, à Fiorenzuola.

Une bonne route qui conduit de Spezia à Parme par Pontremoli et le col de la **Cisa**, est la communication la plus fréquentée entre l'Émilie et la côte ligurienne. Elle limite à l'est les massifs de l'Apennin ligurien.

Les Apennins sont, en général, couverts d'arbres peu élevés et peu touffus. De nombreux hameaux sont disséminés dans ces montagnes, il en résulte qu'en dehors des routes, on trouve une quantité de chemins praticables aux mulets.

Les collines du **Montferrat** qui obligent le Pô à décrire au nord un grand arc de cercle de Turin à Valence, ont un caractère tout différent. Formées presque exclusivement d'argile rouge dans la partie septentrionale, blanche et plus compacte dans la portion voisine des Apennins, elles ont été profondément affouillées par les torrents descendus de ces montagnes, et présentent parfois, au-dessus des vallées, des escarpements d'une rapidité extrême. La nature limoneuse du sol créerait, en temps de pluie, des obstacles particuliers à la marche, surtout pour les convois, les gués sont mauvais, et les troupes de la défense trouveraient nombre de positions excellentes et difficiles à aborder. Le pays est fort riche ; les collines, aux crêtes arrondies, sont cultivées jusqu'au sommet que couronne ordinairement quelque village ou un sanctuaire à la Madone. Asti, dans une petite plaine, au centre du Montferrat, est entouré de cultures vinicoles très renommées ; de nombreuses routes et plusieurs chemins de fer viennent s'y croiser.

On donne parfois à ces mouvements de terrain le nom de **Langhe** ; ils s'élèvent et s'épaississent en se rapprochant des Alpes de Ligurie, auxquelles ils se rattachent sans qu'il soit facile d'en déterminer la limite exacte.

Entre les Alpes et les collines du Montferrat s'étend une plaine, sorte de large couloir, au centre duquel est Turin. C'est le Piémont proprement dit, et le premier terrain de bataille où l'armée italienne concentrée puisse manœuvrer pour arrêter les colonnes assaillantes au débouché des vallées.

Le Pô.

Le Pô sort du mont Viso au col de Traversette, passe près de Saluces, où il se dégage des montagnes, coule en plaine, passe près de Carmagnola, à Carignan, Moncalieri, Turin, Chivasso (d'où part le canal Cavour, qui finit sur le Tessin, près de Turbigo); Casale, ville fortifiée avec tête de pont sur la rive gauche; Valenza, à quelque distance (r. d.). Entre Moncalieri et Valenza, il longe le pied des collines du Montferrat. Il passe près de Bassignana, coule ensuite directement à l'est par Mezzanacorte, pont du chemin de fer de Pavie à Voghera; il passe à Plaisance, au confluent de la Trebbia et à Crémone, en aval de celui de l'Adda.

Sa largeur est très variable; à Turin il a 100 mètres; à Casale, 200 mètres; après avoir reçu le Tessin, il a 470 mètres; après l'Adda, 910 mètres; il s'élargit encore, sauf à Casalmaggiore où il n'a que 480 mètres et où il est parfois guéable.

Les ponts sont assez rares; on en trouve entre Carignan et Carmagnola, à Moncalieri (chemin de fer), à Turin, à Chivasso, à Casale (route et chemin de fer), à Valenza (route et chemin de fer), à Mezzanacorte (chemin de fer), à Plaisance (route et chemin de fer).

Les affluents de chaque rive du Pô ont un régime très différent; ceux de la rive gauche, descendant de hautes montagnes, sont sujets à de fortes crues, principalement au moment de la fonte des neiges; ils ont toute l'année un débit considérable; ceux de la rive droite, au contraire, viennent des Apennins; ces montagnes, moins élevées, mais plus abruptes que les Alpes, ont des pentes plus rapides; leur sol imperméable ne garde pas l'eau, et les rivières n'étant pas entretenues par les neiges perpétuelles et par les glaciers, sont à sec une partie de l'année et ne forment obstacle qu'à l'époque des grandes pluies. En 1799, les Français et les Russes se battirent dans le lit même de la Trebbia.

Affluents de gauche. — Le Pô reçoit :

Le Pelice ; il descend du col Lacroix et débouche en plaine à Luserna. Il reçoit (r. g.) : le **Chisone** (ou Clusone), qui passe au pied des forts de Fenestrelle, à Pérosa, et près de Pignerol ; sa vallée supérieure, appelée vallée de Pragelas, ouvre la route de Briançon par le col de Sestrières et Césane. A Pérosa, le Chisone reçoit (r. d.) la **Germanasca**, qui descend du col d'Abriès. La Germanasca et le Chisone sont séparés par le massif du mont **Albergian**.

Ce sont les vallées dans lesquelles les protestants vaudois opposèrent une résistance opiniâtre aux persécutions dont ils furent l'objet, notamment après la révocation de l'édit de Nantes. Les troupes françaises, conduites par Catinat, les écrasèrent après une lutte acharnée, à la suite de laquelle les Vaudois, au nombre de 2,600, dernier débris d'une population de 15,000 individus, se réfugièrent en Suisse et en Allemagne. Depuis cette époque, leurs descendants sont en partie revenus dans leur pays d'origine où ils vivent encore aujourd'hui. Leur nombre est de 17,000 environ. C'est en 1848 seulement que le Statut piémontais leur a reconnu les droits de citoyens.

Ils parlent français, mais ont conservé un souvenir amer des persécutions de la France. Ils sont très pauvres.

La Dora riparia ouvre le col du Mont-Genèvre et passe à Césane ; à Oulx, elle reçoit (r g.) le ruisseau de Bardonnèche, qui descend du mont Thabor. A Bardonnèche débouche le tunnel du chemin de fer international, c'est là qu'arrivent également le chemin du col de l'Échelle par lequel on a projeté de faire passer un chemin de fer qui se raccorderait à la ligne de Briançon, et le chemin du col de la Roue, qui conduit dans la vallée de l'Arc, à Modane. Cette vallée a donc une importance sérieuse.

La haute vallée de la Dora est défendue par les deux forts d'Exilles. A Suse vient aboutir la route du Mont-Cenis. Près d'Avigliana, la Dora se dégage des montagnes. Elle finit dans le Pô près de Turin.

Entre le Chisone et la Dora, entre Fenestrelle et Exilles, se trouve l'importante position du mont de l'**Assietta** (combats de 1747), dont l'occupation intéresse la défense des deux routes qui aboutissent au Mont-Genèvre. Le **Sangone**, affluent du Pô, descend de ce massif. Sa vallée supérieure, dont le centre est Giaveno, forme un camp retranché naturel que l'on peut considérer comme le réduit de la défense de cette section de la frontière.

La rive gauche de la Dora riparia est dominée par un contrefort escarpé qui s'attache sur la ligne de faîte à la **Roccia Melone**.

La **Stura** n'a qu'une importance secondaire; elle est formée de deux bras; l'un, la Stura di Viu, vient de la Roccia Melone, et l'autre descend de la Levanna. Ils n'ouvrent aucun passage praticable et se réunissent un peu en amont de Lanzo.

L'**Orco** descend également de la Levanna et n'ouvre aucune route. Il passe à Ponte, Cuorgné, Rivarolo.

La **Dora baltea**, par ses deux sources, entoure le mont Blanc et ouvre les deux cols du Petit Saint-Bernard (bonne route carrossable), et du Grand-Saint-Bernard, en partie muletier; ces deux rivières se réunissent à Aoste, la Dora passe ensuite à Châtillon, au pied du fort de Bard, qui ferme complètement la vallée, et à Ivrée; elle finit entre Chivasso et Crescentino.

La **Sesia** descend des glaciers du mont Rose et n'ouvre pas de route vers la Suisse; elle passe à Varallo, se dégage des montagnes à Romagnano, passe près de Verceil (r. d.), laisse à gauche Palestro, où les Autrichiens voulurent défendre le passage de la rivière en 1859, et finit en aval de Casale. Elle est grossie sur la droite du **Cervo** qui donne la position de Biella.

L'Agogna, rivière de peu d'importance, court parallèlement à la Sesia, passe près de Novare et à quelque distance de Mortara (r. g.) (nœud de chemins de fer).

Le Tessin (Ticino) descend du col de Nufenen. Ses sources communiquent avec celles du Toce par le col de San Giacomo. Dans sa vallée supérieure, ou val Leventina, viennent déboucher : à Airolo, la route du Saint-Gothard et le tunnel du chemin de fer ; à Poleggio, la route du col de Lukmanier et le chemin du col de la Greina qui se réunissent à Olivone dans le val di Blegno ; à Bellinzona, la route du San Bernardino qui descend par le val Misocco.
Le Tessin traverse le lac Majeur (lac Verbano), sur les bords duquel sont (r. d.) Locarno, Pallanza, Arona, et (r. g.) Luino. Le Tessin sort du lac à Sesto Calende. Près de Turbigo, s'embranche (r. g.) le Naviglio Grande, grand canal de navigation qui court d'abord parallèlement au Tessin, par Buffalora et Magenta, et qui, à Abbiategrasso, se bifurque d'une part sur Milan, de l'autre sur Pavie. Un peu plus en aval (r. d.) s'embranche le canal Cavour.
Le Tessin passe à Vigevano et Pavie, ancienne place forte, aujourd'hui déclassée, nœud important des chemins de fer de Milan, d'Alexandrie, et de Crémone, avec deux ponts sur le Tessin pour la route et le chemin de fer. A Turbigo et à Vigevano, la rive droite a le commandement sur la rive gauche. Le Tessin dessine une bonne ligne de défense.

A Locarno, vient tomber dans le lac Majeur, le Maggia ; il descend du Grieshorn qui est également à la tête des vallées du Tessin et du Toce.
Dans le lac Majeur, près de Pallanza, arrive également le Toce, qui passe à Domo d'Ossola. Sa vallée, très importante, est suivie par la route du Simplon. Elle communique avec la vallée du Rhône par le col de Gries, avec celle du Tessin par le col de San Giacomo. Domo d'Ossola est au point de jonction de ces routes et de celle qui conduit à Locarno, sur le lac Majeur ; c'est une position centrale fort importante.

7.

Avant de tomber dans le lac, le Toce reçoit (r. d.) la **Strona**, qui amène les eaux du lac d'Orta.

Le lac Majeur reçoit (r. g.) la **Tresa**, qui sert de déversoir au lac de **Lugano**.

Entre le Tessin et l'Adda viennent finir dans le Pô plusieurs cours d'eau secondaires, entre autres le Lambro.

Le **Lambro** prend naissance entre les deux branches méridionales du lac de Côme, passe à Monza, à peu de distance de Milan, et à Melegnano (Marignan). Dans sa partie inférieure, cette rivière forme un obstacle d'une certaine valeur, particulièrement pour protéger la retraite d'une armée qui se retire du Tessin sur l'Adda. Des combats furent livrés à Melegnano en 1515, en 1848, et en 1859.

Le Lambro est réuni par des dérivations à l'Olona, qui est la rivière de Milan.

L'Olona descend des collines de moraines qui enveloppent, au sud, le lac de **Varese** et le lac de Lugano.

De nombreux ruisseaux sillonnent les plaines au sud de Milan.

L'Adda, dont les sources ouvrent le col du Stelvio, coule de l'est à l'ouest dans la Valtelline, passe à Bormio, Tirano, où elle reçoit (r. d.) le **Poschiavino** qui ouvre la route du Bernina; à quelque distance en aval vient aboutir (r. g.) la route de l'Aprica. L'Adda passe à Sondrio, au débouché du val Malenco (r. d.) et d'un chemin qui conduit (r. g.) dans le val Seriana; à Morbegno, point de départ (r. g.) du chemin du col de San Marco. Elle débouche dans la plaine de Colico en passant au pied d'un mamelon isolé sur lequel le général espagnol Fuentès a fait construire, en 1630, le fort **Fuentès** aujourd'hui abandonné, et qui commandait ainsi le nœud des routes du Splügen, de la Maloïa, et de la Valteline. L'Adda tombe dans le lac de **Côme** (ou lac Lario).

Celui-ci a déjà reçu, au nord, par le petit lac de **Mezzola**, les eaux de la **Mera**, dont la vallée, val Bregaglia, conduit à Casaccia où se réunissent les routes de la Maloïa et du Septimer. A Chiavenna, la Mera reçoit le Liro, qui vient du col du Splügen.

Le lac de Côme est resserré entre de hautes montagnes. Sur sa rive droite, se trouve Gravedone, point d'arrivée du chemin muletier de Bellinzona et Menaggio d'où part une route carrossable qui conduit à Porlezza sur le lac de Lugano; de Lugano une bonne route conduit à Luino sur le lac Majeur, et ouvre ainsi une communication importante entre le Simplon et la Maloïa.

Au promontoire de Bellaggio, le lac se partage en deux bras, à l'extrémité desquels sont Côme et Lecco. La route qui longe la rive gauche du lac suit un étroit défilé de 30 kilomètres de long, dont les ouvrages d'art sont minés. Au sud de Lecco, l'Adda formait par son expansion le lac de **Brivio**, aujourd'hui desséché.

On donne le nom de Brianza au pays compris entre les deux branches du lac de Côme. C'est le jardin de la Lombardie; formé par des terres de colmatage, il est encore parsemé de plusieurs lacs et couvert de villages et de belles fermes.

La **Valteline** ou vallée supérieure de l'Adda est un long couloir d'une défense facile. Il communique avec le Bergamasque par la route de l'Aprica, celle de San Marco, et celle du bord du lac.

Depuis Lecco jusqu'à son confluent avec le Pô, l'Adda dessine une ligne perpendiculaire au Pô et constitue un obstacle. Mais cette ligne est trop étendue pour pouvoir être facilement défendue. En 1799, l'armée française l'occupait, faisant face à l'est; elle fut percée par son centre à Cassano et se retira de suite sur la rive droite du Pô, vers Alexandrie, sans s'arrêter sur le Tessin.

Le Tessin et l'Adda sont en effet trop rapprochés pour être successivement occupés. En 1859, les Autrichiens, battus près du Tessin, à Magenta, se replièrent de même jusqu'au Mincio, sans s'arrêter sur la ligne de l'Adda.

Les gués de l'Adda sont rares ; les points principaux de son cours inférieur sont Cassano, Lodi, Pizzighettone. Des fortifications forment double tête de pont à Pizzighettone et à Crotta d'Adda; elles renforcent ainsi la partie inférieure de la rivière et se relient au système fortifié dont Plaisance est le noyau.

L'Adda reçoit (r. g.) le **Brembo** et le **Serio**, torrents sans valeur qui descendent des Alpes du Bergamasque.

Le val Brembana est remonté par la route du col de San-Marco qui conduit à Morbegno ; le val Seriana par un chemin qui débouche à Sondrio.

Au pied des montagnes, entre ces deux rivières, se trouve Bergame, et, un peu plus au sud, Treviglio; le Serio passe à Crema.

C'est à la ligne de l'Adda que nous limitons le théâtre d'opérations de la frontière nord-ouest de l'Italie.

Affluents de droite. — Le Pô, dans cette première partie de son cours, reçoit sur la rive droite :

La **Vraita**, qui passe à Château-Dauphin et qui ouvre les cols d'Agnello sur Queyras et du Longet sur Tournoux ; les deux routes se réunissent à Château-Dauphin ; aucune fortification ne barre la vallée. La rivière se dégage des montagnes à Venasca.

La **Maira** communique avec la Stura par le chemin du col del Mulo. Elle passe à Savigliano et Cavallermaggiore. A Cavallermaggiore, elle reçoit (r. d.) la **Grana** dont les sources sont voisines du col del Mulo.

Le **Tanaro** ; il prend naissance entre le mont Gioje au nord et le mont Fronte au sud. Un de ses bras, le Tanarello, ouvre une route sur la haute Roya. Il coule d'abord dans une étroite vallée par Ormea et Garessio, passe à Ceva, contourne les collines du Montferrat. A Cherasco, il reçoit (r. g.) la **Stura** et change de direction en prolongeant le cours de son affluent ; il traverse les collines du Montferrat par Alba et Asti et débouche dans la plaine d'Alexandrie. Il finit près de Bassignana (r. d.).

Son bassin a une très grande importance stratégique ; il reçoit les eaux d'un arc de montagnes très étendu depuis le col de l'Argentière jusqu'à celui de la Bocchetta, et, par ses affluents, s'établissent de nombreuses communications entre la plaine du Pô d'une part, la Provence et la côte ligurienne de l'autre.

Ses principaux affluents de gauche sont : le **Pesio**, l'**Ellero**, la **Corsaglia**, qui descendent de l'arête des monts Gioje. L'Ellero passe à Mondovi.

La **Stura**, qui descend de l'Enchastraye, ouvre la route du col de l'Argentière. Dans sa haute vallée, qui est barrée par le fort de Vinadio, débouchent (r. g.) le chemin du col del Mulo, et (r. d.) ceux des cols des Barricades, de Colla Lunga, et de Santa-Anna, qui conduisent sur la haute Tinée. Elle passe ensuite à Demonte, ancienne place, qui n'a pas été conservée bien que située dans une excellente position, au débouché du val d'Arma (r. g.) qui communique avec le col del Mulo et permet de tourner Vinadio en venant de la Vraita.

A Coni, la Stura reçoit (r. d.) le **Gesso** qui passe aux bains de Valdieri, d'où partent les routes muletières, que l'on tend à améliorer de jour en jour, de Fremamorta sur Saint-Sauveur (Tinée), de la Fenestre et de Cérèse sur Saint-Martin de Lantosque (Vesubie). A Borgo San Dalmazzo, il reçoit lui-même (r. d) la **Vermanagna** qui descend du col de Tende. Borgo San Dalmazzo est le nœud de toutes les routes qui traversent les Alpes depuis le col de l'Argentière jusqu'au col de Tende.

La Stura passe ensuite à Fossano et finit à Cherasco à quelque distance au sud de Bra, nœud important de communications ferrées.

Les principaux affluents de droite du Tanaro sont :

La **Bormida** ; elle est formée de deux rivières qui prennent leurs sources dans le massif du mont Settepani. La Bormida occidentale passe à Millesimo ; la Bormida orientale à Carcare, bifurcation des chemins de fer de Savone à Mondovi et de Savone à Alexandrie, puis à Cairo, et à Dego. Elles se réunissent en amont d'Acqui.

La Bormida couvre un des fronts du camp retranché d'Alexandrie et finit en aval de cette place.

Ses affluents de droite ouvrent de nombreux passages qui communiquent avec la rivière de Gênes (les principaux sont l'Erro et l'Orba) :

L'Erro, qui passe à Sassello et finit en amont d'Acqui, chemin de Montenotte et d'Albissola.

L'Orba vient du mont Ermetta, passe à Ovada ; par un de ses affluents, il ouvre la route de Voltri par Campofreddo et le col di Masone. Il reçoit (r. d.), le **Lemo** qui passe à Gavi et ouvre la route de Gênes par la Bocchetta.

Les principaux affluents du Pô en aval du Tanaro sont :

La **Scrivia**, qui descend des montagnes de la Scoffera ; elle est longée par la route et par le chemin de fer de Gênes à Alexandrie par le col de Giovi ; elle débouche en plaine au défilé de Serravalle, passe à Novi et Tortone.

La **Staffora** sort du mont Ebro, qui appartient au contrefort du mont Antola ; elle passe à Varzi, débouche en plaine à Voghera, laissant Montebello à quelque distance à droite.

Le **Tidone** sort des montagnes de Zavatarello.

La **Trebbia** descend du col de la Scoffera, passe à Montebruno, Bobbio, et finit en amont de Plaisance. Sa vallée est suivie par la route de Gênes à Plaisance. Elle reçoit (r. d.), en amont de Bobbio, l'**Aveto**. Bobbio est une position très importante au centre des montagnes, au point d'arrivée de la route de Voghera par la Staffora, Varzi, et le mont Penice.

Tous ces cours d'eau sont des torrents au lit pierreux, sans berges marquées, lorsqu'ils coulent dans la plaine. Presque entièrement à sec pendant l'été, ils s'étendent au contraire sur une grande largeur à l'époque des crues.

Côtes de la mer ligurienne et cours d'eau côtiers.

La côte italienne depuis l'embouchure de la Roya présente les mêmes caractères que celle de la Provence; elle est rocheuse et découpée de petits golfes; les montagnes, dont les crêtes ne sont qu'à 8 kilomètres au plus de la côte, se prolongent jusqu'à la mer par de longs contreforts.

Le golfe de Gênes dessine un grand arc de cercle au sommet duquel est Gênes et qui est encadré par la chaîne abrupte des Alpes liguriennes et de l'Apennin ligurien.

On lui donne le nom de *rivière du Ponant* à l'ouest de Gênes et de *rivière du Levant* à l'est.

Le tracé de la frontière coupe deux fois le cours de la Roya; il laisse les sources et l'embouchure de la rivière à l'Italie, le cours moyen à la France. Le traité de cession a donné à la France le canton et non pas l'ancien comté de Nice qui eût compris les cols de Tende, du Tanarello, et d'Ardente. Entre San Dalmazzo, où les Italiens avaient eu le projet de construire des fortifications, et Fontan, premier village français, la Roya coule pendant près de 8 kilomètres dans une gorge étroite, encaissée entre des rochers verticaux d'une centaine de mètres de hauteur. Il suffit d'une barricade pour défendre ce passage.

Au delà de Fontan, la Roya passe au pied des célèbres positions de Saorge, à la Giandola, et à Breil. Elle entre de nouveau sur le territoire italien et finit sous le canon de Vintimille (r. d.).

Elle reçoit (r. g.) à San Dalmazzo, la Briga dont la vallée conduit au col du Tanarello et au col Ardente.

A quelque distance de son embouchure, elle reçoit (r. d.)

la **Bevera**, dont la vallée est encaissée entre deux contreforts élevés que la route de Nice à Tende franchit au col de Braus (r. d.) et au col de Brouis (r. g.). Cette rivière passe à Sospel où aboutit la route de Menton, et sa vallée permet, en venant d'Italie, de prendre à revers les positions de l'Aution et de Saorge.

Une route de construction récente remonte la rive gauche de la Roya depuis Vintimiglia jusqu'à Breil.

La **Nervia**, qui court presque parallèlement à la Roya, finit à peu de distance à l'est; elle descend des sommets de la Marta et passe à Dolce Aqua.

La **Taggia**, qui ouvre le col Ardente, descend du mont Fronte, tombe dans la mer entre San Remo et Porto Maurizio. Ce dernier port est un des plus importants de la rivière du Ponant.

Les points principaux de la côte sont : Vintimiglia, ancienne place sur la r. d. de la Roya, San-Remo, Bordighera, Porto Maurizio, Oneglia, point de départ de la route du col de Nava;

Au nord d'Oneglia et du cap delle Melle, Alassio, bonne plage qui pourrait servir à un débarquement;

Albenga, près de l'embouchure de l'**Arrosia** et point de départ de la route du col de San Bernardo;

Loano, Finale; entre ces deux points on avait projeté la construction d'un fort à Capra Zoppa pour commander le chemin de fer, la route de la Corniche, et la route de Finale à Millesimo par l'Osteria de Melagno. Ce projet n'a pas été mis à exécution.

Vado, bonne plage de débarquement, la seule où l'on pourrait réunir un corps d'armée; elle était sous le canon des anciens forts de Vado et de Savone, aujourd'hui sans valeur parce que leurs murs découverts seraient trop exposés aux canons des navires cuirassés;

Savone, point de départ du chemin de fer de Turin et de la route du col de Cadibone ;

Albissola, point de départ de la route du col de Giove ;

Voltri, point de départ de la route du col di Masone ;

Sestri Ponente, plage de débarquement qui permettrait d'attaquer Gênes ;

Et enfin Gênes, où finit la Polcevera qui ouvre la route de la Bocchetta, et le Bisagno qui ouvre celle de la Scoffera.

Les opérations militaires rencontrent de sérieuses difficultés sur la route de la Corniche. Les contreforts des montagnes serrent la côte de très près, les plages favorables à un débarquement sont fort rares, le pays, couvert de vignes ou d'oliviers, ne se prête pas au développement de troupes nombreuses. On ne peut opérer que par petits détachements.

La route et le chemin de fer seraient commandés par le canon d'une flotte qui en détruirait facilement les ponts et les tunnels.

Gênes[1] est le principal port commercial de l'Italie ; c'est, en outre, une position militaire de premier ordre, et dont la possession est indispensable pour commander la côte ligurienne et pour relier avec la mer les opérations qui se développeraient dans le bassin du Pô, du côté d'Alexandrie et de Plaisance ; Gênes a été complètement abandonnée en tant qu'établissement de la marine militaire, mais c'est une place forte très importante.

Au delà de Gênes, une très bonne route et un chemin de fer continuent à longer la côte jusqu'à Spezia.

La vallée du Bisagno et celle du **Lavagno** qui finit à Chiavari offrent, entre Gênes et Chiavari une communication intérieure en partie muletière et en partie carrossable.

Chiavari est sur les bords du beau golfe de Rappallo.

De Chiavari part une autre route qui suit pendant quelque

---

[1] *Mémoires de Napoléon.*

temps la vallée de la Vara et permet également d'éviter la Corniche jusqu'à Spezia.

Près de Chiavari est la plage de Sestri Levante qui communique avec la route des Cent-Croix.

En suivant la côte, on arrive à **Spezia**, le port de guerre le plus important de l'Italie.

DÉFENSE DE LA FRONTIÈRE NORD-OUEST
DE L'ITALIE.

La neutralité de la Suisse protège les frontières de l'Italie, depuis le col du Stelvio jusqu'au mont Blanc. En admettant, contre toute probabilité, que cette neutralité soit violée, elle ne pourrait l'être d'une manière dangereuse pour l'Italie qu'avec le consentement de la Confédération helvétique et avec le concours de son armée. L'Allemagne seule pourrait être amenée à une opération de cette nature; quant à la France et à l'Autriche, qui confinent directement avec l'Italie, elles n'auraient aucun avantage à choisir ce front d'attaque.

Dans l'hypothèse, absolument invraisemblable d'ailleurs, où l'armée suisse coopérerait à une action contre l'Italie, elle occuperait, dès le début des hostilités, des positions avantageuses dans le canton du Tessin, sur le versant méridional des Alpes. Les routes du Saint-Gothard, du Lukmanier, et du San Bernadino lui permettraient de se concentrer à Bellinzona. Elle se trouverait ainsi à même de se porter, en quelques marches, sur Milan, qui serait l'objectif naturellement désigné à son offensive.

La défense de l'Italie serait certes fort difficile. Il faudrait, sans doute, se borner à tenter le sort des armes dans une grande bataille livrée dans le Milanais, et, en cas d'insuccès, abandonner immédiatement la rive gauche du Pô pour prendre position à Plaisance.

La défense de la frontière française présente au contraire un problème très différent et des conditions nouvelles depuis que l'Italie unifiée peut consacrer à cet objet des ressources importantes et des forces nombreuses.

On ne trouve dans les guerres modernes aucun exemple d'attaque ni de défense des Alpes par des armées dont l'effectif puisse être comparé à ceux que la France et l'Italie mobiliseraient si la guerre éclatait entre elles.

En 1796, lorsque Bonaparte franchit les Apennins au col de Cadibone, les campagnes précédentes avaient déjà permis aux troupes françaises de s'installer sur la Corniche et de tâter longuement les différents passages.

Dans la campagne de 1800, ce fut une marche audacieuse qui permit de surprendre le passage des Alpes. Une semblable opération ne saurait se renouveler.

Dans l'échiquier de guerre de la frontière française de l'Italie, il y a trois régions bien différentes à considérer : la zone alpine, la plaine du Pô, les collines du Montferrat et des Apennins.

Plaisance peut être considéré comme l'objectif principal de la première partie de la campagne.

La zone alpine est très nettement déterminée par la ligne Ivrée (Dora baltea) — Cuorgné (Orco) — Lanzo

(Stura) — Avigliana (Dora riparia) — Pignerol (Chisone) — Luserna (Pelice) — Saluces (Pô) — Venasca (Vraita) — Dronero (Maira) — Coni (Stura) — Mondovi (Ellero) — Ceva (Tanaro); au delà de cette ligne s'étend, à l'est, une plaine d'une largeur moyenne de 25 à 30 kilomètres entre les Alpes et les collines du Montferrat.

Cinq routes, utilisables pour des colonnes des trois armes, traversent la frontière. Ce sont celles du Petit Saint-Bernard, du Mont-Cenis, du Mont-Genèvre, de l'Argentière, et de Tende.

Elles sont praticables en toute saison, excepté dans les hivers très rigoureux et par les tempêtes; mais il existe un grand nombre d'autres passages [1], et l'on ne doit pas oublier que des armées, qui traînaient même du gros canon et un matériel singulièrement plus lourd que le matériel actuel, ont traversé ces montagnes :

En 1494, Charles VIII est entré en Italie par le Mont-Genèvre; il est rentré en France l'année suivante par la même route.

Au mois d'août 1515, François Ier fait ouvrir les cols de

---

[1] On a compté sur la frontière franco-italienne 232 passages, qui se répartissent ainsi :

Du Petit Saint-Bernard au Mont-Genèvre..	76	
Jusqu'au col de Tende....	83	159
Sur le littoral.................		73
		232

Il ne saurait être possible d'en donner la nomenclature. Cette étude doit se faire sur la carte.

l'Argentière et d'Agnello et y fait passer ses troupes avec 72 canons.

En 1524, François Ier passe par le Mont-Genèvre.

Au mois de mars 1629, Louis XIII et le maréchal de Tessé franchissent le Mont-Genèvre, qui était encore couvert de neige.

Au mois d'octobre 1743, le duc de Mina entre en Italie avec un corps franco-espagnol par le col d'Agnello.

Aussi, quels que soient d'ailleurs le nombre et la valeur des fortifications établies en pays de montagnes, elles ne peuvent suffire à intercepter les passages. Un assaillant, suffisamment nombreux, finira toujours par faire passer ses troupes légères par quelque chemin qu'il pourra même améliorer pour y conduire du canon et qui tournera les défenses fixes.

Il existe dans les montagnes une quantité de chemins que l'on ne peut toujours connaître et qui jouent parfois un grand rôle.

Le duc de Rohan écrivait au sujet de ses campagnes de la Valteline : « Les passages se trouvèrent innombrables. Et c'est bien lors, qu'on reconnut véritable que les montagnes sont comme plaines ; et qu'elles n'ont pas seulement les chemins accoutumés et fréquentés mais plusieurs autres, lesquels bien qu'ils ne soient pas connus aux étrangers, le sont aux gens du pays et par le moyen desquels on sera mené au lieu qu'on désire en dépit de ceux qui s'y voudront opposer ; de sorte qu'un sage capitaine ne se hâtera jamais à garder des passages, mais bien se résoudra-t-il plutôt à attendre son ennemi en campagne pour le combattre (c'est-à-dire aux points où les vallées s'élargissent et où l'on peut réunir et employer ses réserves); ce qui peut sembler étrange à qui n'en a pas vu le succès par expérience. Aussi, en la présente occasion, où l'on croyait être assuré des montagnes, comme d'autant de forteresses, il se trouva qu'on était ouvert de tous côtés, et qu'à mesure qu'on bouchait un trou, on en découvrait dix. »

Le maréchal de Saxe a dit aussi : « Quelque affreuses que paraissent les montagnes, l'on y trouve des passages en cherchant; les hommes qui les habitent ne les connaissent pas eux-mêmes, parce que la nécessité ne les a pas obligés à faire de pareilles recherches, et qu'ils ne connaissent ordinairement les choses que par tradition. J'ai souvent reconnu leur ignorance et l'imposture de leurs récits; il faut, en pareil cas, chercher et voir soi-même[1], ou employer des gens qui ne s'effrayent point des difficultés. On trouve presque toujours lorsqu'on cherche ces choses, et l'ennemi, qui lui-même ne les connaît pas, ne sait quelle mesure prendre et s'enfuit parce qu'il n'a compté que sur les choses ordinaires qui sont les chemins praticables. »

C'est là surtout qu'avec peu de troupes, on peut tenir tête à des armées nombreuses, les battre même, ou les détruire en détail.

[1] C'est ainsi que l'on voit souvent les troupes alpines franchir les montagnes à la stupeur des habitants, par des passages que personne ne soupçonnait.

Il est à remarquer que la création des grandes communications postales et la construction des chemins de fer, ont eu pour conséquence de concentrer les échanges sur quelques passages soigneusement entretenus. Un grand nombre de chemins muletiers et même charretiers qui existaient au siècle dernier, ont été abandonnés et ne sont plus praticables. Il est donc plus facile aujourd'hui qu'à cette époque de défendre les Alpes, et l'on peut dire que la puissance défensive de ces montagnes a en quelque sorte augmenté.

La route du **Petit Saint-Bernard** (2,192^m) conduit de Moutiers à Aoste; elle est très bonne, mais barrée entre Aoste et Ivrée par le fort de **Bard**, qui interdit complètement le passage ; la résistance du fort de Bard suffirait à immobiliser pendant longtemps toute une armée.

La route du **Mont-Cenis** (2,092^m) conduit de Lans-le-Bourg à Suse.

Elle longe le lac du Mont-Cenis, traverse l'hospice qui est un bâtiment crénelé, laisse à droite l'ancien fort du Chat. Les nouveaux ouvrages sont : à l'est, un fort sur le plateau *della Cassa* (1954^m), la batterie *della Roncia* à l'extrémité du contrefort (2,280^m) qui domine le fort au nord, l'ouvrage del *Varicello* (2,105^m) à l'ouest de la route sur le mont Drosey, hauteur isolée d'où l'on bat la route du Petit Mont-Cenis. Un quatrième fort est en construction près du lac.

La route du **Mont-Genèvre** (1800ᵐ) est la meilleure des communications internationales. Elle se bifurque à Cesane, d'un côté sur Oulx et Exilles, en descendant la vallée de la Dora ; de l'autre, sur Fenestrelle et Pignerol par le col de **Sestrières**, en descendant la vallée du Chisone.

La première est défendue par les ouvrages d'Exilles qui comprennent un grand fort à *Exilles* et deux ouvrages, l'un à *Fenile* au nord du tunnel du chemin de fer, l'autre à *Sappey* au sud. Ces forts sont casematés et présentent plusieurs étages de feu ; le fort principal a 60 pièces ; chacun des deux autres 14 ; la garnison peut en être de 2,000 hommes environ.

La route du Chisone est barrée à Fenestrelle, à 36 kilomètres du Mont-Genèvre, par une série d'ouvrages reliés par un retranchement. Le fort principal, ou fort inférieur, est armé de 60 pièces environ ; le fort supérieur porte une vingtaine de pièces. La garnison peut être de 4,000 hommes.

Entre Exilles et Fenestrelle, se développent les positions célèbres de l'**Assietta**.

On donne le nom de l'Assietta, peut-être à cause de sa forme tabulaire, à un contrefort qui s'étale entre les deux vallées de la Dora et du Chisone, et que traversent plusieurs sentiers qui les relient l'une à l'autre. Les montagnes de la Roccia Melone, au nord de la Dora, celles de l'Albergian, au sud du Chisone, forment, en enveloppant ces vallées, un vaste cirque, que l'Assietta divise comme une traverse dont les fortifications d'Exilles et de Fenestrelle tiennent les extrémités.

La route de l'**Argentière** (de Larche ou de la Madeleine) (1995^m), rendue carrossable depuis peu, fait communiquer la vallée de l'Ubaye et celle de la Stura. Elle est défendue en France par l'ensemble des fortifications de Tournoux, et en Italie par les ouvrages de Vinadio. Ceux-ci consistent en un fort (20 pièces), construit de 1837 à 1850, à cheval sur la route, et en une tour avec batterie (12 pièces), sur la hauteur de Nighino (rive gauche de la Stura) (garnison de 2,000 hommes).

La position de Vinadio peut être tournée au nord-est par le chemin du col **del Mulo** qui prolonge le chemin d'Agnello et conduit de Château-Dauphin à Demonte. Cette dernière position serait donc préférable pour défendre la vallée.

La route de **Tende** met en relation Nice et Coni, c'est-à-dire la Roya et la Stura. Un tunnel, ouvert depuis peu de temps, supprime l'ascension pénible des derniers lacets de chaque versant et rend la route plus facile en toutes saisons. Le passage est défendu (depuis 1882) par une caserne fortifiée, en attendant, sans doute, des ouvrages plus importants.

On admet que, sur chacune de ces routes, on pourrait engager une colonne d'un ou de deux corps d'armée, c'est-à-dire 50,000 hommes environ [1].

Les passages au nord du Mont-Cenis sont rares ou mauvais; quant à la route du Petit Saint-Bernard, elle aboutit dans la vallée excentrique de la Dora baltea, sous le feu du fort de Bard. Elle ne convient donc pas à l'offensive.

Les routes les plus avantageuses pour l'attaque sont celles du Mont-Cenis et du Mont-Genèvre qui prolongent, l'une, le chemin de fer de la Maurienne, l'autre, le chemin de fer de la Durance, terminé jusqu'à Briançon.

La proximité de la place de Briançon, qui est la base naturelle de l'offensive française, donne une valeur particulière à la route du Mont-Genèvre et au faisceau des chemins muletiers des Alpes cottiennes, c'est-à-dire aux chemins de la vallée de la Cerveyrette et de la vallée du Guil ou Queyras.

Ces communications descendent sur le versant italien par les vallées de la Dora, du Chisone, et du Pelico; elles convergent sur Turin.

Quant au chemin de fer international, on ne saurait le faire entrer en ligne de compte, car le tunnel serait

---

[1] Plusieurs officiers distingués de l'armée italienne ont publié des discussions très complètes du système de défense de la frontière franco-italienne. Outre l'ouvrage classique du colonel Sironi, *Géographie stratégique*, nous citerons particulièrement les écrits du colonel Recci *Appunti sulla difesa dell' Italia in generale e della sua frontiera N-O in particolare* (1872), et du capitaine Dabormida: *Défense de la frontière occidentale de l'Italie, mise en rapport avec l'organisation actuelle des armées* (1878).

vraisemblablement détruit et, par conséquent, inutilisé pendant une période indéterminée[1].

Les routes des Alpes maritimes, c'est-à-dire celles de l'Argentière et de Tende et les chemins intermédiaires, descendent sur la Stura et convergent sur Coni.

La liaison entre les corps qui suivraient cette direction et ceux qui auraient franchi les Alpes cottiennes, ne pourrait se faire que dans la plaine de Turin.

Enfin, les routes qui partent de la Corniche en traversant les Alpes de Ligurie, depuis Nice jusqu'à Savone, se prêteraient à un mouvement de flanc, extrêmement dangereux pour la défense des Alpes qui serait ainsi tournée; aussi les Italiens ont-ils apporté un soin tout particulier à leur défense.

Sur la côte, à l'embouchure de la Roya (rive gauche), est l'ancienne petite forteresse de **Vintimiglia**, sans grande valeur, très exposée surtout du côté de la mer.

La route de **Nava** est défendue au col même, par un ouvrage (12 pièces) sur la route et par deux tours sur les hauteurs voisines; on a projeté un fort au sud, sur la hauteur de Bellarosco.

La route de **San Bernardo** est défendue sur le versant méditerranéen, au-dessous du village de Zuccarello par un fort inférieur (12 pièces) et un fort supérieur.

---

[1] La station internationale est à Modane, où se trouve un poste de douaniers italiens

Des fortifications sont en voie de construction (1884) sur la route de l'Osteria de Melagno.

La route de **Cadibone** est défendue entre Cadibone et Altare par deux ouvrages reliés par une enceinte ; la route passe en tunnel sous cette enceinte. Le chemin de fer n'est pas battu [1].

En arrière des forts d'arrêt qui barrent les routes des montagnes, sont trois grandes places : Gênes, Alexandrie, Plaisance [2].

Gênes est, comme nous l'avons dit précédemment, le principal port commercial de l'Italie, mais il ne s'y trouve aucun établissement de la marine militaire. Les fortifications se composent des batteries de côte, et d'une enceinte avec forts détachés embrassant une grande étendue. Les hauteurs, qui enveloppent les val-

---

[1] Les forts de barrage italiens consistent généralement en un ou deux ouvrages principaux. Dans ce dernier cas les ouvrages sont reliés soit par un retranchement, soit par une enceinte en crémaillère.

Les hauteurs voisines sont souvent couronnées par des tours en maçonnerie qui n'ont qu'un rôle passif à jouer, c'est-à-dire celui d'empêcher l'ennemi de s'y établir pour attaquer les ouvrages.

[2] Bien qu'il existe en Italie une foule de villes fortifiées ou, pour parler plus exactement, munies d'une enceinte, une foule de châteaux forts, de batteries de côte, etc., ces divers points ne sauraient pourtant être rangés dans la catégorie des forteresses répondant aux nécessités de la guerre moderne : appartenant, par leur nature et par leur état actuel, à un système suranné, ils ne remplissent aucune des conditions requises de nos jours.   (*Italicæ Res*, par le colonel von HAYMERLE.)

lées de la Polcevera et du Bisagno, forment autour de la place un grand camp retranché naturel.

La plupart des ouvrages sont de construction ancienne, mais on a élevé un nouveau fort, près de l'embouchure de la Polcevera, c'est-à-dire sur le front occidental, qui est le plus vulnérable et naturellement le plus menacé. Le port ne serait pas protégé efficacement contre une attaque de cuirassés.

Alexandrie est la place principale de ravitaillement et le point d'appui de la concentration italienne sur la frontière de l'ouest. A ce dernier point de vue, son importance est très grande. Elle est, en effet, au nœud des chemins de fer de Milan, de Pavie, de Plaisance, de Gênes, de Savone, de Coni, de Turin, et de Verceil. Les trois premières lignes, et éventuellement la quatrième, sont des lignes convergentes venant de l'intérieur. Les trois dernières sont des lignes divergentes vers les Alpes.

Napoléon avait fait d'Alexandrie une place de premier ordre, parce qu'il la considérait comme la base d'une armée française opérant en Lombardie contre l'Autriche; aussi les Autrichiens voulaient-ils, en 1815, en faire raser les ouvrages. Alexandrie est devenue, en effet, la défense principale du Piémont sur sa frontière de l'est.

Considérée au point de vue de la défense contre la France, sa valeur est si médiocre, que l'on a proposé de la déclasser pour que les Français ne puissent l'utiliser contre l'Italie s'ils franchissaient les Alpes.

Alexandrie, par sa position stratégique, est une tête de défilé à l'entrée du Montferrat en faisant face à l'est; mais, du côté opposé, elle est à la poignée de l'éventail formé par les vallées des deux Bormida et du Tanaro et peut être tournée facilement, soit au nord, comme en 1800, soit au sud, comme en 1796.

La forteresse comprend un corps de place bastionné et trois lunettes détachées, à peu de distance. Dans son état actuel, elle ne saurait soutenir un siège.

A Alexandrie se rattachent les positions de Casale, de Valenza, et de Bassignana.

Casale commande un important passage du Pô et couvre les routes d'Alexandrie jusqu'à la Sesia. Mais ses fortifications sont insignifiantes : un petit corps de place presque abandonné sur la rive droite et une tête de pont permanente mais insignifiante sur la rive gauche.

A Valenza et à Bassignana sont aussi des passages du Pô que l'on aurait intérêt à défendre; il n'y existe encore aucun ouvrage.

Plaisance est l'objectif naturel d'une attaque française. On l'a appelée, avec quelque exagération, la capitale militaire de l'Italie. Située, en plaine, au confluent du Pô et de la Trebbia, à l'extrémité orientale du défilé de Stradella, appuyée au sud par les derniers contreforts des Apennins, couverte au nord par le Pô, au point de jonction des chemins de fer de Milan et d'Alexandrie, et à la tête du chemin de fer de l'Émilie,

Plaisance offre un excellent point d'appui à une armée battant en retraite par les deux rives du Pô et à laquelle les têtes de pont de Pavie sur le Tessin, de Pizzighettone sur l'Adda, de Crémone sur le Pô, conservent une certaine liberté de manœuvres. Plaisance contient de grands établissements militaires, mais ses fortifications sont anciennes ; elles ne se composent en certains endroits que d'une escarpe sans fossés, avec des dehors en terre d'une importance fort médiocre. Sur la rive gauche du Pô, les ouvrages n'ont pas de valeur comme fortification permanente. Il faudrait, en outre, compléter Plaisance pour la mise en état de défense du défilé de la Stradella, à 24 kilomètres à l'ouest.

Entre Plaisance et la mer l'épanouissement des Apennins forme un obstacle infranchissable pour une armée qui marche de l'ouest à l'est, tandis que la défense, étant maîtresse des deux positions de Plaisance et de Gênes, qui sont les bastions avancés de cet énorme massif, peut communiquer de l'un à l'autre par la vallée de la Trebbia et le col de la Scoffera ; elle peut aussi, au moyen de la route de Bobbio à Varzi, descendre dans la Staffora et exercer une action de flanc dangereuse sur une armée en mouvement d'Alexandrie sur Plaisance.

Le défilé de la Stradella est formé par les derniers contreforts des montagnes qui ne laissent, entre eux et le Pô, qu'un étroit passage.

Les collines, au sud, sont couvertes de vignes, cultivées à la manière italienne, c'est-à-dire hautes, étendant leurs rameaux d'arbre en arbre et rattachées par des fils de fer. Le fleuve est lui-même un obstacle considérable. Aussi, dans toutes les guerres, cette position a-t-elle joué un rôle important.

En 1799, une série de revers avait obligé l'armée de Moreau à évacuer la Lombardie.

Il s'était successivement replié, par la rive gauche du Pô, sur l'Adda et sur le Tessin; puis avait franchi le Pô et opéré sa retraite sur Gênes.

Macdonald, qui était dans l'Italie péninsulaire, remonta avec l'armée de Naples pour venir renforcer l'armée affaiblie de Moreau. Les Austro-Russes étaient maîtres de la Lombardie et arrivaient à Plaisance. Le chemin de Gênes à Spezia n'étant qu'un mauvais sentier, impraticable à l'artillerie, Moreau et Macdonald résolurent d'attaquer simultanément le défilé du Pô par l'ouest et par l'est, afin de se réunir du côté de la Stradella.

Macdonald ouvrit la route des Cent-Croix et celle de la Cisa par plusieurs combats dont le plus important fut livré à Pontremoli; une division de l'aile droite de Moreau descendit par le val Taro; un corps détaché suivit la vallée de la Trebbia. Les Autrichiens battirent en retraite, défendant les vallées pied à pied. Les autres colonnes de Macdonald passèrent plus à l'est et débouchèrent sans difficulté sur le versant méridional des Apennins. Elles dépassèrent Plaisance, et battirent une division ennemie, mais l'arrivée de Souvarov arrêta ces succès. Après trois jours de combat sur la Trebbia, Macdonald dut battre en retraite et repasser les Apennins, le détachement qui marchait par le val Taro, regagna Gênes avec peine par des chemins de montagne. Macdonal fit embarquer son artillerie à Lerici et lui-même avec ses troupes prit le sentier de Spezia pour se retirer sur Gênes.

La marche de Moreau de Gênes sur Tortone n'avait pas

suffi pour ouvrir à Macdonald la route de la Stradella. Les généraux français, attaquant simultanément par l'est et par l'ouest les troupes russes qui occupaient la position Plaisance—Stradella, ne purent réussir à faire leur jonction dans la vallée du Pô. Cet exemple très caractéristique montre quelle est l'importance de l'épanouissement montagneux du mont Antola, qui isole si complètement les manœuvres à l'est et à l'ouest de la Stradella.

Plaisance a, comme annexe naturelle, **Pavie**, vieille place qui garde un pont de chemin de fer sur le Tessin. On avait projeté de l'abandonner; dans son état actuel, elle n'a pas de valeur, mais sa position stratégique, par rapport à Plaisance, est très importante.

Pizzighettone doit jouer sur l'Adda un rôle analogue à celui de Pavie sur le Tessin. Il n'y a que de vieux ouvrages.

Enfin, **Crémone** forme double tête de pont sur le Pô, en arrière de Plaisance. Cet ensemble pourrait devenir extrêmement fort, si les fortifications étaient à hauteur des exigences de la guerre moderne.

Au point de vue de la défense de la barrière des Alpes contre une offensive française, on peut donc grouper les routes qui les traversent en quatre faisceaux distincts :

1º Les routes de la **vallée d'Aoste** (Grand et Petit Saint-Bernard) absolument interceptées à la cluse du fort de Bard ;

2º Le groupe des routes des **Alpes cottiennes** comprises entre le massif du Grand-Paradis au nord et le massif du Viso au sud, c'est-à-dire les routes qui convergent dans les vallées de la Dora riparia et du Chisone, en se dirigeant sur Turin ; ce sont les meilleures des Alpes, et leur nombre est considérable. Les plus importantes sont celles du Mont-Cenis et du Mont-Genèvre ;

3° Les routes des **Alpes maritimes**, depuis le mont Viso jusqu'au col de Tende, qui convergent sur Coni ;

4° La route de la **Corniche** et les chemins transversaux entre la côte et la haute vallée du Tanaro.

On voit ainsi quatre échiquiers stratégiques n'ayant entre eux que des relations difficiles, de sorte que les troupes qui opéreraient sur l'un d'eux ne pourraient certainement prêter leur concours aux corps voisins en vue d'une opération tactique.

On peut écarter de toute discussion les routes de la vallée d'Aoste qui sont excentriques et complètement barrées.

Celles des Alpes cottiennes méritent au contraire une attention spéciale, parce que ce sont elles qui offrent les plus grandes facilités et qui sont les plus rapprochées des premiers objectifs : Turin et Alexandrie.

Les Italiens les ont défendues, comme nous l'avons vu, par les ouvrages du Mont-Cenis, d'Exilles, et de Fenestrelle, qui sont certainement très respectables et ne sauraient être emportés par un coup de main ; mais il ne serait pas impossible de tourner ces défenses, soit en partant de Briançon, soit en partant du Queyras pour descendre dans les vallées de la Germanasca et du Pelice par les chemins qui viennent y aboutir.

La campagne de 1747 nous offre un exemple remarquable d'une tentative faite pour forcer directement les défenses de cette partie des Alpes.

Pendant la guerre dite de la **Pragmatique Sanction**, le roi de Sardaigne Charles-Emmanuel, soutenu par un corps autrichien, avait à défendre ses États contre une armée franco-espagnole, commandée par le marquis de Belle-Isle et le duc de Las Minas.

Il avait été décidé entre ceux-ci, que l'on observerait une attitude défensive sur la rivière de Gênes, de manière à diviser l'attention de l'ennemi et de la détourner des routes du Dauphiné par lesquelles aurait lieu l'attaque principale. Le roi Charles-Emmanuel perça néanmoins les intentions de ses adversaires et fit fortifier le plateau de l'Assietta qui commande les vallées de la Dora et du Chisone.

Les redoutes de l'Assietta furent infructueusement attaquées de front et ne purent être enlevées malgré des efforts héroïques. Le chevalier de Belle-Isle, qui dirigeait l'attaque, vint se faire tuer sur les retranchements mêmes (19 juillet). L'armée franco-espagnole perdit 2 généraux, 9 brigadiers, 430 officiers, 5,300 hommes, tandis que les Austro-Piémontais n'eurent pas 200 hommes hors de combat. Cette défaite termina la lutte et mit fin à la guerre.

Dans des circonstances analogues, il faudrait sans doute prévoir une résistance de même nature sur cette position, et, si les troupes, qui veulent descendre en Italie, ne parviennent pas à l'occuper avant les Italiens, elles devront s'efforcer de les tourner.

Il ne faut pas se dissimuler, en tout cas, que les colonnes françaises ne s'ouvriront le passage des Alpes qu'au prix d'efforts sérieux, peut-être de sacrifices importants, et grâce à une supériorité numérique suffisante. Il y a donc intérêt grave pour elles à brusquer leur mouvement dès le début de la guerre, pour profiter des retards inévitables de la concentration italienne.

La défense du versant italien des Alpes nécessite des méthodes toutes différentes de celles qu'il faut appliquer sur le versant français. Tandis que, de ce côté, les vallées sont longues et divergentes, qu'elles n'ont entre elles que des communications difficiles, et conduisent à des objectifs très distants les uns des autres, sur le versant oriental, au contraire, les vallées sont courtes et convergentes ; et, si cette disposition favorise l'offensive, elle est, jusqu'à un certain point, également avantageuse pour la défensive, qui peut opérer sur des lignes intérieures et obtenir la supériorité numérique sur les têtes de colonnes isolées de l'assaillant, au moment où elles débouchent en plaine.

La supériorité numérique à un moment donné, tel est, en effet, l'élément principal de succès dans toutes les opérations de guerre, dans la guerre de montagne surtout, parce qu'il est impossible aux troupes de la défense d'être partout et qu'elles ne peuvent garder tous les sentiers par lesquels arriveront à se glisser quelques poignées d'hommes hardis dont l'action à revers suffira parfois pour les contraindre à abandonner leurs positions. Il est d'ailleurs important de noter que la disposition des grandes routes des Alpes est telle qu'on y trouve rarement des positions faciles à défendre avec de faibles détachements, et qu'on évalue à 6,000 hommes au moins la force à employer dans chaque vallée. Une exception pourrait être faite pour le col de Tende, dont les deux versants, extrêmement raides, appartiennent à l'Italie, et sur lesquels la route s'élève péniblement en traçant de nombreux lacets. Quoi qu'il en soit, la zone alpine forme une première région utilisable pour arrêter les progrès de l'invasion, et donner à l'armée italienne le temps de se mobiliser et de se concentrer.

Nous avons fait connaître l'organisation de la défense fixe des Alpes, les conditions stratégiques et tactiques de la vallée du Pô, et les avantages de la position de Plaisance comme réduit particulier de ce théâtre d'opérations.

La défense mobile de la zone montagneuse est confiée aux troupes alpines, qui constituent une force très sérieuse et particulièrement apte à la guerre de montagne. Les Italiens ne pensent pas cependant qu'elles puissent suffire à la défense des défilés; elles devront être immédiatement soutenues par les premiers corps mobilisés de l'armée italienne.

Les compagnies alpines, auxquelles est confiée la défense des vallées supérieures des Alpes, sont recrutées avec soin parmi les hommes habitués à la marche dans les montagnes. Elles sont commandées par des officiers de choix qui sont chargés de rectifier et de tenir au courant la carte du pays qu'ils explorent sans cesse. Ces compagnies sont exercées pendant toute la belle saison, sur le terrain même qu'elles seraient appelées à défendre. Les hommes acquièrent ainsi une expérience et des aptitudes spéciales; ils sont rompus aux fatigues. On voit souvent leurs détachements sur la frontière, dont ils connaissent tous les obstacles. Nul doute que ces compagnies ne soient appelées à rendre d'importants services au début d'une guerre [1].

[1] Voir à la fin du volume l'organisation des troupes alpines.

On remarque, d'après les emplacements affectés aux bataillons, que chacun des six régiments alpins a deux bataillons sur la frontière française, et le troisième bataillon sur la frontière autrichienne. Les 5⁰ et 6⁰ régiments, qui sont à quatre bataillons, en ont deux sur chaque frontière.

Sur le front ouest, on compte donc douze bataillons en première ligne ; ils seront rapidement soutenus par huit bataillons venant de la frontière orientale, si celle-ci n'est pas menacée.

L'invasion, ayant réussi à percer les défenses de la zone alpine, l'armée italienne, qui aura eu vraisemblablement le temps de se concentrer, tentera d'arrêter les têtes de colonnes ennemies à la sortie des vallées, et d'empêcher leur jonction.

Son front de déploiement est indiqué par la ligne ferrée Coni—Turin—Chivasso—Ivrée, qui lui permettra d'exécuter de rapides mouvements latéraux et de présenter des forces supérieures devant les colonnes isolées de l'ennemi au moment de leur débouché dans la plaine.

Chemins de fer. — Le réseau de concentration des chemins de fer italiens sur la frontière de l'ouest se compose de **quatre** lignes indépendantes, dont trois conduisent au pied des Alpes et une dans la région d'Alexandrie.

Ce sont :
A. La ligne Vérone—Milan—**Turin** ;
B. — Bologne—Plaisance—Alexandrie—**Turin** ;
C. — de la Corniche : Spezia—Gênes—Savone . . . . } **Coni** ou **Vintimille** ;
D. — Mantoue—Crémone—Pavie—**Casale**.

Ce réseau se complète par les embranchements qui pénètrent dans les vallées alpines:

a. — Milan à Lugano (section de la ligne du Saint-Gothard);
b. — Milan..) à Arona (section de la ligne projetée du Simplon);
c. — Novare.)
d. — Novare à Gozzano *idem*.;
e. — Santhia à Biella;
f. — Chivasso à Ivrée (section de la ligne d'Aoste);
g. — Turin à Rivarolo dans la vallée de l'Orco;
h. — Turin à Lanzo dans la vallée de la Stura;
i. — Moncalieri à Pignerol;
j. — Savigliano à Saluces.

Ce qui, avec les lignes de Bardonnèche, Coni, et Vintimiglia, donne treize stations sur la frontière occidentale.

Le réseau d'attaque est relié par les lignes de manœuvre suivantes:

A. — Coni—Turin, qui, avec son prolongement sur Chivasso, dessine le front de déploiement de l'armée italienne pied des Alpes;
B. — Carrù—Bra—Alba—Asti—Casale—Verceil. — C'est la ligne de manœuvre du Montferrat;
C. — Savone—Alexandrie—Novare;
D. — Gênes—Tortone—Pavie—Milan;
    Ces deux dernières établissent la liaison entre la mer et la vallée du Pô.
E. — Plaisance—Milan.

Le réseau de l'ancien royaume de Piémont est donc assez complet, mais il ne se raccorde aux chemins de la Péninsule que par des communications assez précaires:

Spezia—Pise—Rome,
Bologne—Florence,
Bologne—Ancône—Rome.

Les lignes Spezia— Pise et Bologne—Ancône, construites le long de la côte, sont exposées aux attaques des flottes ennemies et faciles à détruire. On ne peut donc compter sur elles d'une manière absolue. Quant à la ligne centrale Bologne—Florence, elle est établie avec des pentes rapides, de nombreuses courbes, n'a d'ailleurs qu'une voie, comme les autres, et elle ne se prêterait que difficilement à un transport stratégique de quelque durée. On est obligé d'employer des machines spéciales, et chaque train ne peut être composé que de treize voitures, portant en moyenne treize tonnes. On a calculé que la puissance de rendement de cette ligne n'était que la moitié de celle d'une ligne ordinaire, et qu'il faudrait huit jours pour porter de Pistoïa à Bologne un corps de 60,000 hommes ; il serait plus rapide de le faire marcher par étapes.

Il y a donc une certaine difficulté pour la rapide concentration de l'armée italienne sur la frontière nord-ouest, et l'on a estimé, étant donnée la répartition actuelle des troupes, que la mobilisation et la concentration de l'armée active exigeraient environ quinze jours ; d'autre part les réserves ne peuvent entrer en ligne que du 23e au 24e jour.

D'après les calculs d'officiers italiens, la ligne de la Méditerranée pourrait transporter en cinq jours 50,000 hommes.

La ligne de l'Adriatique, en cinq jours, 80,000 hommes.

La ligne intermédiaire, en cinq jours, 35,000 hommes.

La ligne Udine—Turin, en quatre jours, 60,000 hommes.

Ce qui donnerait un total de 225,000 hommes, en cinq jours.

Le matériel des chemins de fer ne suffirait pas à une concentration rapide comparable à celle des Allemands ou des Français sur leurs frontières communes. Les lignes sont à une voie (à l'exception de celle de Gênes à Alexandrie), avec courbes nombreuses, d'un faible rayon, et pentes rapides; elles ne se prêtent pas à un transit actif. Les gares sont défectueuses, les stations manquent de dégagement[1].

Si l'armée italienne n'a pu se concentrer à temps pour livrer bataille dans les plaines de Turin, ou si elle craint de s'y voir enveloppée, elle se retirera en défendant les défilés du Montferrat. Nous avons dit plus haut quels avantages ces collines d'argile, aux flancs taillés verticalement, offraient à la défensive. Les villages, les fermes, situés au sommet des pentes, sont d'excellents points d'appui, et si cette région a eu jusqu'ici peu de

---

[1] Il y a des quais militaires à Alexandrie, Asti, Casale, Cavallermaggiore, Ceva, Chivasso, Novare, Novi, Pavie, Plaisance, San Pier d'Arena, Cairo, Savone, Serravalle, Tortone, Verceil, Voghera.

notoriété militaire, c'est qu'il ne s'est jamais trouvé, en face des envahisseurs des Alpes, une armée nombreuse, sérieusement préparée à faire une guerre scientifique. Les collines du Montferrat auraient donc, selon nous, un rôle important à jouer dans les guerres possibles de l'avenir, et il paraîtrait dangereux pour l'ennemi de prétendre exécuter un mouvement tournant par la rive gauche du Pô, Verceil, et Novare, en négligeant les troupes qui occuperaient le Montferrat et seraient à même de tomber sur son flanc par les ponts de Casale.

Les directions de retraite de l'armée italienne sont données par les chemins de fer Turin—Verceil—Casale ; Moncalieri—Alexandrie ; Bra—Alexandrie ; Mondovi—Carcare—Alexandrie.

Les têtes des défilés, c'est-à-dire Villanuova, à l'est de Moncalieri, Bra, et Mondovi—Ceva, sont les positions à défendre pour protéger la retraite.

Alexandrie est le point de concentration indiqué en arrière.

L'armée défensive peut avoir l'intention d'accepter la bataille dans les plaines d'Alexandrie, sur un terrain connu par elle, choisi et préparé à l'avance. Nous avons dit cependant quel était le désavantage stratégique d'Alexandrie, exposée à être tournée par le nord ou par le sud.

Il est essentiel de conserver la liaison entre Alexandrie et Plaisance. Si l'ennemi parvenait à s'interposer entre les deux places, l'armée italienne serait perdue.

En 1796, le gros de l'armée autrichienne sous Beaulieu, au lieu de défendre la position de Plaisance, se concentra entre Valence et Alexandrie. Bonaparte, après avoir séparé les Autrichiens des Piémontais en perçant le centre de leur ligne à Cadibone, et après avoir neutralisé l'armée piémontaise par l'armistice de Cherasco, descendit la Scrivia et se porta sur Plaisance où il passa le Pô. Cette manœuvre suffit pour obliger le général autrichien à quitter sa position d'Alexandrie et à battre en retraite par la rive gauche du Pô.

La campagne de 1800 démontre, dans une autre hypothèse, le danger de la position d'Alexandrie qui a été également tournée du côté du nord. L'armée française, descendant par les vallées de la Dora baltea et de la Sésia, se rendit maîtresse de Milan et du défilé de Stradella, enveloppa par l'est l'armée autrichienne et la battit à Marengo.

Si, après une bataille livrée près d'Alexandrie, l'avantage reste encore à l'attaque, la défense se transportera naturellement dans la région de Plaisance ayant son front sur la ligne Tessin—Pô—Staffora. Le Tessin est un obstacle sérieux que renforce l'ancienne place de Pavie; le pont de Mezzanacorte permet de manœuvrer à cheval sur le Pô, et le chemin de fer Pavie—Voghera favorise les mouvements latéraux.

Sur la rive droite du Pô, la position est particulièrement forte. En faisant face à l'ouest, la gauche est très solidement assise sur les hauteurs qui se développent de Voghera à Stradella par Montebello et Casteggio. Le pays est très couvert, les vignes, cultivées hautes selon la coutume italienne, entravent la marche de l'artillerie qui est absolument obligée de suivre les chemins. L'infanterie elle-même aurait une grande peine à avancer et ses efforts seraient forcément décousus. Toutes ces conditions sont très défavorables à l'attaque.

La position de Plaisance ne pouvant être tournée par le sud, étant difficile à attaquer de front, les opérations devraient donc se continuer sur la rive gauche du Pô, par un large mouvement tournant qui ne serait pas sans danger en présence d'un adversaire actif, et, encore dans cette hypothèse, devrait-on laisser un corps suffisant pour masquer Alexandrie.

Cette manœuvre rappellerait celle qui a été exécutée par l'armée française en 1859. Les colonnes, arrivant par Gênes et par le Mont-Cenis, se concentrèrent à Alexandrie. Une démonstration fut d'abord faite par la rive droite du Pô, sur la position de Stradella, elle amena le combat de Montebello ; mais on ne se proposa pas d'attaquer de front cet important obstacle. L'armée fut embarquée en chemin de fer et transportée d'Alexandrie à Verceil, en arrière de la Sésia, pendant que l'armée piémontaise protégeait son déploiement et livrait le combat de Palestro.

Le combat de Turbigo et la bataille de Magenta donnèrent la ligne du Tessin et Milan ; l'armée autrichienne se replia jusqu'au Mincio. La position Plaisance—Stradella était ainsi tournée.

Enfin, dans l'étude des conditions stratégiques du bassin du Pô, il faut tenir particulièrement compte de la topographie du pays. Le terrain est coupé par une quantité de canaux d'irrigation, couvert de vignes qui, courant d'arbre en arbre, ne permettent pas de voir à quelques centaines de mètres en avant; les surprises y sont possibles et, dans la campagne de 1859 en particulier, les armées ennemies s'abordèrent plusieurs fois sans se douter, ni l'une ni l'autre, qu'elles étaient aussi rapprochées.

La marche n'est ordinairement possible que sur les routes, qui sont d'ailleurs bien entretenues, mais qui, bordées de fossés, forment autant de défilés. On ne peut guère manœuvrer à travers champs, ni tenter de mouvement tournant.

L'emploi de la cavalerie en masse est fort dificile; Napoléon limite à 30,000 chevaux le chiffre des troupes à cheval à joindre à une armée opérant dans le bassin du Pô. Quant à l'artillerie, elle doit avoir une grande mobilité, et, pour cette raison, les Italiens ont adopté des pièces légères et des attelages à quatre.

Ces difficultés tactiques sont compensées par des facilités toutes particulières pour la subsistance des troupes. On trouve peu de blé, mais beaucoup de maïs, des ressources de toute espèce et des bestiaux. On peut vivre longtemps sur le pays.

L'histoire des guerres d'Italie montre que la plupart des engagements consistent en l'attaque ou la défense d'un pont, d'un défilé, d'un village ou d'une ligne d'eau. Les grandes batailles même ont eu une allure particulièrement décousue.

En raison de la difficulté de marcher sur un large front et de se déployer, l'effectif des armées d'opération dans le bassin du Pô doit être restreint; il ne semble pas qu'on puisse utilement dépasser 200,000 hommes, puisque seules les têtes de colonnes peuvent entrer en action et que le déploiement de colonnes trop longues serait impraticable.

On a discuté également les conditions d'une attaque par mer. La proximité de Toulon et la supériorité de la flotte française, qui pourrait bloquer ou battre, dès le début des hostilités, la flotte italienne, rendent cette opération possible. Le point de débarquement le plus rapproché de la frontière serait le golfe de Porto Maurizio et d'Oneglia; ces deux ports sont capables de recevoir des navires d'un fort tirant d'eau, mais le seul de la côte de la Rivière du Ponant qui soit propre à la réunion d'un corps de 30 à 50,000 hommes, est la rade de **Vado**, qui était défendue par les forts, aujourd'hui déclassés, de Vado et de Savone. Un débarquement pourrait s'opérer également à Voltri, mais on serait dans le rayon d'action de la place de Gênes.

Une pareille opération combinée avec une attaque par la route de la Corniche ne laisserait pas d'être dangereuse. Pour s'y opposer, les Italiens ont fortifié les passages qui conduisent de la côte vers l'intérieur.

C'est en opérant par la Corniche, dont les conditions de viabilité étaient alors fort mauvaises, que Bonaparte débuta dans la campagne de 1796. Il franchit les Apennins au col de Cadibone, leur point le plus bas, et se jeta hardiment entre les Piémontais à gauche, les Autrichiens à droite. Cette manœuvre, rendue possible par les opérations des années précédentes qui avaient amené les troupes françaises sur les crêtes des Alpes maritimes et liguriennes, eut pour résultat de faire tomber la barrière des Alpes, et de livrer à l'armée française le Piémont, le Montferrat, et tout le bassin supérieur du Pô. Bonaparte put alors, avec raison, dire cette phrase devenue célèbre : « Annibal avait franchi les Alpes, nous les avons tournées. »

Aujourd'hui, les Italiens se préoccupent visiblement de la possibilité d'une attaque par la route de la Corniche ; les conséquences pourraient, en effet, en être très graves si elle réussissait, car l'ennemi serait alors à même de prendre à revers toute la défense des Alpes et du Piémont.

LOMBARDIE. — VÉNÉTIE. — FRIOUL.

Au nord et à l'est, l'Italie confine à la Suisse et à la monarchie austro-hongroise. Les vallées supérieures de la plupart des cours d'eau tributaires du Pô et de l'Adriatique ne lui appartiennent pas, ce qui constitue au point de vue stratégique, un sérieux désavantage. Le canton suisse du Tessin et le Tirol, avançant au milieu du pays lombard-vénitien, la barrière des Alpes n'est plus en quelque sorte une protection pour l'Italie, puisqu'une partie du versant méridional des montagnes est entre des mains étrangères. Mais la neutralité suisse couvre l'Italie sur une assez grande étendue; elle diminue le danger que pourrait faire courir à ce royaume une entente militaire entre la France et l'Autriche.

Le tracé de la frontière laisse à la Suisse les vallées supérieures du Toce et du Tessin, y compris une partie du lac Majeur et la moitié du lac de Lugano. La vallée de l'Adda tout entière et celle de l'Oglio sont à l'Italie; près des sources de l'Adda, commence la limite autrichienne qui englobe les sources du Chiese, le nord du lac de Garde, tout l'Adige supérieur, et quelques vallées supérieures des tributaires de la Piave et du Tagliamento.

L'Adda à l'est, et le cours du Pô au sud, limitent le théâtre de guerre de la frontière autrichienne.

La plaine du Pô, formée des alluvions déposées au

fond des mers de l'époque ancienne, est d'une richesse proverbiale, parfaitement arrosée, coupée de rivières et de canaux.

Dans la partie supérieure subsistent encore, comme vestiges de ces masses d'eau qui couvraient les vallées supérieures, les grands lacs Majeur, de Lugano, de Côme, et de Garde. Bien d'autres n'ont disparu qu'à une époque relativement récente, comblés pour les besoins de l'agriculture ou naturellement desséchés. La limite inférieure en est déterminée par une série de collines, moraines terminales ou latérales des anciens glaciers des Alpes, qui s'avançaient vers la plaine lombarde.

Le Pô et l'Adige reçoivent la plus grande partie des eaux du versant méridional des Alpes.

Le Pô et ses affluents de gauche.

Le Pô, en aval de Plaisance, continue à couler dans une direction générale de l'ouest à l'est. Sa largeur est variable, ses points de passage sont rares.

Après avoir reçu le Tessin, le Pô avait 470 mètres de large; en aval du confluent de l'Adda, à Crémone, il a 910 mètres.

A Casalmaggiore, sa largeur se réduit à 474 mètres. Ce point est donc un objectif pour les armées qui veulent passer d'une rive sur l'autre.

A Guastalla, il a 1326 mètres ; puis, les saignées pratiquées par les canaux d'irrigation et par les dérivations naturelles, le restreignent à 300 mètres près de Borgoforte et à 240 mètres à Ponte Lagoscuro. Ces chiffres n'ont d'ailleurs rien d'absolu, la largeur du fleuve dépendant toujours du volume de ses eaux et, par conséquent, du régime des pluies de l'année, de la fonte des neiges, du drainage artificiel des champs, et de l'importance variable des irrigations.

On trouve des ponts de bateaux à Casalmaggiore et à Brescello (en amont de Guastalla), des ponts fixes pour le chemin de fer à Borgoforte et à Ponte Lagoscuro.

Entre ces deux derniers points commencent déjà les dérivations du Delta. La branche principale, le **Pô di Maëstra**, continue la direction de l'ouest à l'est, passe à Ponte Lagoscuro et Polesella, et se ramifie elle-même en plusieurs bras.

La branche du **Pô di Primaro**, qui est la plus méridionale, passe à Ferrare, et les apports limoneux ont été si considérables que les eaux du fleuve coulent aujourd'hui, entre digues, à la hauteur du toit des maisons.

A Ferrare, se détache, au nord, la branche du **Pô di Volano**. Entre celle-ci et la précédente sont comprises les lagunes de **Comacchio**.

Les affluents de gauche du Pô ont les caractères généraux des cours d'eau descendant des hautes montagnes et alimentés par des glaciers. Ils sont sujets à des crues de printemps et d'été, qui influent sur le régime du fleuve lui-même ; mais les lacs, que la plupart d'entre eux traversent avant d'arriver dans la plaine, jouent le rôle de régulateurs, et atténuent les violences des crues.

Nous avons étudié plus haut ces cours d'eau jusqu'à l'Oglio.

L'**Oglio** ouvre le col du Tonale, qui conduit du Tirol dans le Milanais. Sa vallée supérieure, où se trouve Edolo, n'a de débouché que par le Tonale dans la vallée de l'Adige (Val di Sole), et par l'Aprica dans celle de l'Adda (Valteline). L'épais massif de l'Adamello l'isole complètement du Chiese. L'Oglio passe à Edolo, Breno, traverse le lac d'Iséo, à l'extrémité duquel est Sarnico. Il formerait un obstacle important contre une offensive venant de l'ouest, si sa direction n'était pas trop oblique sur le Pô pour qu'il pût être facilement utilisé. Il finit en amont de Borgoforte, après avoir reçu (r. g.) le Mella et le Chiese.

Le Mella descend du val Trompia, et passe près de Brescia.

Le Chiese est très intéressant, parce qu'il ouvre la route du Tirol par le Sarca (route des Giudicarie), et celle du val Ledro par Riva, sur le lac de Garde. Il descend des glaciers du mont Adamello et débouche dans la vallée des Giudicarie ou Judicarien, qui est défendue un peu plus haut par les forts tiroliens de Lardaro. Il passe près de Storo (r. g.), où vient aboutir la route du val Lédro. Il entre dans le lac d'Idro à la frontière même. L'ancienne forteresse italienne de Rocca d'Anfo, dans une bonne position tactique près du lac d'Idro, défend cette vallée.

Lac de Garde (Benaco). — Les montagnes serrent le lac de si près qu'il n'y a pas de place pour le tracé d'un chemin jusqu'aux environs de Salo, sur la rive occidentale, et de Garde sur la rive orientale.

Le lac a une superficie de 300 kilomètres carrés. Sa partie septentrionale, qui appartient à l'Autriche, est longée par la route transversale, importante pour la défense du Tirol, qui conduit de Roveredo par Nago et Riva, Ponale au val des Giudicarie. Cette route est défendue par les fortifications de Nago, du mont Brione, et par les batteries de Ponale.

Les points notables des rives du lac sont (r. d.) Riva, Gargnano, Salo, Desenzano, Peschiera (r. g.), Malcesine, Garde, Bardolino.

Près de Malcesine se trouve un très bon ancrage pour les gros bateaux; les Scaligeri y avaient un château fort que les Autrichiens avaient restauré et qui, en 1866, était armé de 6 pièces.

L'Autriche a renoncé au droit de faire naviguer des canonnières sur le lac.

Le tributaire principal du lac est le torrent du **Sarca**, qui descend des glaciers du mont Adamello. Sa vallée est actuellement remontée par une route carrossable jusqu'à Pinzolo. (Cette route se prolonge au nord dans le val Rendena, jusqu'à la Madona di Campiglio, et sera sans doute continuée jusqu'au Val di Sole, ce qui donnera une communication intéressante entre la route du Tonale et celle des Giudicarie.) A Tione, le Sarca entre dans le couloir des Giudicarie; il court alors de l'ouest à l'est, passe par Stenico, se replie ensuite perpendiculairement au sud et tombe dans le lac près de Riva.

Le déversoir du lac de Garde est le Mincio.

Le **Mincio** sort du lac à Peschiera, ville forte; il ne constitue pas un obstacle sérieux. En 1866, en effet, l'armée italienne le franchit dans cette partie de son cours sans que l'armée autrichienne cherchât à s'y opposer; mais elle trouva l'ennemi dans de bonnes positions, aux environs de Custozza, où elle fut battue.

Les collines des deux rives de la rivière forment les véritables positions défensives de la ligne du Mincio; ce sont les moraines terminales de l'ancien glacier du Mincio, seuls accidents de terrain des plaines horizontales de cette partie de l'Italie; c'est pourquoi elles ont eu, dans toutes les guerres, une importance tactique très grande. Elles commandent la route de Milan à Vérone; plus au sud, les rizières et les marais rendent le passage difficile, aussi les armées s'en sont-elles toujours disputé la possession. Lonato, Castiglione, Solferino, Volta, Mozambano, sur la rive droite; Custozza, Valeggio, Somma Campagna, sur la rive gauche, sont devenus célèbres par les combats livrés dans les environs.

En s'approchant de Mantoue, le Mincio s'élargit, ses bords deviennent impraticables; il forme ensuite le lac artificiel de Mantoue, long de 13 kilomètres environ, mais sans profondeur, composé de deux parties à angle droit. La place de **Mantoue** est au sommet de l'angle, sur la rive droite; la citadelle et le faubourg fortifié de Saint-Georges, sur la rive gauche. La place tire une grande force des inondations du Mincio, mais son climat en est fâcheusement influencé.

De nombreux canaux dérivent du Mincio ; la **Fossa Maëstra**, qui part de l'extrémité nord du lac de Mantoue, va rejoindre la petite rivière de l'**Osone**, dont les sources sont situées dans les collines de Castiglione, et qui se prolonge jusqu'au Pô qu'elle rejoint en amont et près de Borgoforte. Le triangle compris entre le Mincio, le Pô, et ce canal, forme le Serraglio, région fertile, relativement salubre, et dont l'importance stratégique est considérable. Le chemin de fer de Mantoue à Modène la traverse ; les têtes de pont de Mantoue et de Borgoforte donnent à une armée qui l'occupe une grande facilité de manœuvre. D'anciens ouvrages construits par les Autrichiens renforçaient la ligne de l'Osone vers l'ouest.

Ponts permanents du Mincio : à Peschiera, Mozambano, Valeggio, Goïto, Mantoue, Governolo.

L'Adige.

L'**Adige** (Etsch). — Sa vallée supérieure, Vintschgau, Val Venosta, ainsi nommée des Vendes ou Venostes, ses anciens habitants, conduit dans l'Engadine (Inn supérieur) par les cols de Reschen (Glürns à Nauders) et de Tauffers à Zernetz ; elle mène dans la Valteline par le Stelvio (Glürns et Pradl à Bormio).

L'Adige naissant est formé par les eaux des petits lacs de Reschen et de Heide.

A Glürns, débouchent (r. d.) la route de Zernetz (Engadine) et celle de Stelvio.

A Meran débouche (r. g.) le torrent de **Passeier**, dont la vallée communique par le Timblsjoch avec l'Œtzthal. Meran était l'ancienne capitale du Tirol ; les ruines du château de Tirol, qui a donné son nom au pays, sont à une petite distance au nord.

Au sud de Botzen, l'Adige reçoit l'**Eisack** (r. g.), dont la vallée supérieure, ou Wippthal, conduit au Brenner ; les points notables sont : Sterzing, Mittenwald, **Franzensfeste**, Brixen, Klauzen, et Botzen (Bolzano), Klausen, comme son nom l'indique, est dans une cluse très étroite.

L'Eisack lui-même reçoit (r. g.), près de Franzensfeste, le **Rienz**, qui sort des glaciers du Monte-Cristallo en courant du sud au nord dans l'Hohlensteinthal et se replie ensuite perpendiculairement à l'ouest. Sa vallée, continuée par celle de la Drave, porte alors le nom de Pusterthal.

Le **Pusterthal** est une large vallée qui borde le pied des massifs de l'arête centrale des Alpes, et ouvre une importante communication entre le Tirol et la Carinthie. Entre le Rienz et la Drave se trouve un seuil à peine sensible, que le chemin de fer franchit à ciel ouvert.

A Toblach, près du point de partage, arrive (r. g.) l'importante route, dite Strada d'Alemagna, qui suit l'Hohlensteinthal.

A Bruneck débouche (r. d.) l'Ahrenthal, qui conduit au Birnlücke et de là dans la haute vallée du Salzach, par le Krimlerthal.

Les fortifications de Franzensfeste commandent les vallées du Rienz et de l'Eisack.

A Neumarkt, arrive (r. g.), dans la vallée de l'Adige, la route qui conduit par le val di Fassa au val d'Ampezzo (Haut-Piave).

A San Michele, tombe (r. d.) le **Noss** (Noce); sa vallée, appelée d'abord val di Solo, puis val di Non, est parallèle à la Vintschgau; un de ses tributaires supérieurs ouvre la route du Tonale, qui conduit dans la vallée de l'Oglio et passe au pied du fort de val Strino.

Le Noss débouche dans le val de l'Adige, entre Mezzo Tedesco (Deutsch Metz) et Mezzo Lombardo (Walsch Metz). D'anciens ouvrages défendaient sa vallée un peu plus en amont, au défilé de la Rochetta. La population de cette vallée est exclusivement italienne.

Le **Lavis** (Avisio), affl. de g., descend de la Marmolade. Sa vallée, qui porte les noms de val di Fassa (ou Evas), puis de val di Fleims (ou Fiemme), puis de val Cembra, est très importante au point de vue de la défense stratégique du Tirol. Elle ouvre une communication entre la vallée de l'Adige et celle de la Boite, affl. du Haut-Piave, et relie ainsi, sur le territoire autrichien, Neumarkt sur l'Adige à la Cortina d'Ampezzo, sur la Strada d'Alemagna.

Une autre communication stratégique relie également le val di Fleims avec le val di Primiero (ou de Primor), haute vallée du Cismone, d'où l'on descend sur Feltre ou sur Primolano.

Le Lavis sort des montagnes à Lavis et tombe dans l'Adige en amont de Trente.

Sur la même rive se jettent le **Fersina**, qui finit à Trente et ouvre le col de Pergine, qui mène dans le val Sugana, et l'**Arsa**, qui, se terminant à Roveredo, ouvre le col des Fugazze.

Trente et Roveredo, nœuds de nombreuses communications, sont les points les plus importants du haut Adige. Trente est le chef-lieu du Tirol de langue italienne.

Plus en aval, la vallée de l'Adige commence à se resserrer; on lui donne le nom de val Lagarina. A Serravalle se voient les ruines d'anciennes fortifications qui défendaient ce défilé (*Klausenfeste*). Ala est la dernière ville autrichienne. Au delà commence la célèbre cluse de Vérone (*Berner Klause* ou *Chiusa Veneta*) qui est la porte du Tirol ou celle de l'Italie, cédée aux Italiens depuis 1866. L'Autriche y avait élevé, depuis 1848, d'importants ouvrages dont les Italiens s'occupent de retourner les défenses vers le nord. Ce sont : le fort casematé de la Chiusa (6 canons), au fond même de la vallée, barrant la brèche étroite que l'Adige a percée à travers la muraille calcaire. La route et le chemin de fer traversent le fort; sur la r. g. le fort n° 2 (ancien Molinary (14 pièces), et le fort n° 3 (ancien Hlavaty) (14 pièces); sur la r. d. le fort n° 4 (ancien Wohlgemuth) (12 pièces) qui domine le plateau de Rivoli.

Plus au sud, sur une colline isolée, sont les ouvrages de Pastrengo.

Vérone commandait enfin cet important débouché de l'Allemagne sur l'Italie. Cette place est très forte et très étendue; une ligne de forts couronne les hauteurs du nord-est. Dans la plaine, au sud-ouest, une série de redoutes maçonnées couvrent les chemins de fer de Brescia et de Mantoue.

Les Italiens avaient pensé à démanteler Vérone. Cette grande place est en effet exposée à être tournée par une offensive autrichienne qui se prononcerait par l'une des routes de l'ouest; trop près de la frontière, elle ne saurait être pour les Italiens, ni une place-magasin, ni même un pivot de manœuvres. De plus, ses ouvrages exigeraient, pour être efficacement défendus, une garnison nombreuse qui courrait grand risque d'être bloquée[1].

La haute vallée de l'Adige a joué un rôle considérable dans l'histoire de l'Europe. C'est par là que sont entrés en contact direct les peuples du Nord et ceux du Midi. Les Romains y avaient tracé une route qui fran-

---

[1] Cette question a été de nouveau agitée en 1880 dans le Parlement italien.

chissait les Alpes au Brenner. C'est par cette trouée que passa plus tard le flot principal des Barbares. Ancien lit d'un glacier dont le fond a été comblé par les transports alluvionnaires, la vallée supérieure de l'Adige est d'une admirable fertilité. Elle a, en certains endroits, plus de 4 kilomètres de large et de nombreux villages se pressent sur les pentes des hautes montagnes qui la bordent de part et d'autre. Trente, Roveredo surtout, sont des centres importants d'industrie séricicole. Botzen, autrefois place de transit entre Venise et Augsbourg, a encore une certaine importance commerciale. C'est une charmante ville au climat tout méridional, station d'hiver fréquentée par les malades auxquels la vallée de l'Adige apporte les chauds effluves du Midi, tandis que les murailles des Alpes les protègent contre les vents froids du Nord. Les deux routes importantes du Brenner et du col de Reschen viennent s'y réunir. L'Adige y devient navigable.

Dans la partie inférieure de son cours, l'Adige forme une bonne ligne de défense en avant du Pô. Les principaux points de passage sont : Vérone, Legnano, et Boara. Ces trois points sont fortifiés. Badia, entre Boara et Legnago, a aussi quelques ouvrages que l'on doit améliorer. Un petit affluent de gauche, l'**Alpon**, qui passe à Arcole, descend des monts Lessini; et finit entre Ronco et Albaredo, coulant du nord au sud; il prolonge, en quelque sorte, la ligne de l'Adige au-dessus de Legnago. Il présente une excellente ligne de défense, au pied de la position de Caldiero et à l'est de Vérone ; le prince Eugène l'occupa et la défendit en 1813. Les combats de 1796 l'ont rendu célèbre.

Entre l'Adige et le Mincio, le **Tartaro**, dont un petit affluent passe à Villafranca, se confond ensuite avec le canal Bianco, dérivation de l'Adige, et se prolonge jusqu'à Adria ; il communique avec le Pô, l'Adige, et la mer par plusieurs embranchements.
Un autre bras, l'Adigetto, se détache à Badia, passe à Rovigo, et se réunit au Pô et au canal Bianco.
L'Adige se jette dans la mer par plusieurs bras et communique avec les lagunes de Venise. Il y a d'anciens ouvrages à Cavanella et à Brondolo.

Cours d'eau côtiers.

Depuis l'Adige jusqu'au golfe de Trieste, au nord de la mer Adriatique, on trouve plusieurs cours d'eau qui offrent une succession de lignes utilisables contre une attaque venant de l'est. Ce sont, en partant de la frontière : l'Isonzo, le Tagliamento, le Livenza, le Piave, le Brenta, et la Bacchiglione.

L'**Isonzo**, en entier sur le territoire autrichien, à l'est de la frontière, descend du massif du Terglou, et reçoit (r. d.) la **Coritenza**, qui ouvre le col de Predil ; sa vallée supérieure, resserrée à droite par le mont Canin et les monts Maggiore, à gauche, par les contreforts du mont Terglou, est difficile ; le col de Predil est défendu par un fort à la Chiusa. L'Isonzo passe à Caporetto (point d'arrivée de la route d'Udine par Cividale et la vallée du Natisone), à Tolmino, et à Canale. Il se dégage des montagnes à Gorizia. Le cours inférieur de l'Isonzo était défendu par les anciennes places autrichiennes de Gorizia et de Gradisca, qui n'ont plus de valeur. Les routes de l'Istrie viennent déboucher dans la vallée inférieure de l'Isonzo, à Gorizia à Gradisca, et, près de la mer, à Monfalcone.

A Tolmino, l'Isonzo reçoit (r. g.) l'**Idria**, qui passe à Idria, centre d'exploitation d'importantes mines de mercure. Cette rivière ouvre une communication entre la vallée de l'Isonzo et la route de Laybach à Trieste. Au-dessous de Gradisca, il reçoit (r. d.) la **Torre**, dont un affluent de gauche est le **Natisone**, déjà cité, qui passe à Stupizza et Cividale.

Le **Cormor**, ruisseau sans importance, coule du nord au sud; il laisse Udine à quelque distance sur sa gauche.

Plus au sud, dans la plaine entre le Cormor et l'Isonzo, est l'ancienne place de Palma Nova, remarquable par la régularité de son tracé étoilé, aujourd'hui sans importance.

Le **Tagliamento** coule d'abord à peu près de l'ouest à l'est, dans la direction des Alpes carniques. Les routes qui descendent sa vallée permettent de tourner les lignes de l'Isonzo. A Tolmezzo se réunissent deux des routes qui viennent du Piave : celle de Sappada, par le canal San-Canziano, et celle de Vico, par le haut Tagliamento ou canal di Socchieve. De Tolmezzo part également un chemin carrossable qui, remontant le val di San Pietro, traverse les Alpes carniques par le monte Croce et aboutit à Maulhen, sur la Gail, affluent de la Drave.

Un des affluents de gauche du Tagliamento, le **Fella**, descend du col de Tarvis (Malborghet Pass), passe à Malborghet et Pontcba; c'est lui qui ouvre la communication la plus courte entre l'Italie et l'Autriche.

Un chemin de fer, remarquable par ses travaux d'art, viaducs et tunnels, suit cette vallée, et se raccorde aux lignes autrichiennes à Tarvis. Il est commandé sur le territoire autrichien par l'ancien fort de Malborghet, au pied duquel passe également la route. Ce passage pourrait être facilement barré sur le territoire italien, à la Chiusa forte, l'ancienne cluse vénitienne. Il existait autrefois des fortifications près d'Osopo, en aval du confluent du Fella, mais elles n'ont plus aucune valeur; on a pensé à construire un ouvrage au nord de Gemona, sur un piton isolé près d'Ospedaletto, au point où la vallée du Tagliamento s'élargit. Ce projet n'a pas été exécuté.

Bien que formant des dérivations nombreuses, le Tagliamento ne constitue pas un obstacle d'une grande valeur, excepté à l'époque des crues, où il a plusieurs kilomètres de large. Son lit est exhaussé par les détritus des montagnes. La ville de Codroipo située à quelque distance (r. g.) est en contre-bas de la rivière.

La **Livenza** sort des Avant-chaînes des Alpes vénitiennes; son cours est beaucoup moins considérable que ceux du Tagliamento et du Piave. Divisée en plusieurs bras et bordée de marécages et de lagunes, elle est difficilement franchissable, surtout dans sa partie inférieure. On trouve à Sacile un pont du chemin de fer, à la Motta, le pont de la route de Venise à Trieste.

Au-dessus de la Motta, la Livenza reçoit (r. g.) le **Meduna** auquel se réunit, près de Pordenone, le **Zelline**, deux torrents qui descendent des Alpes vénitiennes, et ont couvert de pierres une notable partie de la plaine.

Le **Piave** est, après l'Adige, le plus important des tributaires directs de l'Adriatique; sa vallée forme un étroit couloir entre les Alpes cadoriques d'un côté, les Alpes carniques et vénitiennes de l'autre.

A Sappada aboutit (r. g.) le chemin du canal San Canziano; à Vigo (r. g.) le chemin de Vico, et (r. d.) les routes du Kreusberg et de San Angelo qui conduisent dans le Pusterthal.

A Pieve di Cadore, il reçoit la **Boite**, qui ouvre l'importante route, dite *Strada d'Alemagna*, par le val d'Ampezzo. Le Piave passe à Cortina d'Ampezzo, petite ville industrielle, située au pied des superbes murailles dolomitiques du Monte-Cristallo. Il se dégage des montagnes à Serravalle où se voient des vestiges de fortification.

Cette petite ville et celle voisine de Ceneda, à 1 kilomètre de distance, forment une seule sous-préfecture sous le nom de Vittorio.

En aval de Bellune, tombe (r. d.) dans le Piave, le **Cordevolle**, qui descend de la Marmolada, passe à Agordo, et ouvre des communications à travers les Alpes dolomitiques.

Le Piave laisse Feltre à droite, Conegliano à gauche; après avoir franchi les anciennes moraines de son glacier qui forment les derniers accidents des Avant-chaînes alpines, le Piave traverse la plaine vénète; son lit est fort large, incertain, en quelques endroits bordé de marais. Son cours est torrentueux, le volume de ses eaux très faible en été; aussi est-il souvent guéable.

Le **Brenta** sort du col de Pergine, parcourt le val Sugana, et ouvre ainsi la route directe entre Venise et Trente. Il passe à Primolano, excellente position de barrage, au point de jonction de la route de Feltre, se dégage des montagnes à Bassano, passe à Ponte di Brenta, et finit dans la lagune au sud de Venise; il est souvent guéable.

En aval de Primolano, il reçoit (r. g.) le **Cismone**, dont la haute vallée, val di Primiero, ou val Primor, ouvre une communication stratégique avec le val di Fiemme; au centre de cette vallée tirolienne est Fiera ou Primiero.

Deux grands canaux, la Brenta nuova et la Brenta nuovissima, ont été creusés pour emporter la majeure partie de ses eaux et garantir le territoire de Venise du danger des inondations. Ils contournent la lagune, se réunissent au Bacchiglione et vont tomber dans la mer au port de Brondolo.

Le **Bacchiglione** mêle ses eaux à celles du Brenta, avec lequel il communique par plusieurs canaux.

Dans son bassin vient déboucher la route de Roveredo par le col delle Fugazze, Schio, et Malo. Il passe à Vicence et à Padoue. En aval de Vicence, il reçoit (r. g.) l'**Astico**, dont la vallée pénètre dans les montagnes des Sette Communi. Au centre de ces montagnes, entre l'Astico et le Brenta, est le bourg important d'Asiago, chef-lieu d'un groupe de population d'origine germanique et qui forme les *Sette Communi*.

Au pied du col delle Fugazze se détache, au sud, une route importante qui descend par le **val d'Agno**. L'Agno est un torrent tributaire du **Frassine** qui passe à Este et communique par des canaux avec le Bacchiglione et avec l'Adige.

Depuis l'embouchure du Pô jusqu'à Trieste, la côte est basse, sablonneuse, bordée de lagunes et de cordons littoraux; elle se prêterait difficilement à un débarquement. Les embouchures des rivières navigables sont les points les plus favorables à une attaque.

Venise, au centre du golfe, est admirablement protégée par sa position même, contre toute attaque; les îlots qui bordent les lagunes sont fortifiés et défendent les passes de **Chioggia**, de **Malamocco**, et du **Lido**.

La passe de Malamocco est la plus profonde. Des travaux doivent y être exécutés pour en permettre l'accès aux grands navires. On ne peut entrer au Lido qu'avec une certaine prudence. Quant à la possibilité de bombarder Venise à une grande distance, on doit en écarter l'idée. Ce serait un acte de vandalisme auquel ne se déciderait aucun peuple civilisé.

Du côté de la terre, la tête de pont de Malghera protège la digue de 4 kilomètres sur laquelle est construit le chemin de fer qui relie Venise à la terre ferme. Cette défense consiste en plusieurs redoutes revêtues, dont les abords sont protégés par les inondations des lagunes.

Venise n'a, du reste, aucune importance stratégique; son port est désert et n'a plus aucune importance commerciale. Il peut servir toutefois de port de refuge pour une flotte italienne.

Le mouvement commercial de l'Adriatique se concentre à Trieste, qui est actuellement le port principal d'échange de l'Europe centrale avec l'Orient.

DÉFENSE DE LA FRONTIÈRE NORD-EST DE L'ITALIE [1].

Les conditions stratégiques de la frontière autrichienne de l'Italie sont toutes différentes de celles de sa frontière française.

A l'est et au nord-est, l'Italie ne possède pas la crête des Alpes et ne peut organiser que difficilement la défense de la zone alpine. Par le Tirol, l'Autriche tourne toutes les défenses de la Vénétie et du Frioul; en quelques marches, ses armées peuvent être sur le Pô avant que les Italiens aient pu se concentrer.

Enfin, l'Autriche était l'ennemie héréditaire de l'Italie. Elle en a dominé les plus belles provinces jusqu'à nos jours, et ce sont les victoires françaises de Magenta et de Solférino qui ont commencé l'affranchissement du sol italien. Cependant, dix ans plus tard, se produit une singulière évolution de l'esprit politique de l'Italie. L'ennemi qu'elle semble craindre n'est plus l'Autriche, mais la France; c'est la frontière française qu'elle fortifie, c'est contre la France qu'elle semble préparer ses moyens militaires. Quant à sa frontière autrichienne, elle reste, pour ainsi dire, dans l'état où elle était au moment de la cession de la Vénétie.

---

[1] Voir *Géographie militaire*, tome IV, ce qui concerne le Tirol et la frontière austro-italienne.

10.

Les Italiens regardent d'ailleurs cette frontière comme provisoire et ne dissimulent nullement leur désir de revendiquer, aussitôt que les circonstances le leur permettront, tout le versant méridional des Alpes, c'est-à-dire le Trentin et le bassin de l'Isonzo, y compris Trieste, sous prétexte que ces pays font partie du domaine *naturel* de l'Italie. Il sera cependant toujours difficile de considérer la Wintschgau, le Wippthal, le Pusterthal comme des pays italiens, et la frontière qui couperait en deux le Pusterthal, laissant à l'Italie le versant du Rienz, à l'Autriche celui de la Drave, ne pourra jamais, ni au point de vue géographique, ni au point de vue ethnographique, être une limite logique.

Il est à reconnaître toutefois que, lors du tracé de la frontière, l'Autriche, dans un intérêt stratégique, a tenu à conserver une partie des hautes vallées du versant italien, toutes les fois que ces vallées ouvraient des communications faciles d'un versant à l'autre, comme par exemple dans le val Sugana et dans le val d'Ampezzo. Le tracé sur la ligne de faîte a, au contraire, été adopté dans les autres cas, comme par exemple dans le massif de la Marmolade, entre le val Fassa et le val d'Agordo.

Quant à Trieste, bien qu'habité en majeure partie par des populations de langue latine, comme d'ailleurs tout le littoral de l'Adriatique, elle appartient à l'Autriche depuis 1382. Cinq cents ans de possession doivent être, pour les maîtres actuels, un droit dont ils n'admettront pas facilement la contestation; d'autant plus qu'en dehors du territoire même de la ville, la population est de race slave ; les gens de négoce établis à Trieste appartiennent d'ailleurs à des nationalités diverses. Ils semblent se soucier fort peu d'être rattachés à la patrie italienne. Trieste, déclaré port franc, est pour eux une sorte de territoire neutre sur lequel leurs affaires prospèrent, et ils n'ont rien à espérer de mieux d'un changement de condition.

Quoi qu'il en soit, et dans les conditions actuelles, on doit constater que le tracé de la frontière rend difficile pour l'Italie, la défense de la Vénétie et du Frioul, que les armées autrichiennes peuvent simultanément attaquer par l'est, par le nord, et par l'ouest; aussi les Italiens n'ont-ils aucune place forte dans cette région et se contentent-ils de préparer la défense des hautes vallées par les compagnies alpines; vingt compagnies, dont nous indiquons plus loin les emplacements, sont réparties sur la frontière italienne de Chiavenna à Tolmezzo.

Nous avons fait connaître, en parlant de l'Autriche-Hongrie, quelles étaient les conditions stratégiques du Tirol[1].

Lorsque l'Autriche était maîtresse de la Vénétie, elle avait organisé d'une manière fort sérieuse la défense des débouchés méridionaux du Tirol et la ligne du bas Adige. Le fameux quadrilatère, formé par les places de Peschiera—Vérone—Mantoue—Legnagno, arrêta, en 1859, l'armée française victorieuse, mais, entre les

[1] Voir tome IV.

mains des Italiens, auxquels il fut cédé après les événements de 1866 (sans qu'aucune place ait été prise), il ne saurait jouer le même rôle.

Aussi, comme nous l'avons dit, avait-on pensé à abandonner Vérone[1]; mais cette place défend le nœud des chemins de fer Venise—Brescia et Trente—Mantoue; elle forme un bon point d'appui pour la ligne de l'Adige; d'autre part, elle doit pouvoir, sinon arrêter, du moins immobiliser une partie notable des forces envahissantes et protéger la concentration des armées italiennes. A ce point de vue la conservation de la place de Vérone a son utilité.

Il semble difficile que les Italiens puissent défendre la Vénétie et le Frioul contre une invasion autrichienne. Toutes les positions qu'ils pourraient prendre seraient exposées à être tournées par les vallées du Piave et du Brenta. Même en étant couvert du côté du Tirol, on ne peut s'avancer jusqu'au Tagliamento, sans avoir dégagé la haute vallée du Piave.

En 1797, lorsque Bonaparte marchait contre l'archiduc Charles qui occupait la ligne du Tagliamento, il envoya Masséna dans la vallée du Piave, tandis que Joubert débloquait le Tirol[2].

[1] Cette question a été de nouveau agitée en 1880 dans le Parlement italien.
[2] Masséna, après avoir rempli sa mission et n'ayant pas trouvé praticables les chemins de la haute vallée entre Piave et Tagliamento, revint par Serravalle, et, se portant rapidement vers les sources de l'Isonzo, il coupa la retraite à une division de l'archiduc Charles et le força à mettre bas les armes.

La première ligne de défense à occuper par les Italiens paraît donc être sur les monts Berici et Euganei, en avant de l'Adige. La ligne de l'Adige est renforcée par les ouvrages de Vérone, Legnago, Badia, et Boara ; en arrière, le Naviglio Bianco et le Pô forment des lignes parallèles utilisables et permettant d'inonder le pays.

Plus en arrière, le Serraglio avec Mantoue et Borgoforte, permettrait à une armée battue sur l'Adige, de prendre une position de flanc sur l'ennemi et de gêner sa marche sur Bologne.

Mais, dans le cas où l'Italie aurait à craindre une attaque combinée par ses frontières du nord-est et du nord-ouest, elle serait exposée à voir la position de Plaisance prise à revers par une attaque débouchant par le val Camonica ou par le Chiese, de même que la position du Serraglio, menacée simultanément par l'est et par l'ouest, perdrait ainsi une grande partie de ses propriétés défensives. Les Italiens seraient sans doute alors obligés d'abandonner bientôt le pays au nord du Pô et de se former sur la rive droite du fleuve, la gauche à Plaisance et à Bobbio faisant face à l'attaque française, le centre en arrière de Mantoue, la droite du côté de Ferrare.

Il leur est indispensable d'avoir dans cette région une grande place d'appui, et c'est là le rôle important assigné à Bologne. Adossée aux Apennins, au débouché du chemin de fer de la Porretta, difficile à investir, cette place n'est entourée que d'une vieille enceinte, mais les fortifications nouvelles élevées sur les hauteurs du sud, dominent au loin la plaine et commandent les routes des Apennins.

La position de concentration des armées italiennes dans le cas d'une guerre localisée sur sa frontière orientale est indiquée, l'extrême gauche à Brescia gardant les routes de l'Oglio et du Chiese, le centre à Mantoue, la droite au nord de l'Adige, aux environs d'Este, avec un corps indépendant dans la Valteline et des troupes légères défendant les défilés des montagnes entre l'Adige et le Tagliamento.

Les chemins de fer Milan—Brescia; Plaisance—Brescia; Modène—Mantoue; et Bologne—Padoue, aideraient à cette concentration.

ITALIE PÉNINSULAIRE

L'ennemi, une fois maître de l'Italie supérieure, ayant en son pouvoir les villes de Plaisance, de Mantoue, de Venise, la grande guerre serait finie. Les opérations dans l'Italie centrale et dont Rome, comme capitale, serait l'objectif, n'auraient sans doute qu'un caractère secondaire.

On est généralement habitué à voir dans la capitale d'un État, le point vers lequel doit tendre l'ennemi pour imposer la paix. Il en a été ainsi pour la France, parce que Paris exerce sur le reste du pays une influence exceptionnelle; cependant Berlin et Vienne ont été pris par l'étranger sans entraîner, par leurs chutes, la ruine des monarchies de Prusse et d'Autriche.

Il est difficile de prévoir quel rôle Rome serait appelée à jouer dans des circonstances analogues. A moins que l'invasion de l'Italie n'ait eu lieu par un grand débarquement, il est à présumer que les forces du royaume seront déjà épuisées, le pays presque réduit, quand l'ennemi se présenterait devant ses murs. En protégeant leur capitale par des ouvrages de fortification, les Italiens veulent la mettre à l'abri d'un coup de main, et, d'autre part, dans une autre hypothèse, opposer un dernier obstacle à un ennemi vainqueur, pour tenter un suprême effort.

Voici d'ailleurs quelle était l'opinion de Napoléon sur l'importance de Rome : « Rome est centrale; elle est à portée des trois grandes îles de Sardaigne, de Corse, et de Sicile; elle est à portée de Naples, la plus grande population d'Italie; elle est dans un juste éloignement de tous les points de la frontière attaquable, soit que l'ennemi se présente par la frontière française, la frontière suisse, ou la frontière autrichienne; la frontière des Alpes forcée, elle est garantie par la frontière du Pô et enfin par la frontière des Apennins..............

De Rome les dépôts d'une grande capitale pourraient être transportés sur Naples et sur Tarente pour les soustraire à un ennemi vainqueur... »

Dans la pensée de Napoléon, Rome devait devenir le centre militaire de l'Italie. Mais elle a le grand inconvénient d'être trop près de la mer et par conséquent d'être exposée à une attaque par débarquement.

Le gouvernement italien a donc décidé d'entourer Rome d'une ceinture de forts détachés. Ceux de la rive droite du Tibre sont sur une ligne de hauteurs, ayant une centaine de mètres de relief, et marquant en quelque sorte la limite des solitudes de la campagne romaine.

FORTIFICATIONS DE ROME.

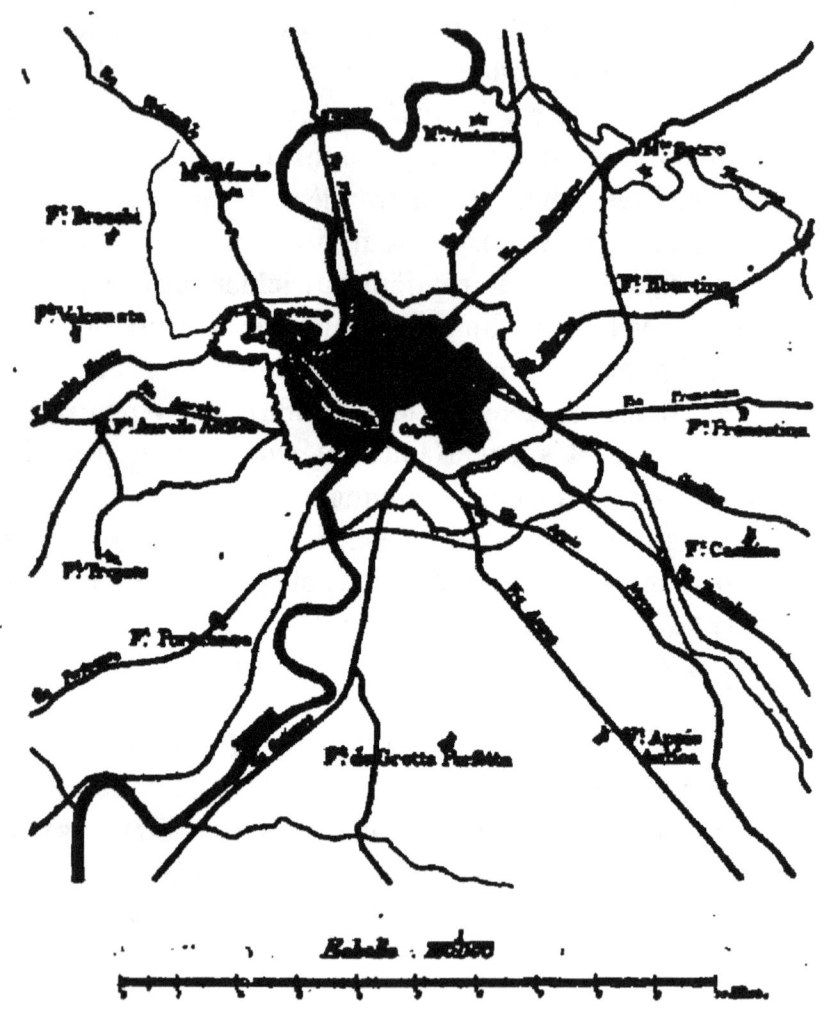

MERS DE L'ITALIE.

L'Italie péninsulaire se partage, comme on l'a vu plus haut, en Italie centrale et Italie méridionale, la séparation naturelle étant indiquée par une ligne tirée des bouches du Garigliano à celles du Sangro. Toutefois nous réunirons d'abord dans un examen d'ensemble les côtes de l'Italie péninsulaire et les îles en dépendant.

Pour exister, a dit Napoléon, la première condition de la monarchie italienne sera d'être une puissance maritime, afin de maintenir la suprématie sur ses îles et de pouvoir défendre ses côtes. Ce fut en effet la première préoccupation du nouveau royaume ; ses premières dépenses eurent pour but de constituer à **Spezia** un port de guerre de premier ordre et de mettre sur chantier de grands cuirassés.

L'Italie a 270 lieues de côtes depuis la Roya jusqu'au détroit de Messine, 130 lieues sur la mer Ionienne, 230 lieues sur la mer Adriatique, sans compter la Sicile, la Sardaigne, et les îles plus petites.

Les mers, qui baignent l'Italie, se subdivisent de la manière suivante : Mer Ligurienne, de Nice à Piombino ; elle est limitée au sud par l'île d'Elbe, entre la Corse et la terre ferme.

Mer Tyrrhénienne, sorte de bassin particulier, bordé à l'ouest par les côtes presque rectilignes de la Corse et de la Sardaigne, et se creusant, vers l'est, en un superbe golfe que forment les côtes des Calabres et celles du nord de la Sicile.

Mer Ionienne, comprise entre les côtes de la Grèce et de l'Épire à l'est, et celles des Deux-Siciles (Grande Grèce) à l'ouest.

Mer Adriatique, long couloir souvent brumeux, entre les côtes dalmates et les côtes italiennes.

Mer Ligurienne.

Nous avons déjà dit quel intérêt s'attache aux rivages de cette mer, en raison de leur proximité des côtes françaises.

Gênes, au fond du golfe, a été, jusqu'au siècle dernier, une puissante république, enrichie par le commerce maritime dont elle était la métropole principale dans le bassin occidental de la Méditerranée. Pise, qui était avantageusement située au débouché des routes de la mer Tyrrhénienne, avait, avant Gênes, la prééminence dans la Méditerranée; mais les Génois détruisirent sa flotte et ruinèrent son port au XIIIe siècle; elle ne se releva plus de ce désastre.

Aujourd'hui, Gênes est toujours une grande place de commerce; mais le port de Pise, comblé par les atterrissements de l'Arno, n'existe plus; et son activité est passée au port voisin de Livourne, ville toute moderne, rivale de Gênes, comme l'avait été Pise, et luttant avantageusement avec elle depuis que les chemins de fer lui ont ouvert les débouchés au nord des Apennins.

A l'ouest de Gênes, la côte s'appelle Rivière du Ponant; à l'est, Rivière du Levant.

Les côtes de la **Rivière du Ponant**, comme celles de la Provence qu'elles prolongent, sont un véritable feston de plages et d'anses gracieuses dans lesquelles les vagues, qui reflètent les couleurs azurées d'un ciel presque toujours pur, viennent se briser mollement en une frange d'écume argentée.

De charmantes villes, des nids de villas plutôt, s'abritent contre les vents du nord, derrière les murailles des rochers; elles sont reliées les unes aux autres par la route et par le chemin de fer de la Corniche, dont l'admirable panorama est célèbre dans le monde entier.

Depuis la frontière française : Vintimiglia, Bordighera, San Remo, où les palmiers africains peuvent déjà vivre et qu'entourent de superbes bois d'oliviers; Porto Maurizio, qui est le chef-lieu de la province; Oneglia, Alassio, Albenga, Loano, Finale, Vado, Savone, Varezze, Voltri, et enfin Gênes.

Comme si la nature avait voulu éloigner de ces rivages les désolations des luttes des hommes, elle n'a creusé aucun port assez profondément pour que les grands navires de combat puissent y entrer; elle n'a préparé aucune plage commode pour qu'une armée puisse y prendre pied; elle n'a ouvert aucun estuaire par lequel des barques de guerre pourraient pénétrer; elle a voulu, dirait-on, réserver ce coin heureux aux hommes de paix; elle leur a donné ses plus beaux marbres pour bâtir leurs palais et pour sculpter les statues des Vénus anadyomènes.

Gênes, *la Superbe*, a grandi comme ville de commerce et elle est devenue une place de guerre, non pas pour la bonté de son port qui est petit et tout artificiel, mais surtout parce qu'elle était située au fond de l'échancrure du golfe, par conséquent à un point où la barrière des Apennins étant plus faible, s'est laissée plus profondément entamer par les eaux, et a permis d'établir plus facilement des communications entre la plaine du Pô et la mer.

La Rivière du Levant, toujours belle, est moins bien partagée cependant que la rivière du Ponant. Plus exposée aux vents qui descendent des Alpes, elle n'est point, comme elle, bordée de villes de plaisance; mais la côte s'y creuse derrière les promontoires des Apennins et offre quelques abris, particulièrement dans le golfe de Rapallo où se trouve le petit port de Porto Fino, à Chiavari, à Sestri Levante, enfin à la Spezia.

Spezia, « le plus beau port de l'univers », est situé au fond d'un golfe de 11 kilomètres, admirablement protégé, ouvert seulement au sud-est, et séparé de la haute mer par une étroite presqu'île, aujourd'hui fortifiée, à l'extrémité de laquelle est Porto Venere et que prolonge l'île de Palmaria. Une digue artificielle barre l'entrée de la rade.

De grands travaux de fortification et d'établissements maritimes y ont été entrepris; mais le chemin de fer de la Corniche, qui conduit à Spezia, serait d'un emploi trop précaire en cas de guerre, et cette place doit être réunie à Parme par une ligne ferrée qui traversera les Apennins[1].

Au sud de cette grande station maritime se trouvent: Carrara et Massa, à quelque distance de la côte, villes principales de l'ancien duché de Massa et Carrara, près de célèbres carrières de marbre. La ville de Massa est construite sur une hauteur pittoresque. Elle est entourée de vieilles fortifications.

A Viareggio, existe une bonne plage où un corps anglais débarqua en 1813 pour tenter d'enlever Pise; l'entreprise ayant échoué, ce corps reprit la mer au même endroit, quelque temps après.

La plage a environ 8 kilomètres avec fond de sable de 6 mètres, à une distance de 700 mètres de la côte.

Elle est insuffisamment défendue par d'anciennes batteries: batterie Bruzzano à 3 kilomètres au sud, batterie Saint-Joseph à 3 kilomètres au nord. C'est un des points d'attaque des côtes de l'Italie.

---

[1] Une statue élevée sur le port à Domenico Ghiodo, mort en 1860, porte cette inscription caractéristique:
Mutato il golfo in porto militare degno dell'Italia antica e della futura, incarno i designi di **Napoleone** *e* **Cavour**.

Entre Viareggio et Pise, près des embouchures du Serchio et de l'Arno, s'étendent des marais, formés par les atterrissements de ces rivières.

Les points notables sont ensuite :

Livourne, ville moderne et port de commerce très important.

Cecina, près de l'embouchure de la rivière du même nom.

Piombino, à l'extrémité d'un promontoire qui fait face à l'île d'Elbe.

L'île d'Elbe possède deux bons ports :

Porto Ferrajo au nord, sur la mer Ligurienne; Porto Longone, au sud-est, sur la mer Tyrrhénienne. L'île est difficilement accessible et pourrait devenir une excellente station militaire. Porto Ferrajo en est le point principal; on y exploite de riches minerais de fer; il y a d'anciennes fortifications.

Située entre la Corse et la côte d'Italie, l'île d'Elbe marque la séparation naturelle entre le bassin de la mer Tyrrhénienne et celui de la mer de Ligurie.

Mer Tyrrhénienne.

Jusqu'à l'embouchure du Garigliano que nous avons considérée comme la ligne de séparation entre l'Italie centrale et l'Italie méridionale, les côtes sont, en général, basses, souvent malsaines et marécageuses, par conséquent assez peu abordables.

Telle est la côte des Maremmes, au sud du golfe de Piombino ; aussi les promontoires au pied desquels la mer est plus profonde acquièrent-ils une importance particulière.

Au sud de Piombino, les points notables de la côte sont :
Talamone, petit port, bon ancrage.
Le promontoire fortifié du mont Argentaro, rocher dont les falaises s'élèvent à 500 mètres et le sommet à 630 mètres au-dessus de la mer ; il est réuni à la terre ferme par deux étroits cordons littoraux qui enveloppent la lagune d'Orbetello. Deux bons ports, San Stefano au nord, Porto Ercole au sud, sont au pied du rocher, qui les domine à 3 kilomètres de distance.
En face, se trouve l'île de Giglio.

Civita Vecchia, port militaire de Rome, possède un arsenal et des chantiers de construction. Ses fortifications sont en maçonneries découvertes et le protègent insuffisamment du côté de la mer comme du côté de la terre.
Fiumicino, à l'embouchure du Tibre (r. d.), est relié à Rome par un chemin de fer.
Ostie, à l'embouchure du Tibre (r. g.), ancien port comblé par les atterrissements du fleuve, est actuellement à une certaine distance de la mer.

Au sud du Tibre jusqu'au cap Circeo, la côte est encore bordée par des maremmes qui sont fort insalubres ; elle n'a qu'un port médiocre, Porto d'Anzio.
Au delà du cap Circeo sont les marais Pontins, et, à peu de distance, Terracine qui est un point important, sur une des deux routes qui conduisent de Rome à Naples, par Gaëte.
Gaëte est une ancienne place forte napolitaine, prise par les garibaldiens en 1861. Ses fortifications ne sont plus en rapport avec les progrès de l'artillerie actuelle.
En face du golfe de Gaëte se trouve un groupe d'îles, dont l'une, l'**Isola Ponza**, porte quelques fortifications.

Sur le golfe de Naples : Baïa, jadis séjour favori des grands de Rome, aujourd'hui défendu par un fort.

Castellamare, un des principaux chantiers de construction de la marine italienne, protégé par quelques batteries.

Naples n'a pas reçu de fortifications. On n'a pas voulu exposer cette belle ville aux dangers d'un bombardement.

Le golfe de Naples, que domine le superbe cône du Vésuve, est un des plus merveilleux du monde ; il est prolongé au nord par les îles de Procida et d'Ischia, au sud par l'île de Capri.

Sans défenses, Naples est mieux protégée par ses musées que bien des villes de guerre par leurs murailles. Les flottes modernes salueront la terre que tous les poètes ont chantée et chanteront encore, et respecteront ce privilège tacite qui la couvre.

Le port offre des ressources, et son activité est assez grande depuis que la navigation à vapeur permet de franchir facilement le détroit de Messine, et que les chemins de fer relient Naples au reste de l'Europe. C'est là que les navires qui viennent de Marseille, et même des mers du nord, font une dernière escale sur les côtes de l'Europe, pour prendre leurs passagers retardataires et quelques marchandises légères, avant de faire route pour l'Orient.

Au sud de Naples, on ne trouve plus de ports importants. Les principales localités maritimes sont Amalfi, Salerne, qui est sur une ligne ferrée ; Policastro, Sainte-Euphémie, au fond des golfes de même nom, mais sans communication rapide avec l'intérieur du pays. Dans le golfe de Sainte-Euphémie, le petit port de Pizzo était fortifié.

C'est la portion des côtes comprise entre la frontière française et Naples qui est la plus vulnérable de l'Italie, ou, du moins, la plus exposée.

Toute opération au sud du golfe de Naples serait trop excentrique.

11.

Un débarquement, opéré entre Vintimille et Livourne, pourrait concourir aux opérations d'une armée qui manœuvrerait dans le bassin du Pô, et prendre ainsi à revers la défense des Apennins.

Plus au sud, l'objectif d'une opération de cette nature serait Rome.

Bien que les points favorables à une attaque soient assez rares, il est difficile de protéger par des fortifications une aussi grande étendue de côtes. Les Italiens y ont renoncé; on a projeté cependant d'augmenter les défenses du mont Argentaro qui se prêterait plus particulièrement à un coup de main. On ne peut compter non plus sur une défense par les troupes mobiles à cause de l'insuffisance des chemins de fer pour les transporter au point menacé, la ligne de la côte pouvant être facilement détruite; la meilleure protection sera celle d'une flotte puissante. Les Italiens le savent et s'appliquent à la créer.

Les côtes septentrionales de la Sicile, qui bordent au sud le bassin tyrrhénien, sont, au contraire, pourvues de plusieurs ports qui joueraient sans doute un rôle important en cas de guerre maritime.

Sicile.

La Sicile[1] a la forme d'un triangle dont les sommets sont déterminés par trois promontoires célèbres : celui du Pelore (aujourd'hui cap Faro) à 8 kil. au nord de Messine; celui de Lilybée (cap de Marsala) regardant l'Afrique ; et celui de Pachynum (cap Passaro) regardant la Grèce. Sa population est de 2,584,000 habitants.

La Sicile est montueuse en majeure partie ; une chaîne de montagnes, désignées sous le nóm de Neptuniennes, longe, à une certaine distance, la côte septentrionale. Elle se divise en mont Pelores à l'est, en mont Nébrodes à l'ouest. Les Nébrodes, communément appelés **Madonie**, forment, au sud de Cefalù, la chaîne la plus élevée de la Sicile après l'Etna. Elle est de constitution calcaire. Son point culminant, le **Pizzo di Palermo**, est à 1926 mètres.

Une autre chaîne partant du cap Passaro traverse l'île diagonalement et vient se rencontrer avec la précédente, vers le centre de la Sicile, près du mont Artesino (1212^m). Dans l'espace triangulaire formé, à l'est, par la rencontre de ces deux chaînes, l'Etna constitue un groupe indépendant.

L'Etna (Montegibello) a 3,313 mètres d'élévation. Son cône mesure 30 lieues de circonférence à la base. Il se divise en trois zones d'altitude : la région inférieure, admirablement fertile et peuplée; elle compte 300,000 habitants; la région des forêts, aux châtaigners superbes; la **région des déserts**.

---

[1] *Italie et Sicile*, par Du Pays.

La Sicile est un pays très fertile, et une culture plus soignée pourrait encore augmenter de beaucoup ses produits. La moitié du territoire de l'île est cultivée en céréales ; la vigne y prospère et fournit le quart du vin récolté en Italie. Les oranges y donnent un produit annuel de 50 millions de francs. Malheureusement les routes et les chemins de fer n'ont pas encore le développement nécessaire.

L'île est séparée du continent par le détroit de Messine, que défendent la place de **Messine** et de nombreuses batteries. Les côtes en sont difficilement abordables et les principaux ports sont : sur la côte nord, Milazzo dont la défense se relie à celle de Messine et qui recevra sans doute un accroissement de fortifications ; Cefalù ; **Palerme**, la capitale de l'île, port commerçant, mais médiocre ; Castellamare.

Palerme est le point d'attaque par le nord.

Sur la côte orientale, au pied de l'Etna, Catane qui n'est pas fortifiée ; Agosta et Syracuse qui ont de vieux ouvrages et pourraient servir d'appui à une flotte opérant dans les eaux de la mer Ionienne.

Sur la côté méridionale, Pozzolo, Terra Nova, Licata, qui est reliée par un chemin de fer à Catane ; Empedale, le port de Girgenti, qui est également relié à Palerme et à Catane par une ligne ferrée.

Marsala, un peu au sud de Trapani, très bon port et plage de débarquement. C'est à Marsala que débarqua Garibaldi dans son aventureuse expédition sur la Sicile en 1860.

La Sicile, entre les mains d'une puissance maritime, est appelée à jouer un rôle considérable pour la domination de la Méditerranée. Aussi a-t-elle été toujours convoitée ; elle a successivement appartenu, depuis l'époque moderne, aux Normands, aux princes d'Anjou, aux Espagnols, aux Napolitains. Ses richesses naturelles, encore importantes, étaient autrefois plus considérables. La Sicile était un des greniers de Rome.

C'est par la Sicile que Garibaldi attaqua le royaume de Naples avec une poignée de partisans. Débarqué à Marsala, le 11 mai 1860, avec huit ou neuf cents hommes, il s'empara de Palerme après avoir battu les troupes royales, et marcha sur Messine. Ses forces, rapidement grossies par un grand nombre de volontaires, remportèrent encore l'avantage dans un combat livré à Milazzo. Il fut alors maître de toute l'île, à l'exception de la citadelle de Messine qui, par un accord réciproque, fut neutralisée. Il entra ensuite sur la terre ferme par Reggio et marcha sur Naples (7 septembre 1860), tandis que le roi François II concentrait les débris de son armée, 40,000 hommes environ, à Capoue.

La défense de la Sicile exige que les communications soient toujours assurées entre l'île et la côte ferme, c'est pourquoi une sérieuse importance est attachée aux fortifications qui bordent le détroit de chaque côté. La largeur est de 10 kilomètres en face de Reggio, de 5 kilomètres en face de Messine; elle se rétrécit encore au cap Faro et permet aux batteries de croiser très efficacement leurs feux.

Il est facile de prévoir que l'industrie moderne réalisera, dans un avenir plus ou moins rapproché, la jonction de la Sicile avec le continent par la construction d'un pont.

Les ouvrages de défense sont, sur la côte de Calabre:

Le château de Scilla à 64 mètres d'altitude et à 5 kilomètres de la pointe de Faro, vieux ouvrages à transformer.

Torre Cavallo; c'est la position la plus sérieuse contre une attaque venant de l'ouest, 54 mètres d'altitude, largeur du détroit 3,200 mètres; mais la côte est à pic et l'on trouve sous les batteries un angle mort de 350 mètres en eaux profondes. Il faut construire une batterie basse sous Alta Fiumara.

Punta di Pezzo, vieil ouvrage à réparer.

Capo d'Orsa, position importante à 5 kilomètres de Messine; ses pièces à longue portée gêneraient donc l'attaque de cette place; il serait utile de fortifier aussi Torre Catona qui est plus au sud et de protéger Reggio contre un débarquement. Les chemins de fer des Calabres sont terminés jusqu'à Reggio et mettent ainsi la Sicile en communication rapide avec le reste de l'Italie.

Sur la côte de Sicile : Monte Spuria, altitude de 100 mètres, appuie Faro; c'est un vieux fort.

Faro, ouvrage très important, muni d'artillerie à longue portée; ses feux voient trois quarts d'horizon et se croisent avec ceux de Scilla et de Torre Cavallo.

Canziri doit recevoir quelques batteries.

Les Grottes, anciens ouvrages à améliorer.

Messine était une place forte avec ouvrages complets; des considérations politiques ont malheureusement conduit à détruire les fortifications du front de terre.

Le mont Peloritano est le réduit de sa défense; ce serait également le dernier appui de la résistance contre un ennemi qui occuperait le centre de l'île. Il commande la route de Palerme.

Dans l'intérieur même de l'île, on trouverait une région montagneuse propre à la résistance entre Nicosia, Castrogiovanni, et Santa Catarina, à égale distance des trois grandes villes de Palerme, Girgenti, et Catane.

Castrogiovanni est situé sur la grande route et sur le chemin de fer de Girgenti à Catane. De ce point on peut rayonner dans toutes les directions.

Le chemin de fer de Girgenti à Palerme et à Catane, et le chemin de fer côtier de Messine à Syracuse, faciliteraient la défense.

En face de la côte nord de la Sicile, se trouve le groupe des îles de **Lipari**, d'origine volcanique. Le Stromboli donne souvent encore des signes d'activité.

De la Sicile dépend aussi l'île de **Pantellaria**, très importante par sa position entre la Tunisie et la Sicile, à 7 heures de Marsala, à 10 heures de Tunis, mais à 3 heures seulement des côtes du cap Bon. Elle est fortifiée et servirait de point d'appui à une flotte qui prétendrait commander le passage entre les deux bassins de la Méditerranée. Son rôle serait analogue à celui que jouerait Malte. Le port est moins bien protégé, mais la situation stratégique de l'île est plus avantageuse.

Entre Pantellaria et Malte, à moitié distance, est la petite île italienne de **Linosa**, et plus au sud-ouest, l'île de **Lampedusa**.

Corse.

La Corse et la Sardaigne, dans le prolongement l'une de l'autre, également montueuses et sauvages, séparées par un étroit bras de mer, semblent être les sommets émergés d'une même chaîne de montagnes, orientée du nord au sud.

La Corse a été longtemps rattachée à l'Italie ; elle a appartenu aux Pisans, puis aux Génois. Ceux-ci, ne pouvant dompter les révoltes incessantes de l'île, la vendirent à Louis XV (1768). En 1793, elle se donna aux Anglais, mais ils en furent expulsés en 1799.

Les Corses ont de grandes qualités d'énergie et de bravoure, un esprit vindicatif, un grand amour de l'indépendance, et, sans l'éclat jeté dans le monde par un des plus grands génies de l'histoire qui naquit parmi eux, ils ne seraient pas, sans doute, aussi fermement rattachés à la patrie française.

L'ossature de la Corse est formée par une chaîne continue dont les sommets principaux sont le **monte Cinto** (2,816^m), point culminant de l'île ; le monte Rotondo (2,764^m) ; le monte Doro (2,632^m) ; l'Incudine (2,050^m).

La côte qui regarde l'Italie est presque droite. Elle est, en certains points, bordée de marais, d'étangs, et n'a que deux ports : Bastia, en face de l'île d'Elbe et de Livourne; Porto Vecchio au sud, qui est le meilleur de l'île.

La côte occidentale est, au contraire, profondément échancrée, par de beaux golfes qui offrent d'excellents ports et des mouillages sûrs.

Saint-Florent, Calvi, Porto, Sagone, Ajaccio, la capitale de l'île, et Valinco.

Peu accessibles en général, les côtes ne se prêteraient pas à un débarquement; elles sont fortifiées sur les points les plus exposés, et manquent d'ailleurs de communications faciles avec l'intérieur où se trouve le réduit de la défense.

L'intérieur de l'île, couvert de montagnes élevées, confuses, et véritablement alpestres, peut offrir les plus grandes difficultés à un envahisseur qui, maître de la côte, tenterait d'y pénétrer et de compléter sa conquête.

Les communications sont rares et parfois difficiles entre les côtes orientale et occidentale, et l'on ne peut se rendre de village à village que par des *scale*, ou sentiers en échelle, qui s'élèvent de la région des oliviers à celle des pâturages.

Une seule route carrossable, celle de Bastia à Corte et Ajaccio, prolongée sur Sartène et Bonifacio, traverse la chaîne au col de Vizzavone (1156m), défendu par un fort sans grande valeur. La côte orientale est longée par la route de Bastia à Bonifacio par Porto Vecchio. Une autre, sur la côte occidentale, relie Calvi à Ajaccio.

Une ligne ferrée traversera l'île, de Bastia à Ajaccio

et Sartène. Une autre ligne est projetée sur la côte orientale.

Il n'y a pas en Corse de cours d'eau importants ; parmi les nombreux torrents, les principaux sont, sur le versant oriental, le **Golo**, dont la vallée ouvre la route de Bastia à Ajaccio, et le **Tavignano**, qui descend de Corte. Ceux du versant occidental ont moins d'importance.

Le **Liamone** descend du monte Rotondo, passe près du bourg de Vico, et finit dans le golfe de Sagone.

La **Gravone** vient du col de Vizzavone ; sa vallée est suivie par la route de Corte à Ajaccio ; elle se jette dans la rade d'Ajaccio, ainsi que le **Prunelli**, qui passe à Bastelica.

Le **Tarare** se jette dans le golfe de Valinco.

Sur les côtes : Bastia, Porto Vecchio, Bonifacio, Ajaccio, Calvi, et Saint-Florent, fortifiées plus ou moins solidement, sont avec Corte, dans l'intérieur, les points principaux de l'île.

La Corse se trouve au centre du grand arc tracé par les côtes du golfe de Lion, du golfe ligurien et de la mer Tyrrhénienne, et, par conséquent, en position de les menacer toutes simultanément.

C'est donc une position maritime qui, le cas échéant, assurerait aux flottes françaises la supériorité dans ces parages ; d'autant plus que ses ports sont vastes, sûrs, et susceptibles d'être solidement défendus.

Corte peut être considérée comme le véritable pivot de la défense intérieure, d'où l'on peut rayonner vers les différents points menacés.

Bastia, Ajaccio, les bouches du Golo et du Tavignano, sont d'importants objectifs pour un agresseur, parce que ce sont les points d'où l'on peut le plus facilement arriver à cette position centrale.

Sardaigne.

La Sardaigne est séparée de la Corse par un détroit de 15 kilomètres de large, les bouches de Bonifacio, dont le passage n'est pas sans danger [1].

A l'entrée orientale du détroit, les îles de la **Maddalena**, de **Caprera** [2], de Santo Stefano, enveloppent une rade exceptionnellement avantageuse où pourrait se réunir une nombreuse flotte, destinée soit à protéger les côtes italiennes, soit à opérer contre les côtes françaises. Aussi, à la suite des travaux d'une commission spéciale (1884), l'Italie projette-t-elle d'y établir des fortifications et des magasins, de manière à en faire une base stratégique maritime.

La Sardaigne est montagneuse comme la Corse, mais moins accidentée. Son sommet principal, le **Gennar Gentu**, au centre de l'île, n'atteint que 2,000 mètres; le groupe du Limbara, au nord, 1300 mètres seulement; mais les montagnes présentent des reliefs désordonnés, confus, et en font un pays sauvage et difficile.

On y trouve deux assez grandes plaines, longues et étroites, le Campo d'Ozieri, au nord; il communique avec le golfe de Terra Nova; et le Campidano au sud-ouest; celui-ci long de 70 kilomètres, entre Cagliari et Oristano.

---

[1] Pendant la guerre de Crimée, un navire de guerre, *la Salamandre*, chargé de troupes, se perdit corps et biens aux bouches de Bonifacio.

[2] Caprera a été la résidence de Garibaldi jusqu'à sa mort.

Le sol est fertile; la Sardaigne a été une des nourrices de Rome, mais l'agriculture est arriérée, le climat malsain, excepté sur les montagnes, et, malgré ses mines de houille, de fer, de plomb, de cuivre, etc., la Sardaigne est pauvre.

Son principal cours d'eau est le **Tirso**, qui traverse diagonalement l'île du nord-est au sud-ouest; ses crues sont considérables et interceptent les communications entre les deux parties de l'île.

Les côtes, moins découpées que celles de la Corse, offrent cependant quelques abris : Terra Nova, au nord-est ; Palmas, au sud-ouest; Oristano et Porto Conte, près d'Alghero, à l'ouest; Tortoli, à l'est, au pied de la montagne de l'Ogliastra; Porto Torres, qui est le port de Sassari; et Cagliari.

Les deux villes de la Sardaigne sont : Sassari, au nord; Cagliari, au sud. Un chemin de fer doit les relier en passant au centre de l'île, par Macomer, qui jouerait, au point de vue défensif, un rôle analogue à celui de Corte pour la Corse.

Cagliari (30,000 habitants environ), capitale de l'île, est défendue par de vieux ouvrages insuffisants; elle a une bonne rade.

A l'extrémité sud-ouest dans le golfe de Palmas, qui s'ouvre sous l'île de Sant' Antioco, on trouve une plage de débarquement assez favorable.

L'île de Sant' Antioco et sa voisine, San Pietro, favoriseraient l'attaque si l'ennemi y prenait pied.

Sassari, à quelques lieues de la côte, est la seconde ville; elle a pour port Porto Torres, dans le golfe d'Asinara, que ferme l'île de même nom. Sassari est le point d'attaque du nord, comme Cagliari est l'objectif du sud.

Sur la côte occidentale, on attaquerait Oristano, où vient toucher le chemin de fer. Oristano et Cagliari se trouvent aux deux extrémités de la plaine de Campidano, la seule où pourraient se développer les opérations militaires.

Les rois de Sardaigne ont résidé dans l'île de 1798 à 1814.

Mer Ionienne.

Les côtes de Sicile et d'Italie sur la mer Ionienne, du cap Spartivento au cap Santa Maria di Leuca, regardent la Grèce. Le golfe de Squillace, symétrique du golfe de Sainte-Euphémie, resserre l'extrémité de la Calabre. A 10 kilomètres de ses côtes est Catanzaro, chef-lieu de la province de la Calabre ultérieure IIe.

Au nord du cap Nao, qui sépare le golfe de Squillace de celui de Tarente, est le port assez fréquenté de Cotrone (l'ancienne Crotone).

Toute cette côte était autrefois couverte de colonies grecques, ce qui a fait donner à cette partie de l'Italie le nom de Grande Grèce. C'est là que se trouvaient les célèbres villes de Sybaris et d'Héraclée. C'est par là que Pyrrhus envahit l'Italie, c'est par là qu'Annibal put enfin rétablir ses relations avec Carthage. Dans l'antiquité, cette région avait donc une grande importance; de nos jours, le centre de gravité de la politique européenne s'étant déplacé vers le nord, elle a perdu de son intérêt; autrefois populeuses et riches, ces côtes sont maintenant désertes et insalubres, et, de plus, elles ont été, pendant longtemps, infestées par le brigandage. Cependant les relations de plus en plus fréquentes avec l'Orient et le canal de Suez peuvent y ramener la vie qui s'en est éloignée. Facilement abordables, elles se prêteraient à un débarquement de vive force.

Tarente, grand arsenal de réparations pour la marine militaire, est dans une situation maritime de premier ordre, mais ses fortifications sont incomplètes et ne pourraient résister à une attaque vigoureuse d'une flotte cuirassée. Tarente est merveilleusement située pour dominer la Sicile, la Grèce, le Levant, les côtes d'Égypte et de Syrie. Les plus grandes flottes y sont à l'abri des vents et de toute attaque d'un ennemi supérieur.

Le chemin de fer de Tarente à Bari relie ce port au reste de la Péninsule. Une ligne ferrée suit également la côte jusqu'à Reggio à l'extrémité de la Calabre. C'est elle qui relie la Sicile au reste de l'Italie.

Mer Adriatique.

La péninsule italique est séparée des côtes d'Albanie par un détroit de 25 lieues de large, le canal d'Otrante, par lequel communiquent la mer Ionienne et la mer Adriatique.

Les côtes italiennes de l'Adriatique sont naturellement protégées par les difficultés d'approche, de forts courants, des brouillards fréquents, et par les vents du nord qui rendent fort périlleuse la navigation de cette mer. Les villes de la côte ont des rades ou des ports, mais tous de peu d'importance, à l'exception de Brindisi et d'Ancône.

Le mont Gargano, au pied duquel est creusé le golfe de Manfredonia, est le seul promontoire qui accidente les rivages italiens de l'Adriatique.

Otrante, qui donne son nom au canal, est le point terminus des chemins de fer de la côte adriatique.

Les principaux points de la côte sont, en partant du sud :

Brindisi, port militaire et de commerce, qui a pris un grand développement depuis la construction du chemin de fer. C'est le principal port d'échange avec l'Orient. Les relations de l'Angleterre avec les Indes se font par Brindisi, le Mont-Cenis, ou le Saint-Gothard.

Bari, point de départ du chemin de fer de Tarente.

Trani, port de commerce.

Barletta, un des meilleurs ports de la côte, mais insuffisant pour son commerce.

Manfredonia. En 1860, quand les Italiens envahirent les États-Pontificaux, un détachement composé de neuf régiments d'infanterie et d'une batterie, fut débarqué dans le golfe de Manfredonia et devait se diriger sur Bénévent pour se porter ensuite, suivant les événements, vers Capoue ou vers Naples; la défaite des troupes pontificales à Castelfidardo ne rendit pas nécessaire cette diversion.

Pescara, point de départ du chemin de fer qui doit relier Rome avec l'Adriatique par Orte, Terni, Rieti, Aquila, et Popoli.

Giulianova, Tronto, Chienti, Loreto, Umana, sont les localités les plus importantes de la côte avant d'arriver à Ancône. Umana se prête à un débarquement pour les troupes qui devraient assiéger Ancône.

Ancône, place à laquelle les Autrichiens avaient toujours attaché une grande valeur; elle appartenait aux États de l'Église, les Piémontais l'assiégèrent et la prirent en 1860.

Les fortifications d'Ancône se composent des batteries destinées à la défense du port, du noyau, et des forts détachés du côté de la terre.

Les batteries de côte, avec murailles nues, suffisent peut-être à la défense du port, mais ne suffisent certainement pas à celle de la rade. Ancône doit servir de refuge éventuel à la flotte; mais, comme la plus grande partie des navires ne pourraient mouiller que dans la rade (le port étant trop petit et fortement ensablé), il s'ensuit que les défenses du côté de la mer ne remplissent qu'imparfaitement leur but.

Le noyau est formé par la ville, qui est pourvue d'une enceinte assez forte et suffisamment entretenue pour mettre la ville et le port à l'abri d'un coup de main du côté de la terre.

Les forts détachés qui forment une ceinture au sud d'Ancône, du côté de la campagne, sont construits, les uns en terre, les autres en maçonnerie; ces derniers sont en bon état d'entretien, les ouvrages en terre sont en partie ruinés. La ligne des forts détachés est marquée, au sud-est, par les monts Agnolo, Ago, et Acuto; elle est située assez en avant (3,000 à 5,000 pas) pour protéger la ville et le port contre un bombardement. Le front de terre d'Ancône est susceptible d'être rendu excessivement fort au moyen de quelques travaux, et il peut, d'autre part, être suffisamment défendu avec une garnison relativement peu considérable (environ 8,000 hommes) C'est du côté de la mer que se trouve le point faible. Comme établissement maritime, Ancône est complètement abandonnée.

Au nord d'Ancône, Falconara, point de départ du chemin de fer de Rome par Foligno.

Senigallia, Fano, Pesaro, Cattolica, Rimini, points de départ de routes qui traversent les Abruzzes.

Ces petits ports se trouvent à l'embouchure des cours d'eau qui tombent dans l'Adriatique et sont souvent ensablés; on les appelle *porti canali*.

La partie de la côte la plus favorable à un débarquement se trouve entre l'embouchure du Chienti au sud d'Ancône et celle du Metauro au nord. C'est encore là que viennent aboutir les routes des Abruzzes qui ouvrent les lignes d'opérations les plus courtes pour marcher sur Rome.

Près de Rimini vient tomber le Rubicon, qui formait la limite ancienne de l'Italie romaine.

Au nord commencent les côtes basses de la Marche de Ravenne, formées par les atterrissements du Pô.

Ravenne est maintenant à une assez grande distance de la mer.

Le delta du Pô est très etendu ; la branche la plus méridionale, Pô di Primaro, enveloppe au sud les grandes lagunes di Comacchio, qui sont enveloppées au nord par le Pô di Volano.

La branche principale, **Pô di Maëstra**, n'est guère plus praticable pour les bateaux que ses dérivées, et cependant c'est seulement par l'embouchure des rivières que cette portion de côtes est abordable. En 1813, les Autrichiens jetèrent ainsi dans le Pô di Volano un corps de 2 à 3,000 hommes, qui, marchant rapidement sur Ferrare, s'en empara sans coup férir et tourna les positions que le vice-roi défendait sur la ligne de l'Adige et de l'Alpone.

Jusqu'aux rochers de la presqu'île d'Istrie qui appartient à l'Autriche, toute cette côte est donc très inhospitalière. C'est cependant au milieu des lagunes qui l'isolaient de la terre ferme et la protégeaient du côté de la mer, qu'a grandi **Venise** dont les flottes dominaient les mers de l'Orient et en absorbaient en quelque sorte le commerce, tandis que les mercenaires, que ses richesses lui permettaient d'entretenir, imposaient son autorité et parfois sa tyrannie sur un grand territoire de terre ferme.

Nous avons dit plus haut quelle était la situation actuelle de Venise au point de vue militaire. Son importance stratégique est nulle ; son commerce est ruiné. Venise est aujourd'hui une ville pauvre, dont les palais, la plupart délabrés, ont été dépouillés d'une grande partie de leurs richesses. Elle vit de ses souvenirs, de ses musées, de ses œuvres d'art, de l'incomparable beauté de son ciel, et du charme de ses lagunes ; c'est une ville unique au monde, bâtie au milieu de la mer, mais sans eau potable, sans verdure, sans arbres. Aucune rue ne serait assez large pour une voiture ; aussi est-elle singulièrement silencieuse et offre-t-elle un contraste frappant avec les autres villes maritimes de l'Italie dont la population est si vive et si bruyante.

L'Autriche, lorsqu'elle lui appartenait, en avait fait son principal arsenal maritime. En 1859, la flotte française se montra devant son port, mais cette démonstration était peu sérieuse, car on ne dut jamais songer à un bombardement réel.

En face de Venise, l'Autriche-Hongrie possède Trieste et Fiume dont l'importance commerciale est considérable ; depuis la perte de la Vénétie, elle a développé le port de Pola et en a fait la station de sa flotte de guerre [1].

Le centre de la défense de l'Adriatique est Venise ; celui de la mer Ionienne est Tarente. Les ports de Spezia, Venise, Tarente, tous trois admirablement situés et bien protégés, sont les pivots sur lesquels s'appuieront, sur les trois mers qui baignent l'Italie, les manœuvres de la flotte de guerre dont l'importance croît chaque jour et qui serait déjà à même d'entrer en parallèle avec les autres flottes militaires de la Méditerranée.

[1] Voir *Géographie militaire*, Autriche-Hongrie.

ITALIE CENTRALE.

L'Italie péninsulaire est divisée naturellement par une ligne joignant le cours du Garigliano à celui du Sangro, en passant par le col de Sulmona. La partie supérieure, ou Italie centrale, est celle dont Rome est l'objectif stratégique; la partie méridionale ne se prête pas au développement de grandes opérations militaires; on ne saurait y soutenir qu'une guerre de partisans à laquelle la configuration du pays convient d'ailleurs admirablement et qui pourrait être indéfiniment prolongée.

L'Italie dans toute sa longueur est traversée par la chaîne des Apennins se subdivisant en :

1° **Apennins toscans**, des sources de la Trebbia aux sources de l'Arno ;

2° **Apennins romains** et **Abruzzes**, des sources de l'Arno au cours du Sangro ; le point culminant de cette région est le grand Sasso, généralement connu sous le nom de mont Corno (altitude 2,900ᵐ) ;

3° **Apennins napolitains**, au sud du Sangro jusqu'au seuil de Potenza ;

4° **Calabres**, jusqu'au détroit de Messine.

Apennins toscans et Toscane.

Le rempart de l'Apennin toscan est continu d'une mer à l'autre, de Gênes à Rimini, mais il est de hauteurs fort inégales et coupé de brèches par lesquelles passent les routes carrossables. Le versant nord est très exactement limité par l'ancienne *voie Émilienne*, tracée en ligne droite de Plaisance à Rimini, et par le chemin de fer Plaisance, Parme, Reggio, Modène, Bologne, Imola, Faënza, Forli, Cesena, Rimini, qui lui est parallèle. De ce côté, la chaîne s'abaisse en longs contreforts que séparent les profondes et étroites vallées des affluents torrentueux de la rive droite du Pô. Sur le versant méridional, au contraire, les montagnes s'étagent en chaînons parallèles entre lesquels sont enfermées les vallées supérieures de la Vara, de la Magra, du Serchio, de l'Ombrone florentin, de la Sieve, et de l'Arno.

Les Apennins appartiennent à la formation jurassique et crétacée, dont les couches ont été relevées à l'époque du soulèvement des Pyrénées. Leurs roches calcaires ont été profondément affouillées et les vallées y sont en général escarpées. L'altitude moyenne de ces montagnes est trop faible pour que les neiges puissent s'y maintenir pendant la saison chaude, et, comme leur déclivité est très forte vers le nord, les rivières qui en descendent ne sont pas alimentées pendant l'été et l'on manque d'eau dans les parties élevées; il serait impossible d'y maintenir des troupes nombreuses. Les vallées se transforment la plupart du temps en précipices; il est fort difficile d'y descendre et d'en sortir, aussi les routes ont-elles été tracées sur les arêtes qui les séparent.

Près de la crête, au sud de Modène et de Bologne, à Barigazzo, Porretta, Pietra Mala, des jets de gaz hydrogène inflammable et des sources thermales indiquent la permanence de l'action des forces intérieures; parallèlement à cette ligne, mais beaucoup plus bas, aux abords mêmes de la plaine de l'Émilie, une autre fissure du sol se révèle par une ligne de volcans boueux ou *Salses;* près de Parme, se trouve une source de pétrole.

Les chaînons parallèles du versant méridional constituent une série de massifs allongés que l'on pourrait désigner sous le nom général d'Anti-Apennins.

Les cimes notables de la crête principale sont, en allant de l'ouest à l'est : le mont Antola, au nord de Gênes et au nœud de l'épanouissement qui va serrer le Pô à Stradella ;

Le mont Penna (1720ᵐ), aux sources du Taro et de la Trebbia ;

Les Alpes de Succiso (2,080ᵐ), qui dominent à l'ouest le col du Cerretto ;

Les Alpes de la Garfagnana et le mont Rondinaïa, au nord du Serchio ;

Le mont Cimone (2,620ᵐ), entre les sources du Panaro et celles du Reno ;

Le mont Falterona (1650ᵐ), aux sources de l'Arno ; le mont Comero (1526ᵐ), aux sources du Tibre.

Le chaînon des Alpes de Catenaja, qui court du nord au sud, entre l'Arno et le Tibre, limite à la fois, du côté de l'est, la chaîne principale des Apennins qui forme la ligne de partage des eaux, et la série moins régulière des massifs méridionaux. Ces massifs sont

Les montagnes de la Lunigiana, entre la Vara et la Magra, en face des Alpes de Succiso ;

12.

Les Alpes **Apuanes** ou de Massa Carrara, sur la rive droite du Serchio ; elles sont symétriques du massif de la Garfagnana et abaissent jusqu'à la côte leurs célèbres carrières de marbre blanc ; elles se prolongent entre le Serchio et l'Arno par le petit îlot des monts **Pisans** ;

Les monts **Catina** et le mont **Albano** en face la cime du Cimone, au sud de Pistoia et de Prato ;

Le mont **Mugello** au sud de la Sieve ;

Le **Prato Magno** entre le cours supérieur et le cours moyen de l'Arno, dont les beautés pittoresques ont si souvent inspiré les poètes.

La douceur et l'égalité du climat de la Toscane au pied des Apennins, la fertilité du sol, l'intelligence de ses habitants, en ont fait la contrée privilégiée de l'Italie.

La vallée de l'Arno limite les montagnes des Apennins, plus au sud, se trouvent encore divers massifs de montagnes et de collines que l'on désigne sous le nom de **Subapennins** et qui s'étendent vers l'est jusqu'au val di Chiana, dépression fort accentuée, suivie par un canal qui unit le Tibre à l'Arno.

Les massifs subapennins sont, en général, des collines arrondies de terrains tertiaires, grès, argiles, marnes, et poudingues, d'un gris terne, sans verdure, très irrégulièrement disposées, formant une sorte de plateau inégal que les rivières ont découpé et percé d'entonnoirs ; la partie la plus élevée est entre les sources de l'Ombrone toscan, de la Cecina, de l'Elsa, affluent de l'Arno, et de la Paglia, affluent du Tibre. Cette dernière rivière sort des pieds du mont Amiata (1720^m), cône trachytique d'un ancien volcan.

Le sous-sol de la Toscane est riche en veines métallifères, en salines, en sources minérales et thermales de toute espèce. Dans le bassin de la Cecina se trouvent les célèbres *soffioni* ou fumarolles, jets d'eau et de vapeurs naturelles forment les *lagoni* dans lesquels se recueille l'acide borique ; l'exploitation de ce produit constitue une des principales richesses de la Toscane.

Toute cette côte est bordée d'îles rocheuses, dont quelques-unes, rattachées à la terre ferme par des apports modernes, forment de remarquables promontoires comme celui de Piombino, en face l'île d'Elbe, et celui du mont **Argentaro**.

Dans maintes parties basses de la Toscane, et, plus au sud, les eaux, réunies dans de petits bassins d'effondrement ou dans des cratères éteints, ont formé des lacs, des marais, et, sur le bord des côtes, des lagunes dont les miasmes pestilentiels sont fort redoutés. Quelques lacs existent encore, entre autres, le lac Bientina entre l'Arno et le Serchio; il communique avec les deux fleuves.

De grands travaux de desséchement et de colmatage ont permis de rendre à l'agriculture une partie des terres marécageuses; ceux qui ont été exécutés à partir du milieu du siècle dernier pour l'assainissement du Val di Chiana sont des plus remarquables; mais la **Maremme**, entre les deux promontoires de Piombino et d'Orbitello, est toujours très malsaine.

Apennins romains et Abruzzes.

Des sources du Tibre au cours du Sangro, les Apennins dessinent une haute arête régulière dont la forme est exactement répétée par la côte de l'Adriatique. Le promontoire d'Ancône indique le croisement des deux directions principales; l'une du nord-ouest au sud-est, l'autre à peu près exactement orientée du nord au sud; cette dernière partie des montagnes est plus particulièrement désignée sous les noms de monts **Sibillins** entre le Chienti et le Tronto, et d'**Abruzzes** plus au sud. Leurs contreforts se prolongent jusqu'à la côte et forcent souvent la route et le chemin de fer à passer en corniche. Elles montrent presque toujours des roches décharnées par un déboisement excessif et irréparable, parce que la terre végétale a été entraînée par les torrents.

Le versant tourné vers la mer adriatique est donc beaucoup plus raide que le versant opposé, c'est ce que l'on a appelé les **Marches**, qui rappellent par leur nom les luttes livrées sur cette frontière de l'Italie centrale ; Ancône fut la dernière ville occupée par les Autrichiens dans cette portion de l'Italie.

Aux sources du Tibre, les cimes des Alpes de la Luna se pyramident au mont **Comero** (1167ᵐ), et au mont **Nerone** (1526ᵐ).

Au mont **Catria** (1702ᵐ), à peu près à la latitude d'Ancône, la chaîne se partage en deux branches ; ni l'une ni l'autre ne détermine la ligne de partage des eaux, parce qu'elles ont été coupées tantôt par les affluents du Tibre, tantôt par les torrents tributaires de l'Adriatique. Le chemin de fer d'Ancône à Rome les traverse en tunnel, à l'altitude de 535 mètres (col de Fossato).

La chaîne orientale a pour sommets principaux le mont **Vettore** (2,480ᵐ) qui domine au nord la Via Ascalane, et le mont **Corno** appelé aussi **Gran Sasso d'Italia**, qui s'élève à 2,900 mètres, point culminant de l'Italie péninsulaire et souvent couronné de neiges. C'est dans la partie qui lui fait face que la chaîne occidentale atteint aussi les altitudes les plus grandes ; le mont **Velino** est à 2,480 mètres.

Entre ces deux chaînes s'étend le plateau des **Abruzzes** qui est creusé par la longue vallée longitudinale d'Aquila[1] ou **Conca Aquilana**, véritable forteresse centrale de l'Italie, dans laquelle on ne pénètre que par trois portes naturelles : par la gorge d'**Antrodoco** en venant de Rome, par le plan di Cinque

---

[1] La ville d'Aquila fut fondée par Frédéric II pour en faire, dit-on, une aire « d'aigle », d'où vient son nom.

Miglia en venant de Naples, et par la gorge de Popoli qui donne passage, à l'est, aux eaux de la Pescara. Une quatrième a été ouverte au nord du Gran Sasso, entre Aquila et Teramo, sur le versant de l'Adriatique.

Un chemin de fer a pu être construit jusqu'à Aquila en remontant la vallée de la Pescara, et l'on a l'intention de le prolonger vers Rome et vers Naples.

Le massif de la **Maïella**, dont la direction est perpendiculaire à la côte, c'est-à-dire parallèle au cours du Sangro, limite au sud le plateau des Abruzzes. C'est un groupe de soixante montagnes embrassant un périmètre de 100 kilomètres environ.

Les différents étages jurassiques, crétacés, et tertiaires, se succèdent régulièrement sur le flanc oriental des montagnes.

Du côté de l'ouest, les chaînes subapennines s'affaissent plus lentement ; les vallées des rivières sont plus longues et s'évasent souvent en plaines entourées d'amphithéâtres de collines, comme, par exemple, la célèbre plaine de Foligno ; quelques sommets notables s'élèvent encore entre ces vallées. Les montagnes de la **Sabine** séparent le cours inférieur du Tibre du bassin de son affluent, la Nera ; puis, aux terrains calcaires, succèdent les terrains volcaniques. Ceux-ci se sont formés par des épanchements de laves sous les eaux à l'époque où se déposaient les terrains calcaires ; les cônes volcaniques sont reliés les uns aux autres par d'épaisses couches de tufs, parallèlement à la chaîne des Apennins et au littoral, sur un espace d'environ 200 kilomètres, du mont Amiata jusqu'aux monts d'Albano. Les strates volcaniques ne sont interrompues que par le cours du Tibre et par les alluvions déposées sur les bords ; elles forment une rangée irrégulière de montagnes.

La région des volcans romains se distingue par les nombreux bassins lacustres qu'elle renferme, cratères volcaniques ou cratères d'effondrement qui ont été comblés par les eaux : tous ont une très grande profondeur. Les plus importants d'entre eux sont, au nord du Tibre, le lac **Bolsena** qui a 40 kilomètres de tour et dont les eaux s'écoulent vers la Méditerranée par la Marta, le lac de Vicco, le lac Bracciano (profondeur 250ᵐ) ; et, au sud du Tibre, les lacs d'Albano et de Nemi. Le lac d'Albano déverse son trop-plein dans la mer par un canal souterrain.

Les lacs de la région calcaire ne sont, au contraire, que des nappes sans profondeur. Le grand lac de **Trasimène**, entre le Tibre et le val di Chiana, n'a que 8 mètres de fond sur une superficie de 120 kilomètres carrés. On en a entrepris le dessèchement. Déjà, les eaux du lac Fucino ont été conduites dans le Liri, affluent du Garigliano, et le dessèchement en a été complètement terminé en 14 années, de 1855 à 1869.

Enfin, au delà de la région volcanique, reparaissent des collines calcaires. Entre le Garigliano et la mer, le massif des monts **Lepini** ou monts des Volsques a son point culminant à 1477 mètres ; il se prolonge par les monts **Ceprei** et le mont **Petrella** (1300ᵐ) au nord de Gaete, et isole de la mer les routes qui remontent la vallée du Garigliano.

Le promontoire de Circeo, célèbre dans les légendes des temps homériques, domine de 527 mètres les lagunes insalubres des **Marais-Pontins**, à l'ouest de Terracine.

Les environs de Rome, que l'on connaît sous le nom de **Campagne romaine** ou **Agro romano**, sont aujourd'hui déserts et empestés ; autrefois, pourtant, ces plaines étaient riches et populeuses, mais, par différentes causes, la culture en a été successivement négligée et le marais a envahi les bas-fonds. La côte entre Rome et le cap Circeo, autrefois bordée des palais des patriciens romains, n'a plus qu'un rivage désolé, et, au delà du cap, viennent déboucher les fameux Marais-Pontins plus insalubres encore.

Versant de la mer Tyrrhénienne.

Nous avons énuméré plus haut les cours d'eau côtiers jusqu'au golfe de Spezia. Plus au sud, les rivières ont un cours plus long et acquièrent plus d'importance.

La Magra descend de Pontremoli et ouvre la très importante route de la Cisa qui conduit de Spezia à Parme. Elle passe à Aulla, ancienne forteresse toscane située au confluent de l'**Aulletta** (r. g.), dans la vallée de laquelle débouche la route de Reggio par le Cerretto. A Vezzano, elle reçoit r. d.) la **Vara**, qui vient de Varese et ouvre une route sur Chiavari. Elle passe près de Sarzana et finit au sud du golfe de Spezia.

Le **Serchio** coule d'abord parallèlement à la crête dans une belle vallée appelée la Garfagnana, d'où partent les importantes routes de San Pellegrino, de Rondinaia, et de Fiumalbo, qui se réunissent à Pieve Pelago dans la vallée supérieure d'un torrent tributaire du Panaro, et se prolongent sur Modène. Le Serchio passe à Castelnuovo et à Lucques; il finit au sud de la plage de Viareggio.

Il reçoit (r. g.) dans sa vallée supérieure, la **Lima** qui vient du col de l'Abetone et passe à San Marcello, nœud des routes de Pistoia, de Pescia, et de Lucques par la Lima.

L'**Arno** naît au mont Falterona, passe à Prato Vecchio et Poppi ; sa vallée supérieure ou **Cosentino**, resserrée entre les monts de Catenaja (r. g.) et le Prato Magno (r. d.), communique par des routes muletières avec Bagno in Romagna sur le Savio, et avec le haut Tibre. L'Arno enveloppe le pittoresque massif du Prato Magno et laisse sur sa gauche Arezzo. Cette ville, importante depuis l'antiquité, est située dans une plaine riche à l'entrée du Val di Chiana qui est un ancien lit de l'Arno, longtemps marécageux, aujourd'hui asséché et traversé par le canal maëstro di Chiana qui fait communiquer l'Arno et le Tibre par Chiusi et Orte. C'est un nœud de routes importantes qui divergent dans toutes les directions, et une position naturelle de rassemblement pour les réserves d'une armée qui doit défendre le versant méridional de l'Apennin, ou pour celles d'une armée qui, opérant offensivement, marche sur Rome après avoir traversé les Apennins.

A Pontassieve où se termine la boucle de l'Arno vient tomber (r. d.) la Sieve, dont la vallée, appelée le **Mugello**, a une grande importance. A San Piero à Sieve aboutissent les routes de Bologne par la Futa et d'Imola par Firenzuola. Leur débouché était défendu autrefois par l'ancien fort de San Marino; elles se réunissent et se prolongent directement sur Florence en traversant le Prato Magno. A San Lorenzo arrive la route de Faënza par Marradi; à Dicomano celle de Forli par San Godenzo; à Pontassieve la route de Prato Vecchio, sur le haut Arno. Dicomano est à la tête du défilé par lequel la Sieve traverse une avant-chaîne pour se réunir à l'Arno.

L'Arno, coulant ensuite de l'est à l'ouest, arrose Florence au centre d'une belle plaine; il reçoit (r. d.) le **Bisenzio** qui correspond par ses sources à un affluent du Reno et débouche des montagnes à Prato, et l'**Ombrone** qui vient de Pistoia, nœud de routes et de chemins de fer.

Les principaux affluents de gauche sont la **Greve**, la **Pesa**, l'**Elsa**, qui descendent du plateau de Sienne. L'Elsa qui finit en aval d'Empoli passe à Colle di Val Elsa et Poggibonsi, nœud des routes de Sienne, de Volterra, et de Florence; elle est suivie par le chemin de fer de Sienne.

L'Arno laisse, à gauche, San Miniato et reçoit (r. d.) la **Pescia** qui passe à Pescia et ouvre une route sur San Marcello par le col de Pruneta. Sa vallée marécageuse est séparée de celle de l'Ombrone par le petit massif du mont Albano.

A Pontedera vient tomber (r. g.) l'Era dont la vallée conduit à Volterra, et un peu plus en aval (r. d.) la **Serreza** qui est le déversoir du lac **Bientina** qu'un canal unit au Serchio.

L'Arno traverse ensuite Pise et se jette dans la mer en traversant des terres marécageuses et insalubres.

La **Cecina** descend du plateau de Toscane; elle est longée par un chemin de fer jusqu'à Moje San Leopoldo; elle finit dans la mer à Cecina.

La **Cornia** se rend dans les marais de Piombino.

L'**Ombrone toscan** descend du plateau de Toscane, passe à Grosseto, ville entourée d'une ancienne ceinture de murailles et qui peut jouer le rôle de fort d'arrêt, barrant le chemin de fer de Florence à Rome par Civita Vecchia. Un sous-affluent de droite de l'Ombrone passe près de Sienne. Il reçoit (r. g.) l'Orcia qui descend des hauteurs de Radicofani et dont la vallée est en partie longée par le chemin de fer d'Asciano à Grosseto.

Les cours d'eau suivants, jusqu'au Tibre, ont peu d'importance.

Les plus notables sont : l'**Albegna** qui finit près d'Orbitello.

La **Fiora** qui descend du mont Amiata.

La **Marta** qui recueille les eaux du plateau de Viterbe.

Le **Tibre** prend sa source dans les Alpes de la Luna, au mont Comero, à l'opposé du Savio, coule du nord au sud, passe à Pieve San Stefano où doit aboutir une importante route projetée entre Rimini et le val Tibérin; à Borgo San Sepulcro, point de départ de la route d'Ancône par la Bocca Trabaria, à Citta di Castello; à Fratta, passage d'un chemin transversal entre Gubbio et Cortona dans le val Chiana, à Pérouse, défendue par une citadelle; à Todi. Il devient navigable à Orte, confluent de la Nera, passe à Rome, et se jette dans la mer par deux bras à Fiumicino et Ostie. Il reçoit de nombreux affluents. Les principaux sont : le Chiascio, la Nera, le Teverone (r. g.), la Paglia (r. d.).

Le Tibre ouvre, par sa vallée supérieure, la route de la Bocca Trabaria, entre Arrezzo, Urbino, et Pesaro. Cette haute vallée qui ne communique avec le Savio et la Marrecchia que par des chemins muletiers, acquerra une très grande importance lorsque des routes carrossables seront ouvertes. Ce sera une position centrale d'où l'on pourra surveiller simultanément la Romagne et les Marches, la haute vallée de l'Arno et les routes de Rome.

Le **Chiascio** (r. g.) ouvre la route de la Scheggia entre Pérouse et Fano ; le bassin du Chiascio comprend les vallées du Topino et de la Maroggia.

Dans celle du **Topino** se trouve Foligno, important nœud de routes et de chemins de fer, dans une belle vallée qui forme place d'armes naturelle, au débouché de la route et du chemin de fer de Falconara, et de la route de Chienti par Tolentino et Colfiorito.

La vallée de la **Maroggia** est suivie par la route de Terni à Foligno et par le chemin de fer ; son origine est près du passage de la Strettura entre Spolète et Terni.

Pérouse et Foligno indiquent la position centrale à occuper pour commander les routes du lac de Trasimène, du Tibre supérieur, et des Marches, afin de couvrir Rome vers le nord.

La **Nera** (r. g.) descend des monts Sibyllins, passe à Terni, important nœud de routes, fabrique d'armes ; la rivière s'engage à Narni dans une gorge profonde et finit dans le Tibre à Orte. Elle reçoit (r. g.) la Cornia et le Velino.

La **Cornia**, par un de ses affluents qui passe à Norcia, ouvre la route d'Ascoli par le col de San-Pellegrino.

Le **Velino** qui arrose Rieti, ouvre, par les gorges d'Antrodoco, une route sur Aquila ; il reçoit (r. g.) le **Salto** et le **Turano** qui coulent dans des vallées profondes et difficiles.

Dans le bassin de la Nera, il faut occuper la position Rieti—Terni, pour couvrir Rome du côté des Abruzzes.

En amont de Rome, le Tibre se grossit (r. g.) du **Teverone**, l'ancien Anio, qui passe à Subiaco, Tivoli et dont les sources, apposées à celles du Liri, affluent du Garigliano, ouvrent une route secondaire sur Capoue et sur Naples.

La **Paglia** (r. d.) descend du plateau de Toscane; elle ouvre l'importante route de Radicofani.

Entre le val di **Chiana** et le Tibre, est le lac **Trasimène**; au sud de la Paglia, le lac **Bolsena**.

Le **Garigliano** formé du Liri et du Sacco passe à Ponte Corvo, et ouvre, par la direction de son cours, une ligne naturelle d'opérations pour pénétrer du royaume de Naples dans la Campagne romaine et réciproquement.

La vallée du Sacco est suivie par le chemin de fer de Rome par Frosinone et Velletri.

Versant de l'Adriatique.

Le Pô recueille les eaux d'une partie du versant septentrional de l'Apennin toscan; ces rivières, torrentueuses pour la plupart, coulent dans des déchirures très étroites des montagnes. Leur vallées sont si escarpées qu'elles n'ont pu servir au tracé des routes qui suivent en général les contreforts intermédiaires; il en résulte que les positions défensives se trouvent sur les crêtes elles-mêmes. Cette disposition ne se représente pas sur le versant méridional; les vallées supérieures des cours d'eau y sont convergentes, suivies par des routes et doivent être défendues aux points de convergence. Ainsi, contre une attaque venant de la Lombardie, les troupes défensives doivent s'élever immédiatement sur les hauteurs et occuper les crêtes; celles-ci, une fois perdues, elles trouveront de bonnes positions aux points de réunion des vallées du versant méridional.

Affluents de la rive droite du Pô. — En aval de la Trebbia (voir plus haut), les cours d'eau notables sont :

La **Nure**, premier torrent à l'est de Plaisance.

Le **Taro**, qui ouvre le col des Cent-Croix (route de Chiavari), et le col de la Cisa ; il passe à Borgo Taro, Fornoue, au débouché de la route de la Cisa ; il reçoit (r. g.) le **Ceno** qui passe près du vieux fort de Bardi ; et va finir entre Crémone et Casalmaggiore.

La **Parma**, Parme ; elle reçoit (r. d.), près de son confluent, l'**Enza**.

Le **Crostolo**, qui se termine à Guastalla et passe près de Reggio ;

La **Secchia** qui ouvre le col de Cerretto (de Reggio à Spezia), laisse Modène à droite, et finit en aval de Borgoforte.

Le **Panaro**, dont un des torrents supérieurs passe près de Pieve di Pelago où viennent converger les routes de San Pellegrino, de Rondinaia, de Fiumalbo, venant des bassins du Serchio, de la Lima, et de l'Ombrone de Pistoia.

Dans la plaine entre la Secchia et le Panaro est la petite ville de Mirandola.

Tous ces cours d'eau, à l'exception du Reno, sont des torrents sans eau pendant l'été ; ils ne constituent des obstacles qu'à l'époque des crues de l'hiver et du printemps.

Le **Reno** descend du col de Piastres sur la route de San Marcello à Pistoia ; ses sources sont opposées à celles de la Pescia affl. de l'Arno ; il ouvre le défilé de la Porretta (route et chemin de fer de Bologne à Florence), passe à Vergato, débouche de l'Apennin près de Bologne, se jette dans le Pô di Primaro.

Il reçoit (r. d.) les eaux de la **Setta** qui communique avec le Bisenzio affl. de l'Arno, et celles du torrent l'**Idice**, dont un tributaire de gauche, la **Savena**, est en partie suivi par la route de la Futa.

Un canal réunit Bologne au cours inférieur du Reno.

Le **Santerno** ouvre la route de Firenzuola, passe à Imola.

Le **Senio**, parallèle au précédent, passe près de Castel Bolognese (embranchement du chemin de fer de Ravenne).

Bassins côtiers de l'Adriatique. — Au sud du Pô :

Le **Lamone** passe à Marradi et Faënza, ouvre une route importante qui conduit dans le Mugello.

Le **Montone** ouvre la route de San Godenzo, passe à Rocca San Casciano, débouche en plaine à Forli, laisse Ravenne sur sa gauche.

Le **Ronco** reçoit les eaux du mont Falterona par un torrent qui passe à Civitella di Romagna et dont la vallée est remontée par un chemin important qui conduit à Bagno in Romagna et aux sources du Tibre.

Le Montone et le Ronco se jettent dans la mer par une seule embouchure, les *Fiumi uniti*.

Le **Savio** descend du mont Comero, près de Bagno in Romagna ; ses sources communiquent par quelques chemins muletiers avec l'Arno et le Tibre ; il passe à Cesana.

Le **Rubicon**, torrent sans importance.

La **Marecchia** descend des monts de la Luna et finit à Rimini ; dans son bassin, sur une hauteur, la ville de San Marino, chef-lieu d'un petit État libre.

Au sud de la Marecchia, la côte de l'Adriatique est couverte par les contreforts de l'Apennin.

La **Foglia** finit à Pesaro ;

Le **Metauro** est formé de la réunion de la **Meta** qui descend des monts de la Luna, et du **Tauro**, qui ouvre la route de la Bocca Trabaria; il passe à Urbania, laisse Urbino sur une hauteur (r. g.), passe à Calmazzo, d'où se détache la route de Pérouse par la Scheggia; passe à Fossombrone et finit au-dessous de Fano; à Urbania, la route se bifurque d'une part sur Pesaro et de l'autre sur Fano.

Le **Cesano** passe à Pergola, finit au nord de Sinigaglia.

La **Misa** passe à Arcevia, finit à Sinigaglia.

En 1815, Murat prit successivement position sur ces cours d'eau; les Autrichiens l'en dépostèrent en envoyant des colonnes légères à travers les montagnes par les routes des crêtes, San Marino, Fossombrone, Pergola, Arcevia, Sassoferrato, Fabriano.

L'**Esino** passe à Fabriano, Jesi, finit au nord de Falconara, sa vallée, correspondant à celle du Topino, ouvre la route de Fossato et a servi au tracé du chemin de fer de Foligno; il reçoit (r. g.) un affl. qui vient de Sassoferrato et ouvre une route de crête.

La **Potenza** ouvre par ses sources le passage de Passo Torto et communique par de bonnes traverses avec la route de la Scheggia sur l'un et l'autre versant de l'Apennin. A Castel Ramondo, à San Severino, à Villa di Potenza, se croisent des chemins qui mettent en relation la vallée de l'Esino et la route de Foligno par Colfiorito.

Le **Chienti** passe à Tolentino; il est remonté par la route de Foligno qui traverse la crête à Colfiorito. A son embouchure est une assez bonne plage de débarquement.

Sur le contrefort, entre Potenza et Chienti, sont les deux petites villes de Camerino et de Potenza, nœuds de routes.

Le **Tronto** passe à Arquata, Ascoli, finit à Tronto et ouvre la route de Spolète (via Ascalana), par le col San Pellegrino.

Le torrent du **Tordino** passe à Teramo. finit à Giulianova ; il est longé par une route de construction récente qui conduit à Aquila par la haute vallée du Vomano, à travers le massif du Gran Sasso.

Entre le Tronto et le Tordino se trouve l'ancienne place forte de Civitella del Tronto. qui fut la dernière position défendue par les troupes du roi de Naples en 1861.

La Pescara, formée de deux rivières, l'**Aterno** et le **Gizio**, sort de la Conca Aquilana par les gorges de Popoli ; elle laisse Chieti à droite et finit à Pescara. L'Aterno qui passe à Aquila et le Gizio qui arrose Solmona, coulent à la rencontre l'un de l'autre, dans la Conca Aquilana et, après s'être réunis, se replient perpendiculairement pour traverser les gorges de Popoli. L'Aterno ouvre la route d'Antrodoco, et le Gizio celle du Plan di Cinque Miglia, qui conduit à Naples.

Le **Sangro** arrose Castel di Sangro. passage de la route d'Aquila à Naples.

Routes des Apennins toscans.

Actuellement, les Apennins toscans sont traversés par plusieurs routes qui, toutes, ont un grand intérêt militaire ; elles suivent de longs défilés et manquent de communications transversales.

Aucune ancienne voie romaine ne perçait ces montagnes, c'est que les Romains n'avaient pas voulu affaiblir ce rempart naturel de l'Italie en y ouvrant une brèche ; cependant Annibal réussit à faire passer son armée par les sentiers qui descendent dans la vallée de l'Arno.

Depuis, et à différentes époques, cette muraille fut

franchie maintes fois par des armées d'invasion qui n'y rencontrèrent que peu ou point de résistance.

Deux routes viennent aboutir à Spezia :

L'une part de Parme, remonte la vallée du Taro par Fornoue, passe au col de la **Cisa** (1100ᵐ) et descend par Pontremoli dans la vallée de la Magra. Elle communique par une traverse muletière avec Borgotaro et la route des Cent-Croix. La petite place d'Aulla située au confluent de la Magra et de l'Aulletta en commande le débouché. Cette ancienne forteresse pourrait, en étant améliorée, jouer à l'égard de Spezia le rôle de poste avancé et de tête de pont. Elle étendrait facilement son action sur le débouché de la route suivante. On a projeté la construction d'ouvrages au col de la Cisa.

C'est par la route de la Cisa que Charles VIII, en 1494, au retour de son expédition de Naples, traversa les Apennins. Les confédérés italiens cherchèrent à lui barrer le passage. Il les battit à Fornoue.

Trois siècles plus tard, c'est par cette même direction que Macdonald, évacuant l'Italie péninsulaire, devait chercher, mais sans succès, à se rouvrir la route vers la haute Italie.

La deuxième route part de Reggio, remonte la vallée du Crostolo, passe à Castelnovo nei Monti et au col de **Cerreto** (1400ᵐ). Elle descend par Fivizzana sur Sarzana et communique avec Aula, Carrara, et Massa.

Les routes de Modène et de Bologne à Pise et à Florence viennent converger dans les bassins du Serchio, de l'Ombrone florentin, ou de la Sieve.

La route de Modène à Pise, suivant le contrefort entre Serchio et Panaro, passe à Pavullo, Barigazzo et à Pieve di Pelago sur un affluent supérieur du Panaro. De ce point partent trois chemins carrossables par les cols de San Pellegrino, de Rondinaia et de Fiumalbo.

La route de San Pellegrino conduit à Castelnuovo sur le Serchio; celle de **Rondinaia** conduit directement aux bains de Lucques; celle de **Fiumalbo** conduit par le défilé de l'Abetone aux sources de la Lima et à San Marcello, d'où elle se bifurque à gauche par les sources du Reno et le col de Piastres sur Pistoïa, à droite par Pruneta sur Pescia et Lucques. C'est la plus importante.

Pieve di Pelago sur le versant nord, au pied du mont Cimone, Castelnuovo dans la vallée du Serchio, San Marcello dans celle de la Lima, sont les positions à occuper pour défendre ces routes.

Deux routes conduisent de Bologne à Florence, l'une par Pistoïa et l'autre directement par le col de la Futa.

La route de Bologne à Florence par Pistoïa remonte d'abord la vallée du Reno, passe à Vergato, à Poretta, traverse le col du mont Vestillo, et aboutit à Pistoïa. Elle est doublée par le chemin de fer de Bologne à Florence, ligne à une seule voie, à fortes rampes, avec nombreux tunnels et ouvrages d'art, sur laquelle on ne peut compter d'une manière absolue pour un transport régulier de troupes.

Nous avons déjà rappelé plus haut les épisodes intéressants de la marche de Macdonald à travers les Apennins, en 1799.
  Par suite des revers éprouvés par les troupes françaises en Lombardie, Macdonald dut évacuer l'Italie péninsulaire avec l'armée de Naples, et venir renforcer l'armée affaiblie de Moreau, que des défaites successives avaient rejetée sur Gênes. Les Austro-Russes étaient maîtres de la Lombardie et des débouchés de l'Apennin à l'exception de Bologne et du fort Urbano, près de Modène. Quelques-unes de leurs têtes de colonne avaient même pénétré sur le versant méridional, dans le bassin de la Vara, jusqu'à Borghetto. Le chemin de Gênes à Spezzia n'était qu'un mauvais sentier, impraticable à l'artillerie. Moreau et Macdonald résolurent alors de passer simultanément les Apennins en partant de la rivière de Gênes et de la ligne de l'Arno, afin de se réunir du côté de la Stradella.
  Macdonald forma une colonne d'avant-garde qui s'ouvrit la route des Cent-Croix et celle de la Cisa par une série de combats dont le plus important fut livré à Pontremoli ; une division de l'aile droite de Moreau descendit par le val Taro ; un corps détaché suivit la vallée de la Trebbia. Les Autrichiens battirent en retraite, défendant le terrain pied à pied. Les autres colonnes de Macdonald passèrent par les routes du Cerretto, le col de San Pellegrino et la vallée du Dragone, la route de Fiumalbo à Modène, et celle de Porelta, et débouchèrent sans difficulté sur le versant méridional des Apennins. Elles dépassèrent Plaisance, battirent une division ennemie, mais l'arrivée de Souvarov arrêta ces succès. Après trois jours de combat sur la Trebbia, Macdonald dut battre en retraite et repasser les Apennins, le détachement qui marchait par le val Taro regagna Gênes avec peine par des chemins de montagne. Macdonald fit embarquer son artillerie à Lerici, et lui-même, avec ses troupes, prit le sentier de Spezia pour se retirer sur Gênes.

La marche de Moreau de Gênes sur Tortone n'avait pas suffi pour ouvrir à Macdonald la route de la Stradella. Les généraux français, attaquant simultanément par l'est et par l'ouest les troupes russes qui occupaient la position Plaisance—Stradella, ne purent cependant réussir à faire leur jonction.

La **route de Bologne à Florence par le col de la Futa** aboutit dans le Mugello à San Piero à Sieve et se prolonge directement sur Florence à travers le Prato Magno.

Une route conduit d'Imola à Florence par la vallée du Santerno et **Firenzuola**; elle se réunit à la précédente à San Piero.

La route de Faenza à Florence remonte le Lamone, passe à **Marradi** et débouche dans la vallée de la Sieve à San Lorenzo.

La route de Ravenne à Florence par Forli remonte la vallée du Montone, passe par Rocca San Casciano, traverse les montagnes à **San Godenzo** et débouche dans la vallée de la Sieve à Dicomano.

San Piero à Sieve au point de convergence des routes de la Futa et de Firenzuola, est une bonne position à occuper. Un ancien fort, celui de San Marino, barrait autrefois l'importante route de la Futa. Les autres points à garder sont San Lorenzo et Dicomano; ce dernier se trouve à la tête d'un étroit défilé, par lequel coule la Sieve.

Ces routes sont réunies sur le versant méridional par une ligne parallèle aux montagnes, en partie carrossable, en partie bonne muletière, d'Aulla par les vallées supérieures du Serchio, de la Lima, de l'Ombrone, et de la Sieve.

De la vallée du Montone on peut passer directement dans celle du Tibre par Civitella di Romagna et Bagno in Romagno. Cette route est encore muletière; elle a une grande importance et permet d'établir des relations entre les colonnes qui opéreraient par les Romagnes et celles qui manœuvreraient dans les Marches.

Outre les routes carrossables qui viennent d'être itées, les Apennins toscans sont percés d'un grand nombre de chemins qui permettent le passage de colonnes légères.

Routes des Apennins romains et des Abruzzes.

Les routes principales des Apennins romains et des Abruzzes sont les suivantes :

De Pesaro à Arezzo par Urbino, la vallée supérieure du Metauro, le col de la **Bocca Trabaria (1100ᵐ)**, Borgo San Sepulcro dans la vallée du Tibre.

De Fano à Pérouse et à Foligno par la vallée inférieure du Metauro, Fossombrone, le **Passo del Furlo** (tunnel d'une trentaine de mètres ouvert dans le roc, au temps de Vespasien), **Scheggia** d'où la route se bifurque, à droite, sur Gubbio et Pérouse, à gauche, sur **Fossato**, Gualdo Tadino, et Foligno. La route actuelle n'est autre que l'ancienne *voie Flaminienne* qui faisait communiquer Rome avec la vallée du Pô. C'est encore aujourd'hui une des principales voies de terre de l'Italie.

D'Ancône à Foligno par Falconara, la vallée de l'Esino, Fabriano, le col de **Fossato**, où elle rejoint la route précédente.

Cette route est doublée par un chemin de fer qui franchit la crête à 535 mètres d'altitude sous un tunnel de 1900 mètres.

D'Ancône à Foligno par Macerato, la vallée du Chienti, Tolentino (traité du 10 février 1797), Serravalle, le **Colfiorito** (841m).

Le défilé est étroit et facile à défendre. C'est cette direction que Bonaparte suivit en 1797 jusqu'à Tolentino pour marcher sur Rome.

Une route qui remonte la vallée de la Potenza, et passe par San Severino et Camerino se réunit à la précédente près de Serravalle.

En 1860, les troupes pontificales, sous le commandement du général de Lamoricière, se portèrent au secours d'Ancône qu'assiégeaient les Piémontais, par les routes de Foligno et de Pérouse.

Les positions à occuper pour défendre ces débouchés sont Gubbio, Gualdo Tadino, Colfiorito.

Sur le versant de l'Adriatique ces communications sont reliées par une route de crête, en partie muletière, extrêmement importante, jalonnée par les points d'Urbino, Calmazzo, Cagli, Pergola, Arcevia, Sassoferrato, Fabriano, Matelica, Camerino.

Au sud des monts Sybillins, on vient d'ouvrir une route très importante d'Ascoli à Spolète (via Ascalana) par le Tronto, Arquata, le col de **San Pellegrino**, Norcia, et la vallée de la Nera.

Plus au sud, se développent les doubles chaînes qui enveloppent la **Conca Aquilana**, dans laquelle on ne pénètre en venant de l'Adriatique que par deux étroits défilés : la route de Giulianova par Teramo et la vallée du Vomano, à Aquila, route de construction récente, et la route de la Pescara par les gorges de Popoli ; celle-ci est doublée par un chemin de fer qui se bifurque d'un côté sur Aquila, de l'autre sur Solmona, et que l'on a l'intention de prolonger dans les directions de Rome et de Naples.

On sort de cette vallée : à l'ouest par les gorges d'**Antrodoco** qui conduisent à Cittaducale et à Rieti ;

A l'est par le **Plan di Cinque Miglia** par lequel on arrive à Castel di Sangro, Isernia, et Naples.

On attribue une certaine valeur stratégique à la Conca Aquilana pour la défense de l'Italie centrale. C'est en effet un réduit naturel, extrêmement fort, dans lequel peuvent se retirer, après un échec, les troupes nation.les pour se reconstituer et prendre de nouveau l'offensive contre l'ennemi qui marcherait sur Rome, en descendant les vallées de la Nera et du Tibre.

Les Apennins romains offrent plus de ressources que les Apennins toscans; les vallées sont cultivées jusqu'à l'altitude de 800 mètres environ. Les Marches, dont le nom indique le rôle militaire joué par cette région pour la défense des États de l'Église, sont riches et la propriété y est très divisée. A partir du Chienti, commence, au contraire, la région stérile et désolée des Abruzzes.

On trouve dans l'Apennin romain de nombreux attelages de bœufs qui faciliteraient la marche des convois.

Récapitulation des routes des Apennins.

Alpes liguriennes :

Route du col de **Tende**, de Coni à Nice,
Route du col de **Nava**, d'Ormea à Oneglia,
Route du col de **San Bernardo**, de Garessio à Albenga,
Route du col de l'**Osteria de Melogno**, de Millesimo à Finale.
Route du col de **Cadibone**, de Ceva à Savone (route et chemin de fer).

Apennins liguriens :

Route du col des **Giove**, d'Acqui à Albissola.
Route du col di **Masone**, d'Alexandrie à Voltri,
Route du col de la **Bocchetta** (750ᵐ), d'Alexandrie à Gênes.
Route du col de **Giovi** (480ᵐ), d'Alexandrie à Gênes (route et chemin de fer),

Route de la **Scoffera**, de Plaisance à Gênes,
Route du col des **Cent-Croix**, de Fiorenzuola à Chiavari.

Apennins toscans :

Route du col de la **Cisa** (1400ᵐ), de Parme à Spezia,
Route du col de **Cerretto** (1400ᵐ) ou de Fivizzano, de Reggio à Spezia,
Route de Modène à Pise par Pieve di Pelago, d'où partent des chemins dans les directions suivantes :
- par **San Pellegrino** à Castelnuovo (Serchio),
- par **Rondinaïa** aux bains de Lucques,
- par **Fiumalbo** et l'**Abetone** à San Marcello, Pruneta et Lucques, ou col de **Piastres**, et Pistoïa,

Route de la **Poretta**, de Bologne à Florence (route et chemin de fer),
Route de la **Futa**, de Bologne à Florence,
Route de **Firenzuola**, d'Imola à Florence,
Route de **Marradi**, de Faënza à Florence,
Route de **San Godenzo**, de Ravenne à Florence,
Route de Forli à San Sepulcro, par Bagno in Romagna.

Apennins romains et Abruzzes :

Route de la **Bocca Trabaria** (1100ᵐ), de Pesara à Arezzo,
Route de la **Scheggia**, de Fano par le **Passo del Furlo**, Scheggia à ..... Gubbio, Pérouse ou Fossato, Foligno.
Route du col de **Fossato**, d'Ancône à Foligno,
Route du col de **San Pellegrino**, d'Ascoli à Spolète,
Route de Giulianova par Teramo à Aquila,
Route des gorges de Popoli, de Pescara à Aquila (route et chemin de fer),
d'Aquila
- par les gorges d'Antrodoco à Rieti et Rome
- par le **Plan di Cinque Miglia** à Castel di Sangro, Isernia, et Naples.

Défense de l'Italie centrale.

Si des opérations de guerre se développent dans l'Italie centrale, leur objectif sera nécessairement Rome, la capitale du nouveau royaume italien.

On peut attaquer Rome :

1° Par l'Apennin toscan ; ce serait la direction naturelle d'une armée française qui se serait rendue maîtresse de Plaisance et aurait réussi à masquer Bologne.
2° Par les Marches et par l'Apennin romain ; cette direction conviendrait à une armée austro-hongroise qui aurait passé le Pô et se serait emparée des Romagnes en masquant Bologne, ou encore à une armée qui aurait effectué un débarquement sur les côtes de l'Adriatique.
3° Par un débarquement sur les côtes de la mer Tyrrhénienne.
4° Par le sud, l'armée d'invasion prenant sa base d'opérations sur Naples et sur l'Italie méridionale.

Nous avons dit précédemment que Bologne devait être considérée, à la fois, comme une tête de défilé en avant de l'Apennin et un réduit pour la défense du bassin du Pô. Nous reproduisons ci-après les considérations qui ont été développées, à ce sujet, dans les rapports officiels présentés au Parlement italien sur l'organisation de la défense du royaume.

« La ligne du Pô perdue, il nous reste une seconde ligne de défense dans l'Apennin, entre Spezia et Rimini, et quand l'ennemi aurait réussi à rompre encore cette barrière, nous pourrions prolonger la guerre en défendant pied à pied les deux versants de la péninsule.

« Il est toutefois évident que, l'adversaire maître de toute la région continentale, il nous restera peu d'espoir, abandonnés à nous-mêmes, de le chasser au delà des Alpes. Admettons que nous puissions le tenir longtemps en échec et l'empêcher de passer l'Apennin ; il pourra, de son côté, nous empêcher facilement de déboucher par un puissant retour offensif, et nous tenir pour ainsi dire bloqués dans la moitié de notre territoire, tout en vivant des riches dépouilles de l'autre moitié, tombée en sa possession. Il suffit de réfléchir à cette hypothèse, pour se convaincre de l'extrême nécessité qui s'impose à nous de tenir pied à toute outrance au delà des Apennins, et, par conséquent, d'y avoir un grand réduit favorisant cette extrême résistance, une grande place solidement fortifiée où la masse de notre armée, après la perte du Pô, puisse se mettre à l'abri pour se réorganiser, se compléter en hommes et matériel de toute sorte.

« Cette grande place de refuge et de rescousse doit : 1° couvrir l'accès de la région péninsulaire; 2° intercepter ou du moins menacer sérieusement les lignes d'opérations par lesquelles l'ennemi poursuivrait sa marche; 3° être en communication directe, facile, et sûre avec l'intérieur du royaume, pour pouvoir en tirer toutes les ressources nécessaires; 4° présenter une position assez vaste pour y recevoir toute l'armée combattante, et assez forte naturellement et artificiellement pour faire une longue résistance, quels que soient les moyens d'attaque de l'adversaire; 5° enfin, offrir toutes les facilités pour reprendre l'offensive.

« La position de Bologne satisfait à toutes ces conditions, et aucun autre point ne l'égale à cet égard. C'est à Bologne que convergent les lignes naturelles d'invasion de l'ouest, du nord, et de l'est; Bologne est l'objectif principal de toute attaque provenant de la frontière de terre, parce que cette position commande l'entrée de la Péninsule, et, tant qu'une armée italienne y aura un pied solide, l'adversaire ne pourra jouir en paix de la possession de la région continentale.

Les deux routes les plus courtes et les plus directes entre la partie septentrionale et le centre de l'État s'y réunissent : la route de la Futa et celle de la Porretta; on y trouve, en outre, le seul chemin de fer qui joigne aujourd'hui le bassin du Pô à la Toscane.

Il est vrai que l'Apennin toscan offre huit autres passages (ceux de Cisa, Cerreto, San-Pellegrino, Rondinaia, Abetone, Firenzuola, Marradi, et San Godenzo) : mais aucun d'eux ne présente les avantages des deux précédemment nommés, soit comme état des routes, soit comme position des débouchés, soit comme distances réciproques, ce qui ne permettrait pas à des colonnes parallèles de se tenir en communication certaine entre elles. Tous, du reste, sont pris de flanc par la position de Bologne.

« Grâce aux deux routes carrossables et à la voie ferrée qui traversent l'Apennin sous la protection de Bologne, on pourra y faire affluer les convois et secours de toute espèce de la Péninsule ; aucune autre localité ne remplit mieux cette condition si essentielle.

« La position topographique de Bologne permet d'en étendre les fortifications de façon à y faire deux camps retranchés, l'un en plaine et l'autre sur la colline ; et l'espace sera suffisant pour contenir une armée de 200,000 hommes et plus.

« L'importance de cette place ne se restreint pas à la défense directe du bassin du Pô; elle s'étend à une attaque simultanée de front et d'arrière, car si l'ennemi, à la suite d'un débarquement considérable, se dirigeait sur Florence et sur Rome, il aurait à craindre de voir sa ligne d'opérations coupée par les détachements que l'armée italienne, rassemblée à Bologne, pourrait promptement faire descendre sur le versant méridional de l'Apennin.

« En admettant même que Gênes et Spezia fussent assiégées, Bologne ne serait pas compromise et elle menacerait toujours la marche de l'ennemi par la Toscane. »

Ces considérations ont motivé le projet d'établir de nouveaux forts sur les hauteurs des Apennins au-dessus de Bologne. La création d'une place sur le versant nord des Apennins aura en effet une réelle utilité pour la défense de l'Italie du Nord, mais il y aurait danger à préparer dans cette position un camp retranché destiné à recueillir, comme il est dit ci-dessus, une armée battue et incapable de tenir la campagne. Il n'est pas probable d'ailleurs que cette opinion ait prévalu en Italie. Quelles que soient les difficultés du terrain dans les Apennins, une armée qui s'enfermerait à Bologne, ne tarderait pas, sans doute, à être suffisamment bloquée pour ne plus pouvoir en sortir.

Il est certain, d'autre part, qu'une armée d'invasion maîtresse du bassin du Pô, ne saurait s'engager dans les Apennins sans laisser un fort détachement devant Bologne, ce qui l'affaiblirait d'autant. En outre, l'armée italienne, protégée dans sa retraite par le canon de Bologne, pourrait se retirer en toute sécurité par les routes de la Porretta et de la Futa, et arriver à temps pour renforcer les troupes chargées de disputer à l'ennemi le débouché des autres routes sur le versant méridional des Apennins.

Offensive par l'Apennin toscan. — L'Apennin toscan est partout difficile à traverser; pour en défendre les versants nord, il faut, comme on l'a dit plus haut, occuper les contreforts, parce que les vallées sont trop étroites et souvent impraticables.

La plupart des positions ne sauraient d'ailleurs être défendues longtemps avec chances de succès contre un ennemi supérieur en nombre, parce qu'une grande quantité de sentiers facilitent les mouvements tournants, et permettraient à l'attaque de prendre à revers des positions inabordables de front.

Si les troupes italiennes ont l'infériorité sur le versant nord et veulent défendre le versant sud, il leur faut prendre position aux points de convergence des vallées supérieures des affluents du Serchio et de l'Arno.

Nous avons signalé, à ce point de vue, l'importance des positions d'Aulla, de Castelnuovo, de San Marcello, de Pistoïa, de San Piero à Sieve, de Pontassieve, et de la route transversale qui les unit.

En venant de l'ouest et en traversant les Apennins par les routes de la Cisa et de Cerreto, on arrive dans le rayon d'action de Spezia. Les routes de Modène à Pistoïa et à Lucques sont plus favorables à l'offensive ; celles de la Porretta et de la Futa sont commandées par Bologne. Les routes qui traversent la partie comprise entre Bologne et Rimini sont plus courtes, mais il faut un grand détour pour les atteindre.

C'est donc la route de Modène à Pieve di Pelago qui paraît offrir la direction la plus favorable à la marche d'une armée, venant de l'ouest, et qui veut passer de l'Émilie en Toscane après avoir masqué Plaisance et Bologne. De Pieve di Pelago, plusieurs chemins descendent dans la Garfagnana et dans la vallée de la Lima. Le plus important est celui de l'Abetone qui conduit à San Marcello, d'où il se bifurque sur Pescia et sur Pistoia. L'armée défensive a donc tout intérêt à occuper fortement Pieve di Pelago sur le versant nord, et elle peut ensuite chercher à défendre les débouchés du versant sud ; mais si elle n'a pas une grande supériorité numérique, sa position sera fort difficile. Le passage des défilés des montagnes de la Bohême par les Prussiens, au début de la campagne de 1866, confirme cette opinion déjà exprimée par Napoléon Ier, que, dans les montagnes, l'attaque est toujours plus facile que la défense, et que la défense n'est même possible qu'en manœuvrant. L'armée italienne qui attendrait l'attaque dans les bassins du Serchio et de l'Arno serait donc très compromise, et il est de son intérêt d'arrêter l'ennemi dans la plaine même de l'Émilie : c'est pourquoi les places de Plaisance et de Bologne ont une grande importance, mais surtout comme pivots de manœuvre, c'est-à-dire comme dépôts d'approvisionnements où l'armée d'opération peut être sûre de trouver les ressources dont elle a besoin. Il semble d'ailleurs que ce rôle de magasins fortifiés est le plus sérieux que puissent jouer les places fortes dans les guerres modernes.

La défense d'une chaîne de montagnes est une des tâches les plus difficiles qui puissent incomber à un général, et l'on peut dire, qu'avec des troupes battues, par conséquent plus ou moins désorganisées et démoralisées, il n'y réussira pas. Machiavel a écrit, il y a longtemps déjà : « En essayant de procéder à la défense d'une chaîne de montagnes, vous prenez un parti qui vous sera le plus souvent funeste. »

Débarquement sur les côtes de la mer Tyrrhénienne. — L'attaque des Apennins par le nord pourrait être combinée avec une attaque d'un corps de débarquement opérant sur le versant sud ; dans ces conditions la défense de ces montagnes serait excessivement périlleuse, les troupes pouvant se trouver enfermées dans les montagnes.

Un débarquement sur les côtes de Toscane pourrait en effet être opéré par une grande puissance maritime qui aurait détruit ou bloqué la flotte italienne et serait maîtresse de la mer.

Les progrès de la navigation à vapeur rendent possibles de grands débarquements. Le transport d'un corps d'armée sur des navires n'est pas une opération beaucoup plus difficile qu'un transport par chemin de fer, si le lieu de débarquement est à l'abri des attaques de l'ennemi. On estime que 50,000 hommes pourraient être jetés en une seule fois sur les côtes de l'Italie.

Les barrières des Alpes, du Pô, et de l'Apennin pourraient alors être tournées dès le début des opérations, et la guerre immédiatement transportée en Toscane.

Bien que les points favorables à un débarquement soient rares, il serait possible de débarquer du côté de Viareggio et de Livourne, de prendre les Apennins à revers, de menacer simultanément Rome, et de surprendre ainsi l'armée italienne pendant une concentration que la forme péninsulaire de l'Italie rend nécessairement longue et difficile.

Si l'opération avait pour objectif spécial l'attaque de Rome, il faudrait sans doute chercher un point de débarquement sur la portion de la côte comprise entre Talamone au nord et Gaëte au sud, près des ports du monte Argentaro, de Civita Vecchia, de Fiumicino, de Porto d'Anzio, de Terracine, ou de Gaëte[1].

Offensive par les Marches et l'Apennin romain. — Si l'offensive vient de l'est, il y aurait avantage pour elle à se diriger par les Marches sur l'Apennin romain, de manière à utiliser la route de la Scheggia, le chemin de fer de Falconara, ou la route de Colfiorito. Une attaque de l'Italie centrale par les routes des Romagnes paraît moins favorable, parce que ces routes débouchent sur Florence et qu'il reste alors toute la Toscane à traverser.

En 1797, Bonaparte marchait sur Rome par les Marches, lorsque le traité de Tolentino mit fin aux hostilités.

En 1860, lorsque les Piémontais envahirent les États de l'Église, ils opérèrent simultanément par les deux versants de l'Apennin. Ancône était leur objectif. Un corps d'armée (Cialdini) s'avançait par les Marches et,

---

[1] Les canons de 27 cent. (modèle 1875) dont sont armés les cuirassés français, permettent de tirer sous un angle de 36° et de lancer les projectiles à 14 kilomètres de distance. On pourrait donc atteindre même les hauteurs du monte Argentaro à 636 mètres d'altitude. (*Rivista italiana*).

poussant devant lui les troupes pontificales, il occupa successivement Pesaro, Fano, Sinigaglia, Jesi. L'autre corps (della Roca) descendit la vallée du Tibre par Castello, Pérouse qu'il fit capituler, et Foligno. La jonction entre les deux corps était assurée par une division qui longeait les crêtes sur le versant de l'Adriatique par San-Leo, Urbino, arrivait aux sources de la Potenza, et descendait par San-Severino.

Le général de La Moricière, commandant l'armée pontificale, ne prévoyait pas l'entrée en campagne de l'armée piémontaise; il ne pensait avoir à combattre que les garibaldiens, et occupait Terni, Spolète, Foligno, pour surveiller la frontière du côté des Abruzzes. Lorsque les Piémontais démasquèrent leurs projets, il se porta rapidement au secours d'Ancône par Colfiorito, mais, avant d'atteindre la place, il fut enveloppé par les forces supérieures de l'ennemi, à Castelfidardo au sud-est d'Ancône. Il livra un combat désespéré pour se faire jour; son armée fut détruite, et il n'arriva qu'à grand'peine, avec quelques débris, à atteindre Ancône par des sentiers de montagne.

En battant en retraite par le versant de l'Adriatique, l'armée défensive peut utiliser les cours d'eau torrentueux qui descendent perpendiculairement à la mer et les contreforts qui les séparent, c'est-à-dire la Marecchia, la Foglia, le Metauro.

Le Metauro offre particulièrement de bonnes positions; il communique avec le revers occidental des Apennins par la route de la Bocca Trabaria et celle de Scheggia.

Ce fut sur ses bords que les consuls Livius et Claudius Néron (210 av. J.-C.), arrêtèrent et détruisirent l'armée qu'Asdrubal amenait à son frère Annibal[1].

Mais, en se retirant dans cette direction, l'armée défensive court le danger d'être coupée de ses communications avec l'Ombrie, par l'ennemi qui aurait franchi l'Apennin toscan. C'est ce qui arriva en 1815 à Murat. Il se retirait par les routes de l'Adriatique; le maréchal Bianchi le fit suivre par un corps commandé par Neipperg et destiné à ralentir sa marche. Des colonnes légères envoyées par les chemins de montagne, par San Leo, San Marino, Urbino, Fossombrone, menaçaient, sur sa gauche, les positions successives qu'il essayait de prendre. Quant au gros des forces ennemies, elles passaient par Pistoia, Florence, Pérouse et, hâtant leur marche, arrivaient sur ses derrières à Foligno.

Murat essaya de déboucher par la route de Colfiorito. D'abord vainqueur, il fut ensuite repoussé et obligé de reprendre la route du littoral de l'Adriatique par Fermo et Pescara. Il se hâta ensuite de traverser la Conca

---

[1] Depuis dix ans, Annibal descendu en Italie, vainqueur des Romains dans quatre grandes batailles sur le Tessin, sur la Trebbia, sur le lac Trasimène, et à Cannes sur l'Ofanto, occupait l'Italie méridionale sans pouvoir réduire Rome. Il était sans relations avec Carthage, et les renforts que lui amenait son frère, devaient décider du sort de cette longue guerre. Leur jonction devait avoir lieu dans l'Ombrie. Des messagers, saisis par les Romains, les instruisirent des projets des généraux carthaginois; c'est alors qu'ils se hâtèrent de concentrer toutes leurs forces sur le Metauro et qu'ils livrèrent à Asdrubal une bataille terrible qui sauva Rome et l'Italie. Asdrubal y fut tué; les historiens rapportent que 50,000 Carthaginois et 8,000 Romains y périrent.

Aquilana, et réussit à échapper à un corps ennemi qui arrivait de Rome par Aquila, mais ses troupes se débandèrent, et il revint à Naples presque seul.

On voit par cet exemple combien il serait dangereux pour une armée italienne de choisir sa ligne de retraite à travers le pays difficile du versant de l'Adriatique. Pour défendre les Apennins romains il faut donc chercher des positions sur le versant occidental. La ligne Pérouse—Foligno est naturellement indiquée, avec des positions avancées à Gubbio sur la route de la Scheggia, à Gualdo Tadino sur celle de Fossato, et près de Colfiorito. Le général de La Moricière projetait de fortifier Gubbio, qui est dans une situation importante, au carrefour de plusieurs routes. Cette position formerait d'ailleurs la droite de la ligne de défense, contre les attaques venant de la Toscane.

Un débarquement sur les côtes de l'Adriatique n'aurait pas la même importance que celui qu'effectuerait l'ennemi sur les côtes de la mer Tyrrhénienne, puisque la barrière des Apennins et des Abruzzes couvrirait toujours Rome; en outre, le pays est très difficile, la côte est bordée de très près par les montagnes, et la navigation de l'Adriatique est dangereuse. Toutefois, une opération de cette nature serait utile pour appuyer une attaque par les Marches. L'occupation du port d'Ancône offrirait, en outre, de grands avantages à une armée autrichienne, à cause de sa proximité de Pola et de Trieste, d'où elle tirerait ses renforts et ses remplacements.

Défense de la Toscane. — Les Apennins franchis entre Plaisance et Bologne, le seul obstacle continu que l'on rencontre est l'Arno qui n'a pas de valeur comme ligne de défense stratégique; il n'a que 200 mètres de largeur à Florence et peut être passé à gué en plusieurs endroits. L'ennemi prendra une nouvelle base sur ce cours d'eau, dont la vallée est riche et peuplée; la plaine d'Arezzo lui offrira une sorte de place d'armes favorable à la concentration de ses forces et à l'établissement de ses magasins.

Les directions des opérations qui ont Rome pour objectif, sont indiquées par les trois lignes ferrées :

Livourne — Rome,
Empoli — Sienne — Chiusi — Orte — Rome,
Florence — Arezzo { Chiusi, ou Pérouse — Foligno } Orte — Rome

Le sol de la Toscane, grâce aux nombreux accidents qu'il présente et que l'on pourrait artificiellement renforcer, présente un bon théâtre défensif. En occupant, sur le plateau toscan, la ligne Arezzo—Sienne—Volterra, on commande les routes de la Toscane sur Rome, mais cette ligne est très étendue, 100 kilomètres environ, et, par conséquent, difficile à garder; pour se couvrir également contre une attaque venant des Abruzzes, il paraît plus avantageux de chercher une position plus à l'est.

On la trouverait sans doute sur le lac Trasimène en se prolongeant, selon les circonstances, par sa droite sur Pérouse et Foligno, ou par sa gauche vers Chiusi et Radicofani. De Chiusi, on commande le débouché du

Val di Chiana et l'embranchement des deux chemins de fer d'Arezzo et de Sienne; à Radicofani, forte position à l'extrémité du plateau toscan, on barre la route de Sienne à Viterbe (Via Cassia).

La commission de défense avait recommandé de fortifier Chiusi et Radicofani. Chiusi est un point faible, où se croisent de nombreuses communications. On tiendrait ainsi les débouchés des chemins de fer de Sienne, d'Arezzo, et d'Ancône; on aurait pour communiquer avec Rome les deux lignes qui se rejoignent à Orte. La configuration du pays est avantageuse à la défense, et, suivant les circonstances, on peut reprendre l'offensive soit par la Toscane, soit par les Marches.

Annibal, qui avait franchi les Apennins par les sentiers qui descendent sur le bas Arno, tourna à l'ouest la position que le consul Flaminius occupait à Arezzo et vint se placer sur ses derrières, au lac Trasimène; le consul se mit en retraite par la route qui conduit aujourd'hui d'Arezzo à Pérouse. Posté sur les collines qui bordent à l'est cette route et le lac, Annibal tomba sur les flancs de l'armée romaine qui avait négligé de faire fouiller le défilé, et la détruisit. Il marcha ensuite sur Rome et fut arrêté par la résistance de Spolète. Le souvenir de cette sanglante bataille s'est conservé, dit-on, par le nom de la plaine, *Piano di Sanguinetto*, située au nord du lac.

Une armée italienne qui s'attarderait à Arezzo après le passage de l'Arno inférieur par l'ennemi, courrait le même danger d'être tournée.

14.

Enfin, l'armée italienne qui rétrograderait sur Rome, pourrait encore retarder la marche de l'ennemi en occupant la ligne Viterbe — Orte — Terni, excellente position défensive, dont la Nera, le Tibre, et le torrent du Vezzo forment le fossé. Cette position une fois forcée et, si elle ne veut pas courir le risque d'être enfermée dans Rome, le moment sera venu pour elle de battre en retraite vers la Conca Aquilana par les gorges d'Antrodoco; mais l'armée italienne doit craindre de s'y renfermer; si elle s'y immobilisait, il serait trop facile à l'ennemi, supérieur en nombre, de l'y bloquer en occupant les débouchés d'Antrodoco et de Castel di Sangro.

Les troupes spécialement affectées à la défense de Rome peuvent encore momentanément résister à l'offensive venant de la Toscane et de la vallée du Tibre, en s'établissant près du lac Bracciano et sur les pentes nord des monts Soracte et Gennaro qui forment « la porte triomphale » par lequel le Tibre débouche dans la Campagne romaine. Mais toutes ces positions successives sont très menacées, si l'ennemi est maître de la mer et peut en tourner l'extrême gauche par un débarquement. Piombino, Talamone, Orbitello, et Civita Vecchia étant à peu près les seuls points abordables, la défense pourrait en être préalablement assurée.

Enfin, on peut encore examiner le cas où des circonstances politiques particulières amèneraient l'ennemi à chercher d'abord sa base sur l'Italie méridionale.

ITALIE MÉRIDIONALE.

L'Italie méridionale, ou ancien royaume des Deux-Siciles, se limite naturellement au nord par la ligne Sangro — Garigliano.

L'Apennin napolitain, qui en constitue le relief, a une structure très irrégulière. Il est composé de groupes distincts, reliés les uns aux autres par des chaînons transversaux ou des seuils élevés.

Le massif de la **Meta** (2,260ᵐ) est séparé des Abruzzes par le cours du Sangro.

Le massif du **Matese**, de l'autre côté du Volturne, a son sommet, le mont Miletto, à 2,100 mètres environ. Entre les deux est la vallée d'**Isernia** qui est au point de rayonnement des routes principales de l'Italie.

Plus loin, entre Avellino et Bénévent, sur la route de Naples, sont les célèbres gorges des **Fourches Caudines**; cette contrée montagneuse est l'ancien Samnium, aux défilés sauvages où se livrèrent tant de combats sanglants. Elle projette au sud des contreforts qui vont se terminer à la presqu'île de Sorrente, et qui enveloppent ainsi la Campanie, c'est-à-dire la fertile plaine des environs de Naples, dont le sol est formé, à une profondeur inconnue, par les cendres du volcan de Roccamonfina, situé au nord de Capoue.

Du côté de l'Adriatique, les Apennins, connus sous le nom général de **Murgie**, s'abaissent par des pentes douces. Des tables argileuses, *tavogliere*, d'origine pliocène, en raccordent les pentes avec l'éperon du mont Gargano. Ces tables de la Pouille ont un aspect particulièrement triste; elles sont sans culture et sans habitants.

L'ancien volcan du mont **Vultur** (1330ᵐ), au sud de la vallée de l'Ofanto, se dresse comme la borne méridionale de l'Apennin napolitain. Au delà, le sol s'abaisse graduellement et n'est plus qu'un plateau raviné ; l'Apennin s'arrête au seuil de Potenza, d'où les eaux divergent vers le golfe de Tarente et vers le golfe de Salerne.

La presqu'île d'Otrante n'a que des collines sans importance, et des terrasses au contour indécis.

La presqu'île des Calabres est, au contraire, très montueuse.

Au sud du seuil de Potenza, l'arête des monts della Madalena se raccorde, vers le sud, au mont Polino (2,170^m), dont les ramifications barrent l'entrée des Calabres.

Plus au sud, s'élève, entre le golfe de Tarente et celui de Squillace, le groupe isolé de la Sila, formé de granites et de schistes, dont les forêts sont exploitées pour les constructions maritimes.

Enfin, à l'extrémité méridionale, est un troisième massif de roches cristallines, l'Aspromonte, âpre, comme son nom l'indique, et profondément raviné par les torrents.

En avant de l'Apennin napolitain, se trouvent, comme à l'ouest des Abruzzes, des montagnes volcaniques, parmi lesquelles le célèbre **Vésuve** verse ses laves au fond du golfe de Naples.

Les seuls cours d'eau de quelque importance sont ceux du versant de la mer Tyrrhénienne.

Le **Volturne** prend sa source entre le mont Meta et le mont Matèse ; après s'être uni au **Calore** qui passe à Bénévent, il forme un obstacle d'une grande valeur militaire qui intercepte toutes les communications du versant de la mer Tyrrhénienne. Les routes se réunissent à Capoue pour traverser la rivière ; plus en amont, le pays montagneux ne permettrait pas de mouvements de troupes.

Par sa vallée supérieure, le Volturne ouvre la route d'Isernia par Castel di Sangro et Plan di Cinque Miglia, sur la Conca Aquilana, et plusieurs autres communications intéressantes qui se développent vers les Abruzzes. Isernia en est le point de divergence.

Pour couvrir Naples au nord, il faut occuper Isernia, et pour la couvrir au nord-ouest tenir Bénévent. Les Romains avaient fortifié Isernia.

Bénévent, sur le chemin de fer de Foggia, qui traverse la Péninsule, est au point de réunion de nombreuses routes, et constitue une position très importante.

Entre le Volturne et les monts de l'Avellinèse, dont un contrefort détermine la presqu'île de Sorrente, au sud du golfe de Naples, se développe autour de Naples, la belle plaine de la Campanie sur 60 kilomètres de long et 40 kilomètres de large. C'est là qu'une armée devrait prendre sa base d'opérations pour opérer, soit vers le sud, soit vers le centre de l'Italie.

Dans le golfe de Salerne, vient tomber le **Sele** qui descend du mont Terminio dans le groupe des monts de l'Avellinèse, et qui reçoit (r. g.) le Calore.

La vallée du Calore correspond à la vallée supérieure du **Basente**, principal tributaire du golfe de Tarente, qui passe à Potenza entre l'Apennin et les Calabres, et détermine le seuil de passage entre le golfe de Tarente et la mer Tyrrhénienne.

Plus au sud, il n'y a que des torrents sans importance, aussi bien sur le versant de la mer Tyrrhénienne que sur celui du golfe de Tarente.

Sur le versant de l'Adriatique, le seul cours d'eau notable est l'**Ofanto**, qui descend du mont Vultur et finit au nord de Barletta, en laissant sur sa droite le champ de bataille de Cannes.

Ce versant est néanmoins très intéressant à considérer, parce que c'est là qu'a été tracée la seule ligne ferrée qui, jusqu'à présent, relie l'Italie méridionale avec le reste du royaume et rattache ainsi, au corps principal de la nation, des provinces dont les habitants, par suite de leur culture moins avancée, étaient peu disposés à suivre le mouvement unitaire provoqué par les Italiens du Nord.

La section de ce chemin de fer, d'Ancône à Brindisi, a en outre une importance commerciale très grande; il offre la communication la plus directe et la plus rapide entre l'Europe centrale et l'Orient.

L'embranchement transversal de Foggia à Naples et la section Bari — Tarente — Reggio jouent un rôle considérable dans le développement politique et économique de l'Italie du Sud.

En partant de Pescara les villes principales situées sur cette ligne ferrée, sont :

Vasto d'Ammone sur une hauteur près de la côte,

San Severo, dont les Français s'emparèrent en 1799,

Foggia, chef-lieu de la province de la Capitanate et tête de la ligne de Naples.

Cerignoles;

Le chemin de fer rejoint la côte à Barletta et la suit en desservant les ports précédemment cités.

Considérations stratégiques.

Si une armée ennemie a intérêt à opérer dans l'Italie méridionale, son premier objectif sera Naples.

On peut attaquer Naples directement par la mer. En l'absence d'une flotte de guerre, les quelques fortifications qui défendent le golfe ne sauraient arrêter longtemps une offensive vigoureuse.

Mais, étant données certaines circonstances politiques, on peut trouver avantage à opérer, soit par les côtes de la mer Ionienne, soit par celles de l'Adriatique.

Un débarquement sur les côtes du golfe de Tarente pourrait réussir, et les collines de la Basilicate n'offriraient pas un obstacle considérable à l'armée envahissante. Deux lignes d'opérations pourraient être suivies : directement sur Salerne et Naples par le seuil de Potenza, ou, en inclinant à l'est par l'Apulie, et en utilisant la ligne ferrée Tarente — Bari ; on n'y trouve pas d'obstacles montagneux et l'on peut se rabattre sur Naples par Foggia et Bénévent. Cette dernière direction fut prise par Pyrrhus dans sa campagne contre Rome, et il livra, à Bénévent même, la dernière bataille qui l'obligea à évacuer l'Italie.

Il est possible aussi d'agir par un débarquement sur les côtes de l'Adriatique, de manière à prendre pour directrice des opérations la ligne Foggia — Naples. On a vu qu'en 1860, un corps italien avait été, en effet, débarqué à Manfredonia pour coopérer, le cas échéant, avec les troupes piémontaises qui attaquaient les États de l'Église par les Marches.

On peut défendre Naples du côté de la terre en occupant les hauteurs qui enveloppent la Campanie. Contre une attaque venant de l'Adriatique, c'est à Isernia, aux sources du Volturne, et à Bénévent dans la vallée du Calore, qu'il faudrait s'établir. C'est là que viennent converger les routes qui traversent l'Apennin napolitain.

Au nord de Naples, le cours inférieur du Volturne forme une barrière puissante. Il n'y a de pont qu'à Capoue. En amont, le pays est très difficile, et Capoue, étant à 25 kilomètres seulement de la côte, commande assez bien le fleuve en aval. L'importance stratégique de cette place est donc considérable ; elle couvrirait la retraite d'une armée forcée de se retirer de Rome sur Naples, et protégerait ainsi Naples contre une attaque venant du nord. Dans une autre hypothèse elle permettrait de défendre les routes de Rome contre une attaque venant du sud. Nous avons vu que l'on ne trouverait que deux routes à suivre entre Naples et Rome : l'une par la vallée du Garigliano et Frosinone ; elle est doublée par un chemin de fer ; l'autre par Gaëte, Terracine, et la voie Appienne. Ces deux routes sont isolées l'une de l'autre par les massifs des monts Lépini, mais elles partent toutes deux de Capoue, et ce sont les directrices obligées des opérations d'une armée qui, ayant pris sa base sur l'Italie méridionale, aurait à marcher sur Rome. Il lui est donc indispensable de s'emparer préalablement de Capoue.

ORGANISATION ADMINISTRATIVE ET MILITAIRE.

Le royaume d'Italie se partage en 16 grandes régions naturelles qui forment 69 provinces :

Anciennes divisions territoriales.	Provinces.
Piémont, 3,070,339 habit.	Novare. Turin. Alexandrie. Coni.
Lombardie, 3,860,615 habit.	Sondrio. Côme. Bergame. Milan. Brescia. Pavie. Crémone. Mantoue.
Ligurie, 892,373 habit.	Porto Maurizio. Gênes.
Vénétie, 2,814,173 habit.	Vérone. Vicence. Bellune. Padoue. Rovigo. Trévise. Udine. Venise.
Emilie, 2,183,391 habit.	Plaisance. Parme. Reggio. Modène. Ferrare. Bologne. Ravenne. Forli.
Marches, 939,279 habit.	Pesaro et Urbino. Ancône. Macerata. Ascoli-Piceno.
Ombrie, 572,060 habit.	Ombrie (Pérouse)
Toscane, 2,208,516 habit.	Massa et Carrara. Lucques. Florence. Livourne. Pise. Arezzo. Sienne. Grossetto
Rome, 903,472 habit.	Rome.

Anciennes divisions territoriales.	Provinces.	Anciennes divisions territoriales.	Provinces.
Abruzzes et Molise, 1,317,315 habit.	Abruzze ultér. Ire (Teramo). Abruzze ultér. IIe (Aquila). Abruzze citérieure (Chieti). Molise (Campobasso).	**Basilicate,** 524,836 habit.	Basilicate (Potenza).
		Calabre, 1,257,907 habit.	Calabre citérieure (Cosenza). Calabre ultér. Ire (Catanzaro). Calabre ultér. IIe (Reggio).
Campanie, 2,896,579 habit.	Terre de Labour (Capoue). Bénévent. Naples. Principauté citer. (Salerne). Principauté ultér. (Avellino).	**Sicile,** 2,928,844 habit.	Messine. Palerme. Trapani. Caltanissetta. Girgenti. Catane. Syracuse.
Pouilles (Apulie), 1,587,713 habit.	Capitanate (Foggia). Terre de Bari (Bari). Terre d'Otrante (Lecce).	**Sardaigne,** 682,002 habit.	Sassari. Cagliari.

La population totale est de 28,452,639 habitants, d'après le recensement de 1881.

L'unité italienne s'est rapidement consolidée en dépit des difficultés intérieures, dont le nouveau royaume n'a pas encore complètement triomphé. Unir dans une même communauté de sentiments politiques, les Lombards et les Siciliens, les Toscans et les Calabrais, appeler à la vie politique des populations ignorantes, rétablir la paix publique dans des provinces désolées par le brigandage, contenir les partisans des princes déchus, compter avec les chefs du parti révolutionnaire à l'initiative desquels était dû le succès du mouvement unitaire, régler les questions religieuses et établir, dans la même capitale, un *modus vivendi* entre le Saint-Siège et le nouveau royaume d'Italie, enfin, malgré la pénurie des finances, des recettes insuffisantes, un déficit croissant annuellement, créer une flotte et des arsenaux, organiser une armée, élever des fortifications, c'était une tâche gigantesque à laquelle les hommes d'État que les circonstances ont successivement placés à la tête du gouvernement de l'Italie, se sont patriotiquement dévoués. On doit leur rendre cette justice, que l'œuvre accomplie, prise dans son ensemble, est considérable. Les Italiens ont donné l'exemple de la plus grande activité dans toutes les branches; ils ont rapidement acquis le droit d'être représentés et écoutés dans le concert des nations européennes.

C'est à l'influence et aux armes françaises que l'Italie doit d'avoir pu s'unifier ; la France a aidé avec sympathie à ses premiers efforts.

Plus tard, les entraves qu'imposait cette tutelle, parurent gênantes au jeune royaume ; il chercha d'autres appuis et les trouva dans l'Allemagne du Nord[1].

En 1866, la Prusse accueillit volontiers le concours de l'Italie, dont l'alliance allait diviser les forces de son adversaire. La Prusse était d'ailleurs le seul État qui pût soutenir l'Italie dans sa lutte contre le pape que la France protégeait de ses troupes. L'Italie sut en profiter, et, plus tard, l'entrée des troupes italiennes dans Rome, dont la garnison française était rappelée, fut une des conséquences des désastres subis par la France dans la campagne de 1870.

Depuis cette époque d'ailleurs, les faits accomplis ont été acceptés par tous les gouvernements et l'Italie pourrait consacrer ses forces au développement de sa prospérité intérieure sans avoir rien à craindre de ses voisins. On constate pourtant une sorte de fièvre dans l'ardeur avec laquelle se sont poursuivis ses travaux d'organisation militaire.

Pendant un certain temps, l'agitation entretenue par les comités, qui ont pris pour mot d'ordre : *Italia irredenta*, ramenait des appréhensions au sujet du maintien

---

[1] Voir *Un peu plus de lumière sur les événements de 1866*, par le général La Marmora, Paris, Dumaine.

de la paix sur la frontière autrichienne, et tendait parfois, d'une manière fâcheuse, les rapports entre l'Italie et l'Autriche-Hongrie. Le gouvernement italien s'est efforcé de calmer cette agitation et les souverains des deux pays ont même eu des entrevues très courtoises.

La politique de la France vis-à-vis du Saint-Siège et l'appui qu'elle prêtait au pape, avaient été une des causes de la désaffection de l'Italie. Bien que l'Italie ne puisse plus avoir d'inquiétudes à ce sujet, il semble qu'elle n'ait point perdu toute aigreur.

L'occupation de la Tunisie a été une occasion nouvelle de mécontentement, certains partis ayant voulu y voir une atteinte portée aux intérêts, voire même à de prétendus droits éventuels de l'Italie.

Aussi, entendait-on dire couramment que, si une guerre nouvelle éclatait entre la France et l'Allemagne, la France aurait également l'Italie pour adversaire, et que celle-ci revendiquerait les provinces cédées en 1860.

Il est certainement prudent de prévoir toutes les éventualités; néanmoins cette dernière serait si choquante que l'on doit douter de sa réalisation, au moins tant que vivront les générations qui ont combattu ensemble à Magenta et à Solferino.

Seule, livrée à ses propres forces, l'Italie pourrait-elle affronter une guerre avec une des grandes puissances limitrophes? Il est peu probable que l'expérience en soit faite; mais il faudrait compter sérieusement avec l'appoint que son alliance apporterait à l'un des belligérants, par exemple, à l'Allemagne dans une guerre contre la France, ou à la Russie dans une guerre contre l'Autriche-Hongrie.

Mais l'intérêt bien entendu de l'Italie doit l'éloigner des conflits armés qui peuvent éclater entre les puissances de l'Europe centrale. C'est dans le bassin méditerranéen et vers l'Orient qu'elle doit naturellement diriger son expansion extérieure. Par l'extension de ses côtes et par les aptitudes des 200,000 marins qui vivent sur le littoral, elle est appelée à devenir une grande puissance maritime; il suffit de jeter les yeux sur une carte de la Méditerranée pour voir quels sont les avantages que lui promet sa position géographique.

Soudée en quelque sorte à l'Europe par les massifs des Alpes, la péninsule italienne, par ses frontières de l'ouest, du nord, et de l'est, est à même de participer au mouvement commercial de la France, de l'Allemagne, et de l'Autriche; l'achèvement des chemins de fer transalpins rendra les échanges plus faciles encore, et l'Italie, grâce à ses ports méridionaux, peut devenir le comptoir naturel d'échanges entre l'Orient, d'une part, l'Europe septentrionale et occidentale, de l'autre.

Jusqu'à présent, toutefois, son pavillon se montre rarement sur les mers lointaines, et sa flotte de commerce à vapeur est très inférieure à celle de la France et de l'Autriche, ses rivales de la Méditerranée.

Son action politique est appelée à se faire sentir sur les côtes de l'Albanie et de l'Épire, sur la Grèce, sur les îles du Levant et sur l'Asie Mineure. Par là, elle pourrait aussi jouer, un jour, un rôle important dans la grande lutte que les puissances occidentales seront peut-être amenées à engager pour la domination de l'Asie.

Elle a occupé, depuis 1881, la baie d'Assab dans la mer Rouge pour donner à sa marine un point de relâche et de ravitaillement sur la route des Indes et de la Chine, et elle vient d'y envoyer un corps de troupe dont l'effectif, supérieur à celui nécessaire pour une simple garnison, semble indiquer des projets d'extension encore indéterminés (janvier 1885).

C'est à sa situation privilégiée, au centre du monde alors connu, que l'ancienne Rome dut, en partie, sa grandeur. Les Italiens aiment à rappeler ce souvenir.

L'Italie est encore aujourd'hui au centre du monde civilisé; son nom a toujours un grand prestige pour les esprits cultivés; berceau de la Renaissance, elle a exercé une influence prédominante sur la civilisation moderne. Cette influence existe toujours.

Enfin, Rome, capitale du royaume italien, est restée la capitale du monde catholique et la résidence du Pape, dont la souveraineté spirituelle est toujours intacte, et auprès duquel, en conséquence, la plupart des États chrétiens entretiennent des ambassadeurs. Son domaine temporel est restreint au palais du Vatican; il a conservé une garde particulière, qui ne doit pas en franchir l'enceinte. Les relations sont naturellement très délicates, non seulement entre le gouvernement italien et le Saint-Siège, mais encore entre les représentants des puissances, les uns accrédités auprès du Quirinal, c'est-à-dire auprès du roi d'Italie; les autres, auprès du Vatican, et qui ont à tenir compte d'intérêts différents et parfois opposés.

NOTES SUR L'ARMÉE ITALIENNE[1].

Budget général des dépenses de l'Italie :   2,179 millions.
Budget de la guerre.   207   —

Effectif budgétaire. . . . . { 1,200 officiers, 174,000 hommes, 26,000 chevaux.

Service obligatoire de 20 à 39 ans (loi de 1875), divisé en : service actif, milice mobile, milice territoriale.

Chaque année, en moyenne, sur 270,000 hommes qui atteignent l'âge du recrutement, on reconnaît 180,000 hommes aptes au service. Ils sont divisés en trois catégories :

1re catégorie : contingent actif (loi de 1883). . . . .   75,000 hommes,
2e catégorie : portion non incorporée. .   45,000   —
3e catégorie : dispensés.   60,000   —
                                          ─────────
                                          180,000 hommes.

Les hommes de la première catégorie font
(sauf exception pour les cavaliers, qui restent 4 ans au service, et passent plus tôt dans la milice territoriale) : { 3 ans de présence, 9 ans de congé, 7 ans de milice territoriale.

Les hommes de la deuxième catégorie font : { 6 mois de service, 8 ans 1/2 en congé, 10 ans de milice territoriale.

[1] Voir *État militaire des principales puissances étrangères au printemps de 1882*, par le commandant Rau, 1884.

Les hommes de la troisième catégorie sont incorporés dans la milice territoriale et ne sont pas instruits.

Dans la position de congé, les hommes de la première catégorie comptent pendant 5 ans dans la réserve active, 4 ans dans la milice mobile.

Ceux de la deuxième catégorie comptent pendant 5 ans dans la deuxième réserve active, 4 ans dans la réserve de la milice.

Tout citoyen, à quelque classe de l'armée qu'il appartienne, peut être appelé à un moment quelconque pour concourir au maintien de la paix publique. En principe, ce service spécial, qu'on appelle service de la *milice communale*, ne doit pas durer plus de 8 jours. Les armes sont, dans chaque commune, confiées aux municipalités.

D'après les rapports sur le recrutement, les effectifs, au 1er juillet 1882, étaient les suivants :

ARMÉE ACTIVE.

Régiments d'infanterie............................	285,636
Districts militaires.................................	282,287
Régiments alpins...................................	23,442
Bersagliers...	46,453
Cavalerie...	31,845
Artillerie...	89,792
Génie..	21,163
Carabiniers royaux (*gendarmerie*)	24,745
Écoles militaires...................................	5,542
Infirmiers...	9,336
Subsistances..	3,919
Invalides et vétérans.............................	580
Remontes...	252
Compagnies de discipline........................	1,620
Établissements pénitentiaires..................	2,050
Officiers en activité, en disponibilité, en congé.....	12,979
Officiers de complément.........................	3,290
Total........	841,931

MILICE MOBILE.

Infanterie de ligne et bersagliers...	306,638
Régiments alpins...	3,535
Artillerie...	25,696
Génie...	4,958
Carabiniers royaux...	138
Infirmiers...	3,267
Subsistances...	2,186
Officiers...	1,049
Officiers de complément...	1,057
Total...	348,524

Récapitulation.

Armée active...	841,931	1,190,455
Milice mobile...	348,524	
Milice territoriale...		1,072,570
Officiers auxiliaires...		1,722
— de réserve...		3,616
Total (*sur le papier*)...		2,273,618

Lorsque la loi aura produit tout son effet, l'effectif sera de 3,800,000 hommes environ. Cet effectif est en réalité tout fictif et hors de proportion avec la population et les finances de l'Italie.

La population chevaline de l'Italie est de 750,000 chevaux, 250,000 mulets. Elle ne suffit pas à la remonte de la cavalerie et des trains. — En 1866, les convois et les parcs étaient attelés avec des bœufs.

D'après la loi du 8 juillet 1883 et le décret du 5 juin 1884, l'Italie est divisée en 12 régions de corps d'armée, et 24 divisions militaires territoriales. L'infanterie seule forme dès le temps de paix, des brigades et des divisions; les autres armes sont réparties, sur le territoire, d'une manière inégale.

Divisions du territoire.

Corps d'armée.	Divisions
1. Turin	1. Turin.
	2. Novare.
2. Alexandrie	3. Alexandrie.
	4. Coni.
3. Milan	5. Milan.
	6. Brescia.
4. Plaisance	7. Plaisance.
	8. Gênes.
5. Vérone	9. Vérone.
	10. Padoue.
6. Bologne	11. Bologne.
	12. Ravenne.
7. Ancône	13. Ancône.
	14. Chieti.
8. Florence	15. Florence.
	16. Livourne.
9. Rome et Sardaigne	17. Rome.
	18. Cagliari.
10. Naples	19. Naples.
	20. Salerne.
11. Bari	21. Bari.
	22. Catanzaro.
12. Palerme	23. Palerme.
	24. Messine.

Le territoire est divisé en 87 districts militaires ou circonscriptions de recrutement, qui sont groupés en 5 grandes zones :

1re zone. — **Alexandrie**. — Piémont, Ligurie, Lombardie occidentale.
2e — **Bergame**. — Lombardie orientale, Vénétie, Émilie.
3e — **Sienne**. — Ombrie, Marches, Toscane, Abruzzes, Rome.
4e — **Naples**. — Molise, Campanie, Basilicate, Capinate (portion de l'Apulie et des Pouilles).
5e — **Palerme**. — Portion de l'Apulie (Bari-Otrante), Calabre, Sicile.

Chaque régiment d'infanterie se recrute dans les cinq zones, mais seulement dans un district. — **Les autres armes se recrutent dans tous les districts.**

Cette mesure a pour but de fusionner les éléments très divers fournis par le recrutement.

La Sardaigne forme 2 districts de réserve.

Il existe **98 compagnies permanentes de district**, qui fonctionnent comme dépôts de recrutement et comme centres de mobilisation.

Composition de l'armée.

Au 1ᵉʳ novembre 1884, la composition de l'armée italienne devait comprendre les éléments principaux suivants :

12 corps d'armée formant 24 divisions et 48 brigades, chacune de 2 régiments à 3 bataillons;

12 régiments de bersaglieri à 3 bataillons;

6 régiments alpins formant 20 bataillons et 72 compagnies;

7 brigades de cavalerie comprenant 22 régiments à 6 escadrons;

12 régiments d'artillerie de campagne à 10 batteries de 8 pièces;

5 régiments d'artillerie de forteresse;

2 brigades (8 batteries) d'artillerie à cheval;

2 brigades (4 batteries) d'artillerie de montagne;

4 régiments du génie, dont un de pontonniers et un régiment mixte comprenant 4 compagnies de chemins de fer et 6 compagnies de télégraphistes.

Sur pied de guerre, un corps d'armée comprendra :

2 divisions d'infanterie. . . . . }
1 régiment de bersaglieri. . . . . } environ
1 — d'artillerie (80 pièces). . . . } 24,500 fusils,
1 — de cavalerie (probablement). . } 1.000 sabres.

Il sera formé sans doute deux divisions de cavalerie indépendante.

A ces formations, il faudra ajouter 150 bataillons de milice d'infanterie, 10 bataillons de milice alpine, 98 compagnies de district, 23 bataillons de douaniers, 33 compagnies de milice d'artillerie, 20 compagnies de milice du génie, etc.; ces troupes pourront constituer 12 divisions de milice mobile à 2 brigades.

La milice territoriale est répartie en 320 bataillons d'infanterie, 30 bataillons alpins, 100 compagnies d'artillerie de forteresse, et 30 compagnies du génie (loi de 1882).

Mobilisation.

L'organe essentiel de la mobilisation est le district de recrutement.

Le matériel de mobilisation est dans les places de la haute Italie; celui des états-majors et des troupes d'infanterie est conservé dans les magasins du district; celui des autres armes, ambulances, subsistances, etc., est confié à la garde du service de l'artillerie. Il n'y a pas de train des équipages organisé.

Les districts de recrutement doivent avoir tous les approvisionnements nécessaires à l'habillement, équipement, et armement des réservistes, des hommes de la milice mobile et de la milice territoriale. Ils habillent aussi les hommes du contingent de l'infanterie. — Actuellement[1], à l'exception de l'armement, il n'y a rien de préparé pour les milices mobiles et territoriales; de sorte que leur mobilisation ne saurait avoir lieu.

Par suite de la configuration géographique du pays et de l'insuffisance des chemins de fer, l'armée italienne est obligée de se concentrer et de se mobiliser simultanément, c'est-à-dire que la mobilisation ne peut avoir lieu sur place avant la concentration. Les corps se rendent donc de suite sur les points de concentration et y reçoivent leurs détachements de réservistes et les chevaux de réquisition.

On estime à 20 ou 25 jours cette période de formation.

D'une manière absolue, les réservistes sont incorporés dans les régiments où ils ont servi; de là, par suite des changements de garnison, des mutations dans les directions à donner aux réservistes et des chances nombreuses d'erreurs ou de desordre.

On doit s'attendre à un déchet très élevé au moment de la mobilisation.

[1] Rapport de 1883.

Troupes alpines.

Les troupes alpines ont une organisation spéciale.

Les compagnies alpines étaient d'abord au nombre de 15, réparties sur tout le périmètre des Alpes, depuis le col de Cadibone jusqu'aux sources du Tagliamento.
Elles ont été portées ensuite au nombre de 24.
Un décret du 30 août 1878 a élevé leur nombre à 36.
Depuis le 1ᵉʳ novembre 1882, les bataillons sont réunis en 6 régiments alpins, dont l'ensemble comprend 72 compagnies à 5 officiers et 250 hommes.

Du 1ᵉʳ octobre au 31 mars, généralement, les compagnies se réunissent dans une garnison d'hiver; du 1ᵉʳ avril au 30 septembre, elles se disloquent de nouveau pour aller occuper leurs emplacements d'été, points de départ des nombreuses excursions qu'elles exécutent dans les vallées confiées directement à leur garde.

Le tableau suivant fait connaître les emplacements des régiments et des bataillons.

Le nom des emplacements d'été est entre parenthèses.

	Bataillons.	Compagnies.
1er régiment Mondovi.	1er. Haut-Tanaro : Chivasso. —(Pieve di Teco)	1re, 2e, 3e.
	2e. Val Tanaro : Ceva. — (Ceva) ..	4e, 5e, 6e, 7e.
	3e. Val Camonica Chiari.—(Breno).	52e, 53e, 54e.
2e régiment Bra.	1er. Val Pesio : Bra. — (Triora)...	8e, 9e, 10e, 11e.
	2e. Col de Tende : Bra. — (Borgo San-Dalmazzo)	12e, 13e, 14e, 15e.
	3e. Val Schio Vérone. — (Schio).	59e, 60e, 61e.
3e régiment Fossano.	1er. Val Stura : Alexandrie. —(Vinadio)............	16e, 17e, 18e, 19e.
	2e. Val Maira : Fossano. — (Dronero).	20e, 21e, 22e, 23e.
	3e. Monti Lessini : Vérone. — (Vérone).	56e, 57e, 58e.
4e régiment Turin.	1er. Val Pellice . Turin.—(Pignerol).	24e, 25e, 26e, 27e.
	2e. Val Chisone : Turin — (Fenestrelle).	28e, 29e, 30e, 31e.
	3e. Val Brenta : Bassano. — (Bassano). ..	62e, 63e, 64e.
5e régiment Milan.	1er. Val Dora : Suse. — (Suse)...	32e, 33e, 34e.
	2e. Mont-Cenis . Suse. — (Suse)..	35e, 36e, 37e.
	3e. Valteline : Milan. — (Sondrio).	44e, 45e, 46e, 47e.
	4e. Haute-Valteline Milan. — (Tirano).	48e, 49e, 50e, 51e.
6e régiment Conegliano.	1er. Val Orco : Ivrée. — (Ivrée)...	38e, 39e, 40e, 41e.
	2e. Val d'Aoste Ivrée — (Aoste).	41e, 42e, 43e.
	3e. Val Cadore : — Conegliano. — (Pieve di Cadore)	65e, 66e, 67e, 68e.
	4e. Val Tagliamento Conegliano.—(Gemona).	69e, 70e, 71e, 72e.

Ces troupes se recrutent dans 20 circonscriptions de bataillons, qui, en cas de mobilisation, constituent 10 bataillons ou 86 compagnies alpines de milice mobile.

12 bataillons, comprenant les compagnies numérotées de 1 à 43, sont sur la frontière française ;

2 bataillons, comprenant 8 compagnies, de 44 à 51, sont sur la frontière suisse ;

6 bataillons, comprenant 20 compagnies, de 52 à 72, sont sur la frontière autrichienne.

L'effectif de ces troupes spéciales doit être, pour les 72 compagnies actives. . . . . 18,000 hommes
(dont 12,700 sur la frontière de l'ouest). .
Pour 36 compagnies de milice mobile. . . 9,000 —
27,000 hommes,

auxquels il faut ajouter 30 bataillons ou 72 compagnies de milice territoriale d'un effectif indéterminé.

Une brigade d'artillerie de 5 batteries, destinée à appuyer les troupes alpines, est constituée à Turin.

En outre, les douaniers doivent concourir à la défense de la frontière (16,000 hommes). Ils sont organisés en 23 bataillons, dont 7 (5,000 hommes) sur la frontière continentale (décret du 24 octobre 1882).

Les chefs-lieux des bataillons de douaniers sont : Gênes, Turin, Novare, Côme, Morbegno, Vérone, Udine.

L'armée italienne s'est fait remarquer par l'activité honorable qu'elle a déployée depuis 15 ans dans toutes ses branches pour se constituer ; mais ni l'intelligence, ni le dévouement, ne suffisent à créer de toutes pièces l'état militaire d'un pays. Il manque naturellement à cette jeune armée l'esprit de tradition et la cohésion, qui sont un des éléments principaux de force des autres armées européennes.

Le corps d'officiers est formé d'éléments hétérogènes provenant des troupes napolitaines, des troupes des duchés, des corps de garibaldiens, et de l'excellente petite armée piémontaise, qui a été le noyau de la nouvelle armée italienne.

Le corps des sous-officiers se recrute difficilement, comme dans toutes les armées.

Quant au soldat, sa valeur est fort inégale suivant son pays d'origine, au point de vue physique comme au point de vue moral. Les contingents des provinces du Sud sont sensiblement inférieurs à ceux des provinces du Nord, et, pendant longtemps sans doute, la force de résistance de l'Italie sera toujours dans le bassin du Pô.

Marine.

De grands efforts ont été faits et sont continués pour doter l'Italie d'une puissante marine. Le grand développement de ses côtes, 630 lieues, et le chiffre élevé de sa population maritime, 250,000 marins, placent l'Italie dans des conditions exceptionnellement avantageuses, mais la pénurie de ses finances entrave les projets qui ont été conçus.

En réalité, l'Italie n'a qu'un seul port de guerre, Spezia,

mais c'est une des plus belles positions de la Méditerranée; on a aussi l'intention de créer des arsenaux à Tarente.

La flotte italienne se décompose ainsi (1883) :

Flotte de combat : Cuirassés de 1re classe. { A la mer. . . . 13[1] / En construction. . 2 } 15
Cuirassés de 2e classe. . . . . . . 13 } 47
Navires en bois, 3e classe. 19
Flotte de transport. 18
Navires divers, stationnaires, navires-écoles, etc. 15
─────
80

Le personnel de la flotte de guerre est de 750 officiers, 12,000 marins.

La conscription fournit chaque année 3,000 hommes aptes au service de mer, dont 2,000 sont classés en 1re catégorie, 1000 en 2e catégorie.

Les premiers font 4 ans de service actif et 6 ans de réserve, ou 8 ans de service actif.

Ceux de 2e catégorie font 10 ans de réserve.

───────

[1] Les nouveaux cuirassés de la marine italienne sont les navires du type le plus puissant qui aient été construits :

Le *Dandolo* et le *Duilio* d'une force de 7500 chevaux, ont une cuirasse de 0m,55 d'épaisseur. Ils portent quatre canons de cent tonnes, lançant avec une charge de 250 kilogr. un projectile de 1000 kilogr.

L'*Italia* et le *Lepanto* d'une force de 18,000 chevaux, ont une cuirasse de 0m,70 et 0m,75 d'épaisseur ; ils portent également quatre canons de cent tonnes.

Le *Lepanto* a été lancé le 17 mars 1883 ; outre les quatre canons de cent tonnes, il porte 18 canons de 4 tonnes.

NOTE SUR BOLOGNE

(d'après le colonel von Haymerlé, *Italicæ Res*).

La fortification de cette place comprend trois parties :

a) Le noyau;
b) L'enceinte continue située en avant;
c) Les ouvrages détachés.

a) Le noyau consiste en un corps de place d'ancien système, enfermant toute la ville; ce noyau est mal bâti en certaines parties, mais son ensemble est bon et son état d'entretien est suffisant pour le mettre à l'abri d'un coup de main.

b) L'enceinte continue, située à environ 500 mètres en avant du noyau, se compose d'un parapet de très faible profil, sans fossé, et précédé de flèches. Le tout est en terre et si insignifiant, si déformé, si couvert de végétation, qu'on a de la peine à y reconnaître des ouvrages de fortification.

c) Les ouvrages détachés sont situés les uns dans la plaine, les autres sur les hauteurs qui couronnent Bologne au sud. Ils sont tous en terre avec un certain nombre d'abris blindés en bois; ils sont, en général, comme tracé et comme profil, de très petite dimension; les uns sont à peine entretenus; les autres tombent *en ruine*, comme *le fort du mont Paderno*, par exemple. La tête de *pont de Casalecchio* sur le Reno, qui relie, sur le front ouest, les forts de la plaine aux hauteurs de la Madone de Saint-Luc, est un ouvrage en ruine, sans aucune valeur et complètement dominé sur son front, à portée de fusil, par les pentes du mont Capra.

Les forts détachés de la plaine sont situés sur les routes qui de Bologne se dirigent en éventail vers le Pô, à 1000 ou 1500 pas du noyau, c'est-à-dire à une distance trop rapprochée pour mettre la ville, ses magasins et ses établissements à l'abri d'un bombardement, et pour donner un abri assuré aux troupes de sortie campées à l'intérieur de la place. Il y a bien, au sud, des emplacements favorables au campement des troupes sur les hauteurs qui s'étendent entre le Reno et la Savena, hauteurs couronnées, ainsi qu'il a été dit précédemment, par la ceinture de forts qui va de Saint-Luc à Iola par Paderno; ce massif manque d'eau.

On voit, par cette courte description, que la place de Bologne, destinée à constituer le refuge principal des armées italiennes et à s'opposer, par la défense de l'Apennin, à une invasion de l'Italie centrale, ne possède ni la force défensive ni les qualités offensives nécessaires; elle ne réunit sous aucun rapport les conditions que le système de guerre actuel réclame des grandes forteresses d'armée (les camps retranchés).

Il y a bien un grand projet qui doit donner à la place les qualités d'un camp retranché constitué selon les idées modernes, en faisant entrer dans son périmètre les hauteurs du mont Calvo à l'est, du mont Capra à l'ouest, du mont Sabino au sud, et en poussant de solides ouvrages dans la plaine. Ce projet comporterait également la construction d'un groupe de forts détachés sur les hauteurs de Montebudello et de Monteveglio, au sud de Bazzano, ayant pour objet de s'opposer à un mouvement tournant par les routes nouvellement construites, qui se détachent de la voie Émilienne à l'est de Modène, et conduisent par Vergato à la route et au chemin de fer de la Porctta, mais la réalisation d'un pareil projet est encore bien éloignée.

RÉPUBLIQUE DE SAN-MARINO.

Un des contreforts de l'Apennin, le mont Titan (780ᵐ), se termine par un rocher la penne de San-Marino. Un monastère y fut construit et devint le noyau d'une commune, qui se constitua au XIIIᵉ siècle en république. Son autonomie a été reconnue par le roi d'Italie (22 mars 1862) qui lui accorde une subvention.

L'étendue de son territoire est d'environ 60 kilomètres carrés, avec une population de 8,000 habitants, répartie entre le chef-lieu et les villages.

La ville est bâtie près du sommet de la montagne. On ne peut y arriver qu'à cheval. Une route conduit à Rimini, à 20 kilomètres environ; elle part d'un borgo, au au pied des hauteurs.

MALTE.

Entre la Sicile et l'Italie, se trouve l'île de Malte, actuellement aux mains des Anglais, et importante position stratégique qui commande les mers italiennes.

Malte, située à 25 lieues de la Sicile et à 60 lieues environ des côtes d'Afrique, fait partie du groupe des trois îles : Malte, Gozzo, Comino, possédées par les Anglais.

Le Gozzo a 4 lieues de long, 2 de large; l'île de Comino, située entre Malte et le Gozzo, n'a pas un kilomètre de circuit.

Malte n'est qu'un rocher de 27 kilomètres de long sur 13 de large, dont le point culminant (Torre Nadur) est à 180 mètres au-dessus de la mer. Il n'est recouvert que d'une faible couche de terre végétale et manque d'eau; mais l'île est pourtant bien cultivée; son climat est fort agréable, la moyenne de la température estivale étant de 30° et le minimum, en hiver, de 10°. Les côtes à l'ouest et au sud sont très escarpées; celles du nord et de l'est sont échancrées par de nombreuses baies qui offrent des mouillages en eau profonde. Le port de La Valette est un des mieux abrités et des plus spacieux que l'on connaisse. Les grands navires peuvent accoster à quai.

Les Anglais ont couvert ces îles, et particulièrement Malte, de fortifications; ils y ont accumulé des approvisionnements, de l'artillerie, des munitions de toutes sortes, des torpilles en nombre si considérable que l'île est réputée imprenable. Ils y entretiennent toujours une garnison fort élevée (4,000 hommes en temps normal) et y font ordinairement séjourner, pour les préparer au changement de climat, les régiments qui vont aux Indes ou qui en reviennent. La Valette est divisée en cinq citadelles dont les ouvrages taillés dans le rocher peuvent être successivement défendus.

Malte avait été donnée aux chevaliers de l'ordre de Saint-Jean de Jérusalem, par Charles-Quint, après leur expulsion de Rhodes. En 1798, Bonaparte, allant en Égypte, la leur enleva sous prétexte des dispositions hostiles manifestées à l'égard de la République française, des sympathies témoignées à l'Angleterre, et particulièrement à la Russie sous la protection de laquelle ils s'étaient placés. A cette époque l'empereur Paul, qui cherchait à acquérir une station maritime dans la Méditerranée, visait à la domination de l'île de Malte, si importante par sa situation et par la sûreté de son port.

Les Anglais la prirent à leur tour en 1800 ; et dès lors, ils refusèrent de la rendre bien que sa restitution fût une des clauses du traité d'Amiens.

Les traités de 1815 leur en confirmèrent la possession.

Au nord de Malte, le détroit, entre les côtes de Sicile et celles de Tunis, se resserre encore. Il y a environ 50 lieues de Marsala à Tunis et seulement 30 lieues entre le cap Bon et le cap Granitola à l'extrémité sud-ouest de la Sicile; au milieu du détroit est la petite île italienne de Pantellaria. C'est entre cette île et la côte d'Afrique que se trouve le chenal, en eaux profondes, du détroit de Sicile; entre Pantellaria et la Sicile s'étend au contraire un banc qui gêne la navigation.

INDEX ALPHABÉTIQUE.

A

Aar, 65.
Aarau, 67, 72.
Aarberg, 66, 79.
Aarburg, 67.
Abbiatte-Grasso, 117.
Abetone, 215, 225, 237.
Abruzzes, 211, 213, 228.
Acqui, 182.
Adamello (massif de l'), 43, 164.
Adda, 118.
Adige (Etsch), 162, 177.
Adigetto, 167.
Adriatique (mer), 202.
Adula, (massif de l'), 36.
Agno (Val d'), 171.
Agogna, 117.
Agordo, 170.
Agosta, 192.
Ahrenthal, 45, 163.
Airolo, 36, 117.
Ajaccio, 197.
Ala, 164.
Alassio, 124, 184.
Alba, 120.
Albano (lac d'), 213.
Albano (mont), 210.
Albaredo, 166.
Albegna, 217.
Albenga, 124, 184.
Albergian (mont), 115.
Albis, 68, 81.
Albissola, 125.
Albrechtstrasse, 64.
Albula (col de l'), 37, 53.
Albula (massif d'), 37.
Albula (riv.), 59.
Alemagna (strada d'), 50.
Aletsch (glacier d'), 40.
Alexandrie, 138, 151.
Alfens, 64.
Alghero, 200.
Allgau (Alpes d'), 42.
Alpes bernoises, 40.
— calcaires (Kalk Alpen), 42.
— cadoriques, 50
— carniques, 21, 50.
— cottiennes, 108, 134.
— dolomitiques (Dolomit Alpen), 50.
— Graies, 108
— (Grandes) (ou Alpes principales), 7.
— des Grisons, 37.
— juliennes, 51.
— de Karinthie, 46.
Alpes lépontiennes, — 36.
— liguriennes, 110.
— — (route des), 231.
— maritimes, 109, 143.
— noriques, 45.
— occidentales, 97.
— pennines ou du Valais, 35.
— rhétiques, 37.
— styriennes, 45.
— du Tessin, 36.
— d'Uri, 41.
— vénitiennes, 50.
Alpon, 166.
Altare (col d'), 110, 137
Altdorf, 68, 72.
Altstædten, 64.
Amalfi, 189.
Amiata (mont), 210, 217.
Ampezzo (Cortina d'), 169.
Amsteg, 68.
Ancône, 203.
Andermatt, 36, 67.
Antola (mont), 112, 209.
Antrodoco, 213, 218, 223, 230.
Aoste, 116, 143.
Apennins liguriens, 111.

Apennins (route des), 234.
— napolitains, 207.
— romains, 207, 211, 228, 240.
— (routes des), 232.
— toscans, 207, 223, 236
Appenzell, 65, 72.
Appenzell (Alpes d'), 41.
Aprica (col de l'), 43, 53, 118.
Apuanes (Alpes), 209.
Aquila, 213, 223.
Aquilana (Conca), 213, 223, 230, 242.
Arbon, 64.
Arcevia, 222, 230.
Arcole, 166.
Arezzo, 215, 244.
Argentaro (mont), 188, 211.
Argentière (col de l' ou col de la Madeleine), 134.
Argovie (canton d'), 72.
Arlberg (col d'), 34, 38, 65.
— (chemin de fer de l'), 96.
Arma (val d'), 124.
Arno, 5.
Arona, 117.
Arquata, 212, 230.
Arrosia, 124.
Arsa (val), 164.
Artesino (mont), 194.
Ascalana (via), 230.
Asciano, 217.
Ascoli, 218, 222.
Asiago, 171.
Asinara, 200.
Aspromonte, 248
Assietta, 116, 133.
Asti, 113, 120.
Astico, 110.
Aterno, 223.

Aulla, 214, 223.
Aulletta, 214
Avant - chaînes des Alpes, 22.
— méridionales des Alpes autrichiennes 49
— méridionales des Alpes suisses, 42.
— septentrionales des Alpes autrichiennes, 48.
— septentrionales des Alpes suisses, 40.
Aveto, 122
Avellinese (mont de l'), 249.
Avellino, 247.
Avisio, 163.
Axenfels, 23.

B

Bacchiglione, 170.
Bachern Gebirge, 51.
Baden, 68.
Badia, 166.
Baïa, 189.
Bagno in Romagna, 224.
Bâle, 64, 72.
Balme (col de), 34, 58.
Bard, 116
Bardi, 112, 220.
Bardolino, 160.
Bardonnèche, 115.
Bari, 208.
Barigazzo, 209.
Barletta, 203, 249,
Basente, 249.
Bassano, 170.
Bassignana, 114, 124.
Bastelica, 198.
Bastia, 196.
Bellagio, 119.
Bellinzona, 36, 117.
Bellune, 170.

Benaco (lac), V. lac de Garde.
Bénévent, 247.
Bergamasque (Alpes du), 43.
Bergame, 120.
Berici (monts), 177.
Berne, 66, 72.
Bernina (col de), 38, 53, 118.
Bernina (massif de), 37.
Bevera, 124.
Bianco (canal), 167.
Biella, 116.
Bienne (lac de), 66.
Bientina (lac), 21 216.
Birnlücke, 45, 163.
Birse, 68.
Bisagno, 125.
Bischofzell, 65.
Bisenzio, 34, 216.
Blanc (mont), 34.
— (chemin de fer du), 94.
Blegno (val), 117.
Bludenz, 64.
Boara, 166.
Bobbio, 112, 122.
Bocca di Brenta (massif de), 44.
Bocca Trabaria, 217, 222, 228.
Bocchetta (col de la), 114, 122.
Boite, 169.
Bologne, 177, 233.
Bolsena (lac), 243.
Bondon (massif de), 44.
Bonhomme (col du), 314.
Bordighera, 124, 184.
Borgoforte, 158.
Borgotaro, 220.
Bormida, 112, 124.
Bormio, 118.
Botzen, 162, 166.

Bra, 121, 154.
Bracciano, 213.
Braus (col de), 124.
Bregaglia (Val), 38, 118.
Bregenz, 64.
Breil, 123.
Breinbana (Val), 120.
Brembo, 120.
Brenner (col du), 32, 55.
Breno, 159
Brenta, 170.
Brenta (nuova et nuovissima), 170.
Brescello, 159.
Brescia, 160.
Brianza, 119.
Brieg, 58.
Brienz, 165.
Briga, 123.
Brindisi, 203.
Brivio (lac de), 119,
Brixen, 163
Brondolo, 170.
Brouis (col de), 124.
Broye, 66.
Brück, 46.
Brügg, 67.
Brüneck, 163.
Brünig (col de), 51.
Buffalora, 117.

C

Cadibone (col de), 110, 137.
Cagli, 230.
Cagliari, 199.
Cairo, 122.
Calabres, 204, 207.
Calmazzo, 222, 230.
Calore (aff. du Sele), 219.
Calore (aff. du Volturne), 218.
Calvi, 197.

Camerino, 222.
Camonica (val), 43.
Campagne romaine, 214.
Campanie, 217.
Campidano, 199.
Campofreddo, 111, 122.
Canale, 167.
Canin (mont), 167.
Cannes, 249.
Canziri, 194.
Capo d'Orsa, 194.
Caporetto, 167.
Capoue, 254.
Capra Zoppa, 121.
Caprera, 199.
Capri (ile de), 189.
Carcare, 122.
Carignan, 114.
Carmagnole, 114.
Carrara, 186.
Casaccia, 119.
Casale, 114, 139.
Casalmaggiore, 158.
Cassano, 120.
Castel-Bolognese 204
Castelfidardo, 244.
Castel di Sangro, 223, 230.
Castellamare, 189, 192
Castelnuovo nei Monti, 223.
Castelnuovo, 215, 223.
Castel Ramondo, 222.
Castiglione, 161.
Castrogiovanni, 195.
Catane, 195.
Catanzaro, 204.
Catenaja (Alpes de), 209.
Catina (mont), 210.
Cattolica, 204.
Catria (mont), 21
Cavallermaggiore, 120
Cavour (canal), 113, 117.

Cecina, 187, 210, 216.
Cefalu, 194.
Ceneda, 170.
Cenis (mont), voir Mont-Cenis.
Ceno, 220.
Cent-Croix (col des), 112, 220, 226.
Ceprei (monts), 214.
Ceraino, 163.
Cerignoles, 250.
Cerreto (col de), 215, 220, 224.
Cervin (mont), 35.
Cervo, 116.
Césanne, 115.
Cesana, 221.
Ceva, 120, 154.
Chamonix, 34, 58.
Château - Dauphin, 120.
Cherasco, 120.
Chiana (val di), 211, 215.
Chiascio, 218.
Chiavari, 125.
Chiavenna, 119.
Chienti, 203, 222.
Chiese (Alpes du), 44.
Chiese, 160.
Chioggia, 171.
Chisone, 115.
Chiusi, 244.
Chivasso, 114, 116.
Churfisten, 37, 44.
Cimone (mont), 209.
Cinque Miglia (plan de), 213, 223, 230.
Cinto (mont), 196.
Circeo (cap), 214.
Cisa (col de la), 113, 214, 220, 223, 226
Cismone, 154, 170.
Citta di Castello, 217.
Citta ducale, 230.
Cividale, 168.
Civita Vecchia, 188.

16.

— 282 —

Civitella di Tronto, 223.
Civitella di Romagna, 224, 228.
Coblenz (Suisse), 67.
Codroipo, 149.
Coire (Chur), 60, 72.
Colfiorito, 222, 229, 242.
Colico, 118.
Comacchio, 159.
Combin (mont), 35.
Côme (lac de), 119.
Comero (mont), 209, 212, 217, 224.
Comino (île).
Conegliano, 170.
Coni (Cuneo), 121.
Confédération helvétique, 72.
Constance, 61.
Constance (lac de), ou Boden Sée, 61.
Cordevolle, 170.
Coritenza, 167.
Cormor, 168.
Cornetto (mont), 44.
Cornia, 218.
Corniche (route de la), 143, 184.
Corno (mont), 212.
Corsaglia, 121.
Corse, 196.
Corte, 198.
Cortona, 217.
Cosentino, 215.
Cotrone, 201.
Crema, 120.
Crémone, 143, 158.
Crescentino, 116.
Cridola (mont), 50.
Croce (mont), 168.
Crostolo, 220, 223.
Crotta d'Adda, 120.
Cuneo V. Coni.
Cuorgné, 146.

D

Dachstein, 48.
Dala, 58.
Danzolino, 160.
Dappes (vallée des), 69.
Dego, 132.
Demonte, 121.
Dent du Midi, 40, 58.
Dent de Morcles, 40, 58.
Desenzano, 160.
Dicomano, 227.
Dietikon, 68, 82.
Dissentis, 36, 59.
Dolce aqua, 124.
Domo d'Ossola, 36, 117.
Dora Baltea, 116.
Dora Riparia, 115.
Dora (monte), 196.
Dranse valaisanne, 58.
Dreiherrnspitze, 46.
Dürnstein, 49.

E

Ebnat, 65.
Ebro (mont), 122.
Echelle (col de l'), 108.
Edolo, 159.
Eglisau, 62.
Eisack, 162.
Elbe (île d'), 187.
Ellero, 121.
Elsa, 216.
Emilienne (voie), 208.
Emmen, 67.
Emmenthal (Alpes de l'), 40.
Empedale, 192.
Empoli, 216.

Engadine, 54, 59.
Engen, 62, 81.
Enghi (vallée d'), 59.
Enza, 220.
Era, 216.
Ercole (Porto), 188.
Ermetta (mont), 111.
Erro, 122.
Esino, 222.
Este, 171.
Etna, 144.
Euganei (monts), 177.
Evian, 58.
Exilles, 115, 133.

F

Fabriano, 222, 229.
Faënza, 221.
Falconara, 204, 229.
Falterona (mont), 209, 215, 224.
Fano, 204, 222.
Faro, 144, 194.
Fassa (Val di), 164.
Faulhorn, 41.
Feldkirch, 61, 81.
Fella, 168.
Feltre, 170.
Fenestre, 117, 126.
Fenestrelle, 115.
Ferrajo (Porto), 187.
Ferrare, 159.
Ferret (col) 34.
Fersina, 164.
Fichtel-Berg, 4.
Fiems (Val di), 164, 170.
Fiera, 170.
Finale, 124.
Finster Aar Horn, 40.
Finstermünz, 59.
Fiora, 217.
Firenzuola, 227.
Fiumalbo, 215, 225.
Fiumicino, 188, 217.
Fiumi uniti, 224.

Fivizzana, 223.
Fossa maêstra, 462.
Florence, 215.
Fluela (col de), 38, 54, 60.
Fluelen, 68.
Foggia, 230.
Foglia, 221.
Foligno, 204, 218.
Fontan, 123.
Forli, 221.
Fornoue, 220.
Fossano, 121.
Fossato (col de), 212, 222, 229.
Fossombrone, 222, 228.
Fourches caudines, 247.
Franzensfeste, 163.
Frassino, 171.
Fratta, 217.
Frauenfeld, 65, 72, 84.
Fribourg, 66, 72.
Fribourg (Alpes de), 40.
Friedrichshafen, 64.
Fronte (mont), 110, 120.
Frosinone, 219.
Fucino (lac), 214.
Fuentès (fort de), 118.
Fugazze (col delle), 164, 170.
Fumarolles, 210.
Furka, 31, 36, 54, 57.
Furlo (Passo del), 228.
Futa (route de la), 225, 227.

G

Gaëte, 188.
Galenstock, 41.
Gams, 64.
Garde (lac de) ou Benaco, 160.
Garessio, 120.
Garfagnana, 209.
Gargano (mont), 202, 247.
Gariglano, 219.
Gastein, 46.
Gavi, 111, 122.
Gemona, 169.
Gemmi (col de la), 40, 58.
Gênes, 125, 138, 183.
Genève, 72, 85.
Gennargentù (mont), 199.
Gennaro (mont), 246.
Gerlos (col de), 31.
Germanasca, 115.
Gesso, 121.
Giandola (la), 123.
Giaveno, 116.
Gioje (monts), 111, 121.
Giove (col des), 111.
Giovi (col de), 122.
Giglio (île de), 188.
Girgenti, 192, 195.
Giudicarie ou Judicarien, 44, 160.
Giulianova, 203, 223, 230.
Gizio, 223.
Glaris, 68, 72.
Glatt, 65.
Glockner (Gross), 46.
Glurns, 54, 162.
Gœschenen, 58.
Golo, 198.
Gomagoï, 29, 163.
Gondo, 35, 19.
Göritz (Gorizia), 167.
Goito, 162.
Governolo 162.
Gozzo (île).
Gradisca, 167.
Grana, 120.
Grande-Grèce, 201.
Granson, 66.
Grevedone, 118.
Gravone, 198.

Greifen (lac de), 65.
Greina (col de), 36, 117.
Greve, 216.
Grieshorn, 117.
Grimsel (col du), 40, 57, 65.
Grindelwald, 41.
Grisons, 72.
Grossetto, 217.
Gualdo Tadino, 217.
Guastalla, 158, 220.
Gubbio, 217, 229.

H

Habsbourg, 67.
Hauenstein, 67.
Hausrück, 48.
Herisau, 72.
Hinterrheim, 59.
Hochschwab, 45.
Hohgans, 62.
Hohenhofen, 62.
Hohenkräben, 62.
Hohentwiel, 62.
Hohlensteinthal, 163.
Hospenthal, 36, 67.
Huningue, 64.

I

Idice, 221.
Idria, 51, 167.
Idro, 160.
Ilanz, 59, 83.
Ili, 64.
Imola, 221.
Incudine, 196.
Inn, 59.
Interlaken, 65.
Ionienne (mer), 201.
Iséo (lac d'), 159.
Ischia (île d'), 189.
Isernia, 230, 247.

Isonzo, 167.
Italie, 97.
Italie centrale, 207.
— (défense de l'), 233.
Italie (Haute-), 95.
— méridionale, 247.
— (mers de l'), 182
— péninsulaire, 179.
— supérieure, 103.
Ivrée, 116.

J

Jesi, 222.
Judicarien ou Giudicarie, 44, 160.
Juliers (col de), 37, 53, 60.
Jungfrau, 40.

K

Kander, 65.
Kandersteg, 65.
Karavanken, 51.
Karst, 51.
Klausen, 163.
Klausen (col de), 68.
Kloenthal, 68.
Kreusberg (col de), 169.
Krimlerthal, 45.
Kufstein, 42.

L

Lacroix (col), 115.
Lagarina (val), 164.
Lagoni, 210.
Lambro, 118.
Lamone, 224.
Lampedusa (île), 193.
Landquart, 60.

Landwasser, 60.
Langenarden, 64.
Langhe, 113.
Langnau, 67.
Lanzo, 116.
Lardaro, 160.
Laret (col de), 38, 60.
Larino, 160.
Lario (lac) (lac de) Côme), 119.
Lauffenburg, 63.
Laupen, 66.
Lausanne, 58, 72.
Lauterbrünnen, 41.
Lavagno, 125.
La Valette.
Lavanthal, 47.
Lavis, 163.
Lecco, 119.
Ledro (val di), 160.
Legnago, 166.
Léman (lac), 58
Lemmo, 122.
Lepini (monts), 214, 202.
Lerici, 226.
Lessini (monts), 60.
Levanna, 116.
Levant (rivière du), 123, 185.
Leventina (val), 117.
Liamone, 148.
Licata, 192.
Lichtensteig, 65.
Lido, 171.
Liechtenstein (principauté de), 64.
Liestal, 72.
Ligurienne (mer), 123, 183.
Lilybié (cap), 191.
Lima, 215.
Limmat, 68.
Lindau, 64.
Linosa (île), 193.
Linth, 68.
Lipari (îles de), 195.
Liri, 219.
Liro, 37, 119.

Livenza, 169.
Livigno, 70.
Livourne, 187.
Loano, 124, 184.
Locarno, 36, 72, 117.
Lodi, 120.
Lonato, 161.
Loreto, 203.
Louèche, 58.
Lucerne, 67, 72.
Lucques, 215.
Ludwigshafen, 64.
Lugano (Alpes de), 43.
Lugano (lac de), 118.
Luino, 117, 119.
Lukmanier (col de), 36, 53, 117.
Luna (Alpes de la), 212, 224.
Lunigiana (montagnes de la), 209.
Luserna, 113.
Luziensteig, 60, 79, 88.

M

Macerata, 229.
Macomer, 200.
Madalena (île), 199.
Madalena (monts de la), 218.
Madeleine (col de la) ou col de l'Argentière), 134.
Madonie, 194.
Magenta, 117.
Magra, 215.
Maggiore (monts), 167.
Magra, 215.
Maiella (massif de la), 213.
Maira, 120.
Majeur (lac), 117.
Mala (via), 37.
Malamocco, 111.

— 285 —

Malborghet, 168.
Malcesine, 160.
Malenco (val), 118.
Malghera, 171.
Malo, 170.
Maloia (col de la), 31, 54, 59.
Malte, 275.
Manfredonia, 203.
Mantoue, 161.
Marches, 212, 240.
Marecchia, 221.
Maremmes, 187, 214.
Marignan, voir Melegnano.
Marmolada, 50, 163.
Maroggia, 218
Marradi, 224, 227.
Marsala, 191.
Marta (rivière), 124, 217.
Martigny, 58.
Martinsbruck, 59.
Masone (col di), 111, 122.
Massa, 186.
Matelica, 230.
Matese (monts de), 247.
Matterhorn, 35.
Mauthen, 168.
Mayenfeld, 38.
Meduna, 169.
Meillerie, 58.
Melegnano (Marignan), 118.
Melia, 160.
Melogno, 110, 137.
Menaggio, 119.
Mera, 118, 120.
Meran, 39, 162.
Mers de l'Italie, 182.
Messine, 142, 191.
Meta, 221.
Meta (monts de la), 247.
Metauro, 224, 244.
Meyringen, 65.
Mezzanacorte, 114.

Mezzola (lac de), 118.
Mezzolombardo, 163.
Mezzotedesco, 163
Milazzo, 192.
Miletto (mont), 247.
Millesimo, 122.
Mincio, 161.
Mirandola, 220.
Misa, 222.
Misocco (val), 37, 117.
Mittenwald, 162
Modène, 220.
Moncalieri, 113.
Mondovi, 124, 131.
Monfalcone, 168.
Montavon, 64.
Mont-Cenis, 32.
Mont-Cenis (petit).
— (Chemin de fer du), 94.
Monte Baldo, 44.
Montebello, 122
Montebruno, 112.
Monte Cristallo, 163, 169.
Monte Gibello, 191.
Montferrat, 113.
Mont-Genèvre, 133.
Montone, 221.
Montreux, 58.
Monza, 118.
Morat (lac de), 66.
Morbegno, 118.
Morcles (dent de), 40, 58.
Morges, 58.
Mortara, 116.
Motta (la), 169.
Mozambano, 161.
Mösskirch, 62.
Mugello, 216.
Mugello (mont), 210, 221.
Mulo (col del), 121, 135.
Muotta, 68.
Mur, 46.
Murgie, 247.
Murz, 46.

N

Nago, 160.
Nao (cap de), 201.
Naples, 189.
Narni, 218.
Natisone, 167.
Nava (fort et col de), 110, 137.
Naviglio Grande, 117
Nebrodes (monts), 191.
Nemi (lac de), 213
Neptuniennes (montagnes, 191.
Nera, 218.
Nerone (mont), 212.
Nervia, 124.
Neubuern, 42.
Neufchâtel, 66, 72.
Neufchâtel (lac de), 66.
Neumarkt, 163.
Nicosia, 195.
Noce 163.
Norcia, 218, 230.
Novare, 117.
Novi, 111, 122.
Nufenen, (col de), 35.
Nure, 220.
Nyon, 58.

O

Oberalp (col de l'), 31, 36, 54.
Oberhalbstein, 60.
Oberland, 40.
Oetz, 38.
Oetzthal, 37.
Ofanto, 219.
Ofen Pass, 54.
Oglio, 43, 159.

Ogliastra (mont d'), 200.
Olivone, 36.
Olona, 118.
Olten, 67.
Oltigen, 66.
Ombrone florentin, 216.
Ombrone toscan, 217.
Oneglia, 124.
Orba, 122.
Orbe, 66.
Orbitello, 188, 217.
Orcia, 217.
Orco, 116.
Oristano, 199.
Ormea, 120.
Orta (lac d'), 118.
Orte, 217.
Orher (massif de l'), 44.
Orto d'Abramo (mont d'), 44.
Osono, 162.
Osopo, 168.
Ospedaletto, 169.
Ostie, 188.
Ostrach, 85.
Otrante, 202.
Oulx, 115.
Ovada, 114, 122.
Ozieri (campo d'), 199.

P

Pachynum (cap), 194.
Padoue, 154.
Paglia, 219.
Palerme, 192.
Palermo (Pizzo di), 194.
Palestro, 116.
Pallanza, 117.
Palmanova, 168.
Palmas, 200.
Panaro, 220.

Panix (col de), 44, 59.
Pantellaria (île), 195.
Paralba (mont), 50.
Parma, 220.
Pasnauner-Thal, 61.
Passaro (cap), 194.
Passeier, 39, 162.
Passotorto, 222.
Pastrengo, 165.
Pavie, 117, 142.
Pavullo, 225.
Payerne, 66.
Pelice, 115.
Pelore (monts), 194.
Peloritano (mont), 194.
Penice (mont), 112, 122.
Penna (mont), 112, 209.
Pergine (col di), 107.
Pergola, 222, 230.
Pérouse, 115, 217.
Pesa, 216.
Pesaro, 204, 221.
Pescara, 203, 221, 230.
Peschiera, 160.
Pescia, 216.
Pesio, 121.
Petrella (mont), 214.
Piastres (col de), 220, 225.
Piave, 169.
Piémont, 106, 143.
Pietra Mala, 209.
Pieve di Cadore, 154.
Pieve di Pelago, 213, 220, 225, 237.
Pieve San-Stefano, 217.
Pignerol, 115.
Piombino, 187, 214, 217.
Pisans (monts), 210.
Pise, 183, 187.
Pistoia, 225.
Pizzighettone, 119, 143.

Pizzo, 189.
Plaine suisse, 27, 49, 78.
— bavaroise, 27.
Plaisance, 140.
Pô, 114, 158.
— di Maestra, 159, 205.
— di Primaro, 159, 205.
— di Volano, 159, 205.
Poggibonsi, 216.
Polcevera, 123.
Polesella, 159.
Poleggio, 117.
Policastro, 189.
Polino (mont), 248.
Ponale, 160.
Ponant (rivière du), 123, 184.
Pontassieve, 215.
Ponte, 59, 116.
Ponteba, 168.
Pontedera, 216.
Pontecorvo, 219.
Ponte Lagoscuro, 158.
Pontins (marais), 188, 214.
Pontremoli, 113, 226.
Ponza (isola), 188.
Popoli, 213, 223, 230.
Poppi, 215.
Pordenone, 169.
Porretta, 209, 220, 225.
Porlezza, 118.
Porto (Corse), 197.
Porto d'Anzio, 188.
Porto Conte, 200.
Porto Ercole, 188.
Porto Ferrajo, 187.
Porto Fino, 185.
Porto Longone, 187.
Porto Maurizio, 124, 184.
Porto Torres, 200.
Porto Vecchio, 197.
Poschiavino, 118.
Potenza (Basilicate), 218.

Potenza (Marches), 222.
Pouille, 257.
Pozzolo, 192.
Pragelas (Val), 113.
Prato Magno, 210, 213, 227.
Prato Vecchio, 215.
Prættigau (Val), 38, 60.
Predil (col de), 167.
Premaggiore (mont), 50.
Primiero ou Primo (val), 164, 170.
Primolano, 170.
Procida (île de), 189.
Prunelli, 198.
Pruneta (col de), 216, 225.
Punta di Pezzo, 194.
Punto Decimo, 112.
Pusterthal, 31, 55, 163.

Q

Quatre-Cantons, 67.

R

Radicofani, 217, 245.
Radolfszell, 61.
Radstadt Tauern, 55
Rapallo, 125.
Rapperschwyl, 68.
Ravenne, 205.
Redorta (mont), 43.
Reggio (Lombardie), 220.
Reno, 220.
Reschen (col de), 54.
Reuss, 67.
Rhein (Mittel), 59.
— (Hinter), 59.
— (Vorder), 59.

Rheineck, 61.
Rheinfelden, 62.
Rhin, 59.
Rhin (Ponts du), 63
Rhodes (canton), 72.
Rhône (vallée supérieure du), 57.
Rhætikon, 21, 37.
Rienz, 163.
Rieti, 218, 230.
Rigi, 24.
Rimini, 204.
Riva, 160.
Rivarolo, 116.
Rivoli, 165.
Rocca d'Anfo, 160.
Roccamonfina (volcan de), 247.
Rocca San-Casciano, 221, 227.
Rocchetta, 150, 164.
Roccia Melone, 116.
Rolle, 58.
Romagnano, 116.
Romanshorn, 64.
Rome, 179.
Ronco, 166, 224.
Rondinaia, 209, 215, 225.
Rorschach, 61.
Rose (mont), 35.
Rotondo (mont), 196.
Rottenmann Tauern, 55.
Roveredo, 164.
Rovigo, 167.
Roya, 123.
Rubicon, 204, 224

S

Saane ou Sarine, 66.
Saanthal (Alpes du), 51.
Sabine (monts de la), 213.
Saccarello, 110.

Sacco, 219.
Sacile, 169.
Sæckingen, 63.
Sagone, 197.
Salerne, 189.
Salo, 160.
Salses, 209.
Salto, 218.
Salzburg (Alpes de), 48.
Salzkammergut, 48.
Samaden, 59.
Sangone, 116.
Sanguinetto (Piano di), 245.
Sangro, 223.
Santerno, 220.
Saorge, 123.
Sappada (col de), 168.
Sarca, 161.
Sardaigne, 199
Sargans, 45, 44, 53, 60.
Sarnen, 68, 72.
Sarnico, 159.
Sarzana, 215.
Sassari, 200.
Sassello, 111, 122.
Sasso (grand), 213.
Sasso Ferrato, 222, 230.
Savena, 220.
Savigliano, 120.
Savio, 224.
Savone, 125, 184.
Schachen, 68.
Schaffouse, 61, 62, 72.
Scheggia, 218, 222, 228.
Schio, 170.
Schneeberg, 47.
Schongau, 86.
Schwyz, 68, 72.
Scilla, 194.
Scoffera (col de la), 112.
Scrivia, 122.
Secchia, 220.

— 288 —

Sele, 249.
Semmering, 46, 55.
Sempach (lac de), 67, 94.
Senigallia, 204, 222.
Senio, 204.
Sense, 66.
Septimer (col de), 38, 60.
Serchio, 215.
Seriana (val), 43, 118.
Serio, 43, 420.
Serraglio, 162, 177.
Serravalle (Piave), 50, 169.
Serravalle (Adige),
Serravalle (Scrivia), 122.
Serravalle (Abruzzes), 229.
Serreza, 216.
Sesia, 116.
Sesto Calende, 117.
Sestrières (col de), 133.
Sestri Levante, 126, 185.
Sestri Ponente, 125.
Setta, 220.
Settepani (mont), 110, 122.
Setti Communi, 50, 170.
Sibillins (monts), 214.
Sicile, 191.
Sienne, 217.
Sieve, 216.
Sila (monts de la), 218.
Silvaplana, 59.
Silvretia, 37, 64, 71.
Simmen, 65.
Simplon (col du), 35, 62.
Simplon (chemin de fer du), 94.
Singen, 62.
Sion, 58, 72.
Sitter, 65.

Socchieve (canal di), 168.
Soffioni, 210.
Sole (val di), 163.
Soleure, 67, 72.
Solférino, 164.
Solmona, 223, 230.
Somma Campagna, 164.
Sondrio, 118.
Soracte (mont), 216.
Sorrente, 247.
Spartivento (cap), 204.
Spezia, 126, 185.
Splügen (col de), 37, 52, 59.
Spolete, 222.
Squillace, 204.
Staffora, 122.
Stanz, 72.
Stein, 62.
Stelvio (col du), 38.
Stenico, 164.
Sterzing, 162.
Stokach, 81.
Storo, 160.
Stradella, 141, 227.
Strettura, 218.
Strino (val), 163.
Strona, 118.
Stubay, 39.
Stupizza, 167.
Stura, 116, 124.
Subapennins, 210.
Subiaco, 218.
Succiso (Alpes de), 209.
Sugana (val), 164, 170.
Suhr, 67.
Suisse, 57.
— (armée), 75.
— (considérations stratégiques), 74.
— (frontières de la), 69.
Suisse (Plaine), 27.
Sulmona (col de), 188.

Sursée, 67, 94.
Sus, 54, 59.
Suse, 115, 132.
Susten (col de), 65, 68.
Syracuse, 192.

Saint-

Saint-Bernard (col du grand), 34, 53, 57.
Saint-Bernard (col du petit), 34, 57, 108, 132.
Sainte-Euphémie, 189, 201.
Saint-Florent, 197.
Saint-Gall, 65.
Saint-Gall (Alpes de), 44.
Saint-Gingolph, 58.
Saint-Gothard (col du), 52.
Saint-Gothard (massif du), 36.
Saint-Gothard (chemin de fer du), 94.
Saint-Maurice (Valais), 58, 79.
San-Bernardino (col de), 37, 53, 117.
San-Bernardo (col de), 110, 137.
San-Canziano (canal), 168.
San-Dalmazzo (Borgo), 121.
San-Dalmazzo, 123.
San-Giacomo (col de), 36, 117.
San-Godenzo, 221, 227.
San-Lorenzo, 198, 216.
San-Leopoldo, 216.
San-Marcello, 215, 225.

— 289 —

San - Marco (col), 118.
San-Marino, 221.
San - Marino (fort), 216, 227.
San-Michele, 163.
San-Nimfato, 216.
San - Pellegrino (col de) (Apennins toscans), 215, 225.
San - Pellegrino (col de) (Apennins romains), 218, 222, 230.
San - Piero à Siéve, 216, 227.
San-Remo, 123, 184.
San - Sepulcro, 217, 228.
San-Severino, 222, 229.
San-Severo, 230.
San-Stefano, 188.
San-Stefano (Sard.), 199.
Santa-Catarina, 195.
Santa-Maria di Leuca, 201.
Sant' Antioco, 200.

T

Taggia, 124.
Tagliamento, 168.
Talamone, 188.
Tanarello, 111, 120.
Tanaro, 120.
Tarente. 202.
Taro, 220.
Tartaro, 167.
Tarvis, 51, 168.
Tauern (Hohe). 46.
Tauern (Kleine), 46.
Tauro, 222.
Tavignano, 198.
Tavogliere, 247.

Tœnnen Gebirge, 48.
Tchichen Boden, 79.
Tende (col de), 135.
Tenera (mont), 44.
Teramo, 223.
Terglou, 51, 167.
Terni, 218.
Terracine, 188.
Terra nova, 192.
— (Sard). 199.
Tessin, 117.
Tessin (canton du), 72.
Tête Noire (col de la), 58.
Teverone, 218.
Thonon, 58.
Thun, 60.
Thur, 61.
Thurgovie (canton de), 72.
Thurnerkamp, 46.
Tibre, 217.
Tidone, 122.
Tiefenkasten, 38, 60.
Timblsjoch, 39, 162.
Tione, 161.
Tirano, 118.
Tirol, 162.
Tirso, 200.
Tittlis, 68.
Tivoli, 218.
Toblach, 31, 163.
Toce, 117.
Todi, 217.
Todiberg, ou massif du Todi, 41, 83.
Todtes Gebirge, 48.
Toggenburg, 61.
Tolentino, 222, 229.
Tolmezzo, 168.
Tolmino, 167.
Tonale (col du), 11, 159.
Topino, 218.
Tordino, 223.
Torre, 168.
Tortoli, 200.
Tortone, 227.

Toscane, 214.
Töss, 65.
Torre Cavallo, 194.
Torriglia, 112.
Tortone, 122.
Traisen Gebirge, 49.
Trani, 203.
Trapani, 192.
Trasimène, 214, 219, 244.
Traun, 48.
Trebbia, 122.
Trente, 164.
Tresa, 118.
Treviglio, 120.
Trient, 58.
Trieste, 100, 174.
Trisanna (vallée de la), 61.
Trogen, 72.
Trompia (val), 160.
Tronto, 203, 223.
Trubbach, 60.
Turano, 218.
Turbigo, 117.
Turin, 106.
Tusis, 59.
Tyrrhénienne (mer), 187, 214.

U

Uberlingen, 61.
Udine, 167.
Umana, 203.
Umbrail (massif de l'), 37.
Untersee, 61.
Unterwalden (canton d'), 72.
Urbania, 222.
Urbino, 222, 230.
Uri (Alpes d'), 41.
Uri (canton d'), 72.
Uri (trou d'), 67, 82.
Uskoken Gebirge, 51.

V

Vado, 124, 184,
Vaduz, 61.
Valais (canton du), 72.
Valdieri, 121.
Valeggio, 161.
Valenza, 114.
Valinco, 197.
Valteline, 118.
Valteline (Alpes de la), 31, 43.
Vara, 215.
Varallo, 116.
Varese, 215.
Varese, 118.
Varezze, 184.
Varzi, 112, 122.
Vasto d'Ammone, 250.
Vaud (canton de), 72.
Vaudoises (vallées), 115.
Velino (mont), 213, 218.
Venasca, 120.
Velletri, 219.
Venediger (Gross), 46.
Venise, 171, 205.
Venoge, 58.
Verbano (lac), ou lac Majeur, 147.
Verceil, 116.
Vergato, 220.
Vermegnans, 121.
Vernayaz, 58.
Verone, 165.
Verrières (les), 66.
Vestillo (mont), 205.
Vésuve, 189.
Vettore (mont), 212, 248.
Vevey, 58.
Vezzano, 215.
Viareggio, 186, 225, 237.
Vicence, 170.
Vico, 168.
Vigevano, 117.
Vigo, 169.
Villafranca, 167.
Villanuova, 151.
Vinadio, 121.
Vintimiglia, 124, 137, 184.
Vintschgau, 162.
Viso (mont), 108.
Viterbe, 199.
Vittorio, 170.
Vizzavone, 197.
Voghera, 122.
Volsques (monts des), voir monts Lepini.
Volta, 161.
Volterra, 216.
Voltri, 125, 184.
Volturne, 248.
Vomano, 223.
Voralpe, 49.
Vorarlberg (Alpes du), 42.
Vultur (mont), 247, 249.
Vraita, 120.

W

Wagrein, (col de), 47.
Waldshut, 63.
Wallensee, 68.
Wallenstadt, 68.
Wechsel, 47.
Weinfelden, 65.
Wienerwald, 45, 49.
Wildhaus, 64.
Wildspitze, 39.
Windgälle, 23, 68.
Winterthur, 65.
Wipthal, 162.
Wörgl, 42.
Wyl, 65.

Y

Yverdun, 66.

Z

Zavatarello, 122.
Zell, 64.
Zelline, 169.
Zermatt, 35.
Zernetz, 89.
Zilli, 66.
Zillerthal (Alpes du), 45.
Zug, 68, 72.
Zurich, 68, 72.

FIN DE L'INDEX ALPHABÉTIQUE.

TABLE DES MATIÈRES.

Coup d'œil d'ensemble sur l'Europe. 1
es Frontières.. 7

I.

GRANDES ALPES.

randes Alpes occidentales ou Alpes suisses. — Avant-chaînes septentrionales. — Avant-chaînes méridionales. 34
irandes Alpes orientales ou Alpes autrichiennes.—Avant-chaines septentrionales. — Avant-chaînes méridionales. 45
loutes des grandes Alpes 52

II.

SUISSE.

Vallée supérieure du Rhône. — Vallée supérieure de l'Inn ou Engadine. — Bassin supérieur du Rhin 57
rontières de la Suisse 69
Considérations stratégiques. — Armée suisse. 74

III.

ITALIE. 74

ITALIE SUPÉRIEURE.

Piémont (frontière française). — Le Pô. — Côtes de la mer ligurienne et cours d'eau côtiers. — Défense de la frontière nord-ouest de l'Italie........................... 105
Lombardie. — Vénétie. — Frioul. — Le Pô et ses affluents de gauche. — L'Adige. — Cours d'eau côtiers. — Défense de la frontière nord-est de l'Italie.................. 173

ITALIE PÉNINSULAIRE.

Fortifications de Rome........................... 179
Mers de l'Italie. — Mer ligurienne. — Mer tyrrhénienne. — Sicile. — Corse. — Sardaigne. — Mer ionienne. — Mer adriatique................................. 182

Italie centrale.

Apennins Toscans et Toscane —Apennins romains et Abruzzes. — Versant de l'Adriatique. — Affluents de la rive droite du Pô. — Bassins côtiers de l'Adriatique...... 207
Routes des Apennins toscans. — des Apennins romains et des Abruzzes.—Récapitulation des routes des Apennins. 223
Défense de l'Italie centrale. — Offensive par l'Apennin toscan. — Débarquement sur les côtes de la mer Tyrrhénienne. — Offensive par les Marches et l'Apennin romain. — Défense de la Toscane............................. 233

Italie méridionale.

Considérations stratégiques.. 247

ORGANISATION ADMINISTRATIVE ET MILITAIRE.

Notes sur l'armée italienne. — Marine..............

Note sur Bologne..... 272

République de San Marino.. 273

Malte.. 275

Index alphabétique. 279

FIN DE LA TABLE DES MATIÈRES.

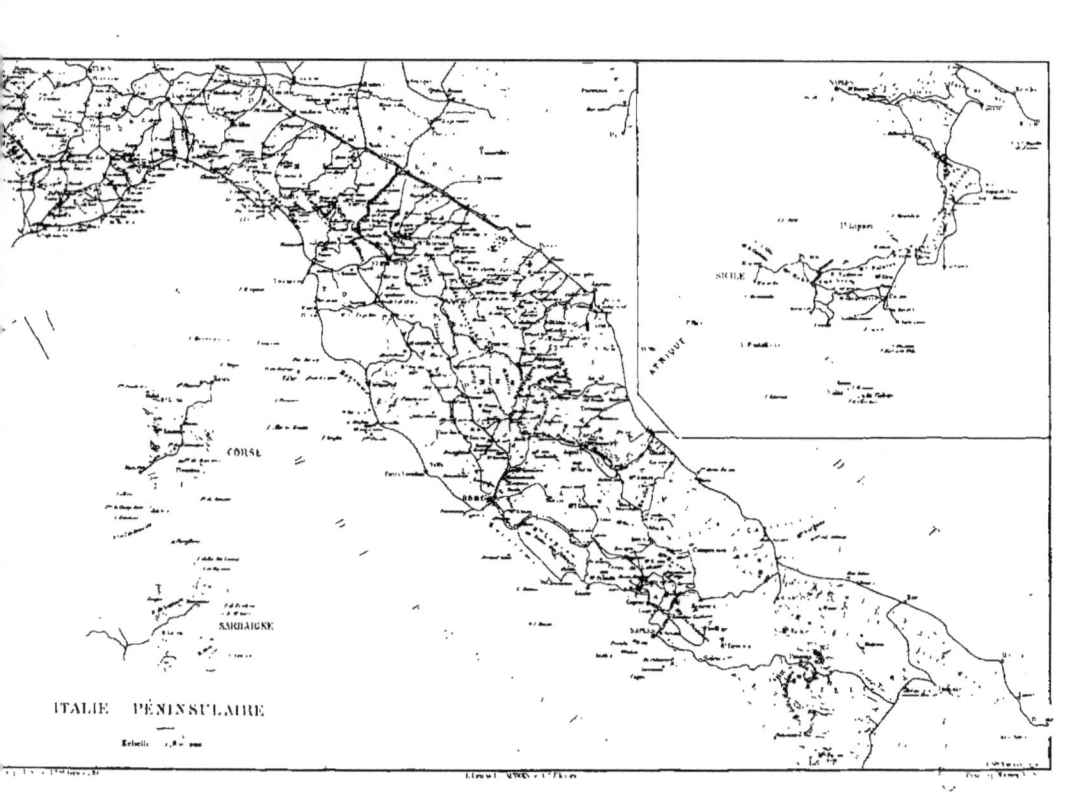

www.ingramcontent.com/pod-product-compliance
Lightning Source LLC
Chambersburg PA
CBHW071138160426
43196CB00011B/1934